KB148703

미국의 내셔널리즘

조 영정

지음

2018

사회사상연구원

American Nationalism

by
Yungjung Joh

Social Idea Research Institute Press
Seoul, Republic of Korea

2018

머리말

　우리가 세상을 이해하는데 중요한 것임에도 불구하고 잘 알려져 있지 않은 것들이 있다. 이러한 것들 중의 하나가 내셔널리즘이다.

　내셔널리즘은 도처에 널려있고 사람들의 삶에 절대적으로 중요한 역할을 하지만 우리는 이것을 잘 말하지 않는다. 강대국의 내셔널리즘에 대해서는 더더욱 그렇다. 내셔널리즘은 국가를 중심으로 하는 이기주의이기 때문에 좋을 때보다 나쁠 때 주로 사용되는 용어이다. 그래서 내셔널리즘은 다른 나라를 비난할 때 자주 사용되고, 강대국을 함부로 비난하기는 어려우므로 자연히 이 말은 강대국들보다 약소국들에게 흔히 사용된다.

　약소국들에 많이 적용되다 보니 내셔널리즘이라는 말의 의미가 억눌린 국가의 울분에 의한 것에 중점 두어지는 경향이 있다. 이것은 세계의 강국들이라고 할 수 있는 서구 유럽 국가들의 내셔널리즘에 대한 일반적인 인식이다. 다른 영역에서와 마찬가지로 내셔널리즘도 선진국에서 많이 연구되고 있는 가운데, 많은 연구에서 내셔널리즘을 열등의식과 연결시키고 있다. 예를 들면, 아나톨 라이벤(Anatol Lieven)은 "급진적 내셔널리즘의 어머니는 패배이고, 굴욕을 먹고 자란다" 라고 말하고 있다. 리아 그린펠드(Liah Greenfeld)는 "러시아 내셔널리즘은 유럽 서방국가들에 대한 열등의식으로 비롯되고, 독일의 내셔널리즘은 프랑스에 대한 열등의식에서 비롯되고, 프랑스의 내셔널리즘은 영국에 대한 열등의식에서 비롯되었다" 라는 식으로 설명한다.

그런데 여기서 유의해야 할 것은 이러한 열등의식은 내셔널리즘의 하나의 원인일 뿐 내셔널리즘 자체는 아니라는 사실이다. 내셔널리즘의 의미는 자국이 타국보다 더 낫다는 생각에서 자국을 자랑스러워 하는 의식이며, 이에 따라 그 본질은 우등의식에 가까운 것이다. 열등의식은 사람들로 하여금 자국에 대하여 더 많이 의식하게 하고 그래서 자국을 자랑스럽게 생각하고 싶은 마음을 만들어가게 하는데 하나의 동기로서 작용할 뿐이다. 이렇게 볼 때 내셔널리즘을 열등의식에만 연결시키는 것은 옳지 않다. 나치 독일의 내셔널리즘을 보더라도 당시 독일사람들의 마음에 반드시 열등의식만 있었다고 말하기 어렵다. 일차대전에서의 패배로 열등의식과 억눌린 의식도 있었지만 이것을 죄다 열등의식에 의한 내셔널리즘이라고 말할 수는 없는 것이다. 독일이 주변의 작은 국가들에 비하여 얼마나 우월한 위치에 있는데 독일을 열등하다고 말할 수 있는가?

이러한 잘못된 인식이 선진국들의 내셔널리즘에 대해서는 무시하거나 소홀하도록 한다. 그래서 본서는 내셔널리즘이 약소국의 전유물이 아니라 강대국 또한 내셔널리즘이 있다는 것을 확인하기 위한 연구의 일환으로 집필되었다. 사실, 알고 보면 강대국들은 내셔널리즘이 더 강한 나라들이다. 내셔널리즘의 모습은 국가에 따라 다양하다. 피해의식에 의한 내셔널리즘도 있고, 우월의식에 의한 내셔널리즘도 있으며, 드러내는 내셔널리즘도 있고, 감추어진 내셔널리즘도 있다. 약소국이나 후진국에서 억눌림을 참다가 이에 대한 반발로 드러내는 감정만을 내셔널리즘이라고 한다면 우리는 내셔널리즘에 대하여 올바른 판단을 할 수 없다.

우리가 원하는 세계가 힘의 세계가 아니라 정의롭고 자유로운 세계라면 국가와 같이 강대한 조직의 어두운 면이라 하여 논의를 기피하고, 강대국이라고 해서 말 못해서는 안 된다. 전쟁과 테러, 그리고 국가 간의 알력은 내셔널리즘과 직결되어 있다. 이 내셔널리즘을 극복하지 못하고서는 더 좋은 세상을 만들어 갈 수 없다. 그래서 내셔널리즘을 더 잘 알아야 하고 그러기 위해서는 이에 대하여 깊게 사고하고 활발하게 논의해야만 한다.

그래서 본서는 일반적으로 잘 논의되지도 않고, 잘 알려져 있지도 않은 미국의 내셔널리즘에 대하여 살펴보았다. 맨 먼저 미국인이 일상에서 드러내고 있는 내셔널리즘 행태를 관찰해 보고, 두 번째로 미국인이 어떤 사람들인지 알아보고, 세 번째로 미국에 네이션과 내셔널리즘이 형성된 역사적인 과정을 살펴보고, 네 번째로 미국의 내셔널리즘 이념들을 검토해 보았다.

미국 내셔널리즘의 진면목을 아는 것은 다른 나라 사람들에게 미국이라는 나라를 이해하는 데 도움이 될 뿐만 아니라, 오늘날 우리가 살고 있는 세계를 이해하는 데에도 도움이 될 것이다. 더 나아가 자신이 살고 있는 국가에 대해서도 함께 생각해 볼 수 있게 하고, 이러한 가운데 자신의 국가관, 자신과 국가와의 관계를 정립하는 데에도 도움이 될 것이다.

그간 우리나라에서는 내셔널리즘에 대한 연구가 많지 않았다. 한국에서는 내셔널리즘을 민족주의라고 번역하여 용어에서부터 혼동되는 가운데 내셔널리즘에 대한 논의 자체가 어려웠다. 네이션, 내셔널리즘은 민족, 민족주의가 아니며, 이를 민족, 민족주의라고 해서는 네이션, 내셔널리즘의 논의에 한 발자국도 나갈 수 없다. 그래서 본서에서는 이 용어에 대한 문제부터 먼저 정리하고 난 이후에 미국의 내셔널리즘에 대하여 논의하게 된다. 저자는 내셔널리즘의 이론을 담은 졸저『국인주의 이론』에서 이 용어 문제를 이미 논의한 적 있는데, 본서에서의 용어 설명은 여기서 논의된 내용을 바탕으로 하고 있다.

다음으로 본서의 형식에 대하여 언급하고자 한다. 우리나라는 전문 연구서적의 출간이 절대적으로 부족하다. 전문서적들은 점점 더 번역서에 의존하는 경향이 있고, 이러한 가운데 선진국과의 학문적인 격차가 좁혀지기는커녕 점점 더 벌어지고 있다. 우리가 학문적으로도 선진국이 되기 위해서는 국내에서도 많은 연구서가 나와야 하는데 그렇지 못한 현실을 보면 안타까울 뿐이다. 국내에 전문서 출간이 활발하지 못하다 보니 전문서적의 형식면에서도 발전이 거의 되지 않고 있다.

한국에서 학문을 하는 사람들이 겪는 어려움 중의 하나가 문헌의 형식에 대한 부분이다. 서양에서 학술문헌은 형식에서 매우 엄격하다. 다른 사람의 글을 보고 썼으면 엄격히 인용의 표시를 하여야 하고, 각주나 참고 문헌에서 그 출처를 누가 찾아도 쉽게 찾아 추적해서 더 연구할 수 있도록 명확하게 밝혀두어야 한다. 그래서 쉼표 찍을 때 쉼표 찍고, 마침표 찍을 때 마침표 찍으면서 세밀하게 형식에 맞추지 않으면 안 된다. 이 형식이 얼마나 까다롭던지 이에 대한 것만으로도 한 권의 책이 될 정도이다.

그런데 우리의 일상적 글자문화는 서양사람들처럼 그리 까다롭지 않다. 그러다 보니 우리나라 사람들은 서양 학술문헌의 형식에 익숙해시는 것이 쉽지 않다. 그래서 대학원 석박사 과정의 학생들이 이러한 엄격한 형식을 요구하는 학위논문을 제출하면서 내용은 잘 썼지만 논문의 형식을 제대로 맞추지 못하여 학위심사에 탈락하는 경우도 많다. 또 한국에서 자주 대두되는 심각한 병폐 중의 하나가 표절 문제이다. 글에서 인용을 하려면 형식에 맞추어야 하는데 형식에 자신이 없거나 형식이 편하지 않다 보니 인용을 회피하기 쉽게 되고 이러한 점도 약간은 영향을 미쳤을 것이다.

학문의 발전을 위해서는 학술문헌의 형식적인 부분도 중요하다. 한국에서도 전문서적 문헌형식이 좀 더 편하고 친숙해져야 한다. 그러기 위해서 학문의 국제성을 감안하여 국제적인 형식에 기초하면서도 한국의 현실에 맞게 한국문헌에서 사용하기에 적절한 형식을 개발할 필요가 있다. 그렇게 된다면 한국사람들이 한국문헌에서 편리하게 사용할 수 있을 뿐만 아니라 외국의 문헌형식에 쉽게 적응할 수도 있을 것이다.

영어권에서는 학회나 대학마다 문헌에 대한 고유의 형식을 갖고 있고, 일반에 널리 알려진 것만 하더라도 APA(American Psychological Association), MLA(Modern Language Association), Chicago, Turabian, IEEE(Institute for Electrical and Electronics Engineers) 등 다양하다. 한국에서도 이러한 방식들을 사용하고 있다. 사회과학 쪽에서는 APA 방식을 많이 사용하고 있다. APA 방식은 본문에 인용되는 서지사항을 간략하게 표기하고 그 구체적 서지사항은 참고문헌에서 그대로 확인할 수 있도록 하고 있다. 그래서 이 방식은 간명하고 사용하기 편리하다.

그런데 APA 방식은 본문 속에 인용정보를 괄호 속에 넣고 있어서 가독성이 떨어지는 단점이 있다. 논문의 경우는 쪽수가 많지 않기 때문에 문제되지 않을 수 있지만, 쪽수가 많은 책의 경우에는 읽는데 불편함을 느끼게 된다. 그런데다 한국문헌에서 이 형식을 사용할 때는 문제가 더 커진다. 한글서적에는 외국 사람이나 지명이 나올 경우, 한글과 함께 괄호 속에 원어도 표기하기 때문에 너무 많은 괄호들로 인하여 가독성은 크게 떨어진다. 또 이 같은 괄호가 사용되는 경우 APA의 형식을 그대로 지키기도 어렵다. 이러한 문제를 해소하기 위하여 APA 방식을 약간 변형하여 본문 중 괄호 속 삽입 부분을 각주 형식으로 표기할 수도 있다. 이러한 방식으로 하면 간명하게 인용하는 APA의 장점을 살리면서도 가독성을 현저히 높일 수 있다. 본서는 이 APA의 변형 형식을 사용하였다.

본서가 이 분야에 내용 면뿐만 아니라 형식 면에서도 새로움을 불어 넣었으면 하는 바람이다. 이러한 시도가 한국인의 지식세계가 더 넓고 깊게 발전하는데 보탬이 되기를 기원한다. 아울러 민족, 인민 등의 용어 문제, 개별 국가의 현실, 국가 간 비교 등에서의 기술이 순수하게 학술적으로 이해되기를 바란다.

좋은 책을 내고 싶었지만 워낙 천학비재인 탓으로 미흡한 점이 많을 줄 안다. 독자 여러분의 기탄없는 질정을 기대한다. 무식하고 우매하다는 말을 듣게 된다고 할지라도 한국에 내셔널리즘에 대한 논의가 더 늘어나고 그 지식이 더 불어나게 된다면 저자는 이것으로서 만족할 것이다.

2018년 6월 1일

한강 가에서
조 영정 씀

목차

제 1 장
내셔널리즘은 무엇인가?

제1장 내셔널리즘은 무엇인가?

국인이 모두 죽일 만하다고 하는 것이므로

전하께서 개인적인 인정을 베풀 수는 없는 것입니다.

— 조선왕조실록, 성종실록에서 —

1 용어 정립의 필요성

내셔널리즘(nationalism)을 보다 명확하게 정의하기 위해서 먼저 이 말이 일상생활에서 어떻게 사용되는지 살펴보기로 하자. 우리가 내셔널리즘이라는 말을 사용하는 경우는 크게 두 가지이다. 첫째, 최근에 스코틀랜드사람들이 영국(United Kingdom)으로 부터 독립하기를 원하는데, 이를 두고 우리는 스코틀랜드의 내셔널리즘이라고 한다. 둘째, 미국사람들이 자국 산업의 이익을 우선적으로 고려하여 지구환경보호를 위한 국제협약에 가입하기를 거부할 때 우리는 이를 미국의 내셔널리즘이라고 한다.

첫 번째의 예는 스코틀랜드라는 민족집단이 주체가 되는 경우이고, 두 번째의 예는 미국사람이라는 국가사람들이 주체가 되는 경우이다. 현재 우리나라에서는 내셔널리즘을 민족주의라고 번역한다. 그런데 앞의 첫 번째 예에서는 민족주의라고 말할 수 있지만, 두 번째 예에서는 민족주의라고 말할 수 없다. 수많은 민족으로 이루어져 민족 용광로라 불리는 미국에 무슨 민족주의라는 말인가?

이것으로써 우선 알 수 있는 것은 우리가 말하는 민족주의와 내셔널리즘이 그 의미에서 일치하지 않는다는 사실이다. 또한 첫 번째 예의 스코틀랜드와 같은 경우, 영어로는 네이션(nation)이라고 하고 우리말로는 민족이라고 하는데, 사실 여기에서도 네이션의 의미가 우리가 말하는 민족이라는 말의 의미와 일치하는 것이 아니다. 영어의 네이션과 민족, 내셔널리즘과 민족주의는 그 개념에서 완전히 합치되지 않는 것이다. 언어는 하나의 약속이므로 동일한 의미로 하기로 한다면 되지 않을까라고 생각할 수도 있지만 여기서는 그렇게 될 수도 없다. 이 불일치의 문제는 그렇게 하자고 한다고 해도 해결될 수 없는 측면이 있기 때문이다.

당장 우리가 내셔널리즘에 대한 외국 책의 번역서를 읽어보면 아무리 정성들여 읽어도 내용파악이 잘 안 된다는 것을 느끼게 된다. 그 이유는 바로 네이션, 내셔널리즘을 민족, 민족주의로 번역하고 있기 때문이다. 네이션과 민족이 일치하지 않는다는 사실에 대해서 이 분야의 연구자는 물론이고 일반인들도 이미 많이 알고 있다. 그래서 사람에 따라서는 네이션, 내셔널리즘에 대해서 민족, 민족주의라는 말이 타당하지 않을 때에는 국민, 국민주의라는 말을 사용하기도 한다. 또 학자들은 "민족"이라고 할 때의 민족의 의미와 "민족주의"라고 할 때의 민족의 의미는 같지 않다는 것을 강조하기도 한다. 그리고 이 문제에 부딪치게 되었을 때 연구자에 따라 임시방편이 동원되기도 한다. 예를 들어 장문석 교수는 내셔널리즘을 소개하는 그의 책『민족주의』에서 민족, 민족주의라는 말로서 제대로 설명할 수 없었던지 "민족"과 "**민족**"으로 구분하고,[1] "민족주의"와 "**민족주의**"로 서체로 구분하여[2] 설명하고 있다. 이와 같은 설명과 방법이 동원되는 것은 민족, 민족주의라는 말이 네이션, 내셔널리즘이라는 말을 표현해주지 못하는 문제에 직면하여 어쩔 수 없이 그렇게 하는 것이며, 이런 방식을 통하여 이 문제를 근본적으로 해소할 수 없음은 너무나 당연하다.

또한 내셔널리즘을 민족주의로 번역하게 될 때에 내셔널리즘의 본질을 이해하기 어렵게 하는 데 그치지 아니하고 다른 의미로 생각하게 하거나, 심지어 반대의 의미로 이끌어가기도 한다. 예를 들면, 서양에서 "한국의 민족주의"를 "Korean nationalism"이라고 하지 않고 대부분 "Korean ethnic nationalism"이라고 한다. 내셔널리즘을 민족주의라고 번역하는 것이 맞다면 역으로 우리의 민족주의를 영어로 번역할 때 내셔널리즘(nationalism)으로 번역되어야 할 것이지만, 민족이라는 말이 갖고 있는 혈연적 성격 때문에 ethnic이라는 단어가 들어가게 되는 것이다. 그런데 서양사람들은 ethnic nationalism(민족 내셔널리즘)을 나쁜 내셔널리즘(bad nationalism)이라 부를 정도로 이 말에 대하여 강한 부정적인 인식을 갖고 있다. 한국사람이나 서양사람이나 내셔널리즘(nationalism)은 마찬가지인데 이러한 표현이 서양사람들로 하여금 한국사람들에 대하여 나쁜 내셔널리즘에 젖어 있다는 편견을 갖게 할 수도 있는 것이다.

---

1 장문석, 2011, p. 24
2 장문석, 2011, p. 61

또, 유럽에서 19세기 이후 내셔널리즘이 성행하던 시기를 내셔널리즘 시대라고 하고, 우리는 이를 민족주의 시대라고 번역한다. 그런데 내셔널리즘 시대라고 말하는 이 시기는 국가중심으로 사회체제가 재편되면서 민족들이 융해되어 나라사람으로 헤쳐모이게 되는 시기였다. 즉, 이 시대는 민족집단이 그 의미를 잃고 소멸되는 시기였는데 이를 민족주의 시대라고 부른다면 사실에 대한 왜곡이 너무 심하다고 할 수밖에 없지 않은가?

이처럼 내셔널리즘을 민족주의라고 하는 상황에서는 내셔널리즘에 대한 연구 또한 어려울 수밖에 없다. 민족주의라는 말만으로는 내셔널리즘을 제대로 논의하는 것이 불가능하다. 이렇게 잘못된 용어관계를 바로잡지 않는 한, 개념의 왜곡 속에 이 분야의 학문적인 발전은 말할 것도 없고 일상에서의 의사소통조차 혼동으로부터 벗어날 수 없다.

그래서 내셔널리즘 연구에서 가장 먼저 해야 할 일은 내셔널리즘에 대한 용어를 정돈하는 일이다. 민족, 민족주의는 19세기 말 일본이 서구문명 도입기에 만든 용어이다. 지금은 일본에서도 이 용어를 사용하지 않는다. 일본에서는 이러한 문제가 있음을 알고 오래 전부터 민족주의라고 부르지 않고 그냥 내셔널리즘이라고 부르고 있다. 그렇다면 우리도 그냥 내셔널리즘으로 불러야 할까? 민족, 민족주의라는 용어를 쓰다가 이제 또다시 일본 따라 네이션, 내셔널리즘이라고 하여야 할까? 여기에 우리의 슬기와 예지를 모아야 할 필요가 있다.

2 내셔널리즘의 정의

네이션의 정의

내셔널리즘(nationalism)은 네이션(nation)에서 나온 말로서 네이션에 대한 이념이다. 그렇다면 네이션은 무엇인가? 네이션(nation)이란 "일정한 지역에서 공통의 문화와 관습을 형성하며 살아왔고, 자신들을 다른 집단과 구분되는 하나의 집단으로 의식하고 있으면서, 하나의 국가로 구성되거나 구성될 수도 있는 사람들의 집단"이라고 정의할 수 있다.

우선 네이션의 개념에 대한 기본적인 이해를 돕기 위하여 스탈린(Joseph Stalin)의 정의를 보기로 하자. 스탈린은 그의 『맑시즘과 네이션 문제』라는 책에서 네이션을 다음과 같이 기술하고 있다.

네이션(nation)이란 무엇인가?

네이션은 하나의 한정된 사람들의 공동체이다. 이 공동체는 인종적인 것도 아니고 민족적인 것도 아니다. 근대 이탈리아 네이션은 로마인(Romans), 튜톤인(Teutons), 에투르스칸인(Etruscans), 그리스인(Greeks), 아랍인(Arabs) 등으로 이루어져 있다. 프랑스 네이션은 골인(Gauls), 로마인(Romans), 브리톤인(Britons), 튜톤인(Teutons) 등으로 이루어져 있다. 영국 네이션이나 독일 네이션을 비롯한 다른 많은 네이션에서도 다양한 인종과 민족으로 네이션을 이루고 있는 것은 마찬가지이다. 따라서 네이션은 인종도 아니고 민족도 아니며, 역사적으로 형성된 사람들의 공동체이다.

반면에 비록 여러 인종이나 민족들로 구성되고 역사적으로 형성되었다고 해도 알렉산더(Alexander) 제국이나 싸이러스(Cyrus) 제국을[3] 네이션이라고 하지 않는다. 그들은 네이션이 아니라 정복자의 승리와 패배에 따라 함께 하기도 하고 나눠지기도 하는 우발적이고 느슨하게 연결

---

3 싸이러스 대제(Cyrus the Great)는 싸이러스 2세(Cyrus II)로도 불리며, 기원전 6세기 페르시아의 정복자이다.

된 사람 무리들의 집합체이다. 따라서 네이션은 우연이나 일시적으로 형성되는 사람들의 집합체가 아니라 사람들의 견고한 공동체이다.[4]

스탈린은 네이션을 사람들의 일시적인 운집이 아니라 세대에 세대를 이어 오랫동안 같이 살아 오면서 역사적으로 형성된 견고한 집단이라고 하고 있다. 여기서 우리의 주의를 끄는 것은 네이션이 인종이나 민족을 의미하는 것이 아니라고 강조하고 있는 부분이다. 당시 유럽이나 러시아 사람들에게 있어서도 그렇게 생각될 소지가 있었기 때문에 이 부분을 제대로 이해시키고자 여러 나라의 예를 들어 가면서 설명했던 것이다.

네이션은 영어에서도 그 의미가 혼란스러운 용어로 유명하다.[5] 그래서 영어 사전을 통하여 이 말이 가진 의미를 자세히 점검해 보기로 하자. 사전을 보면 오늘날 네이션(nation)은 크게 세 가지 의미가 있다.

첫째, "구성원들이 한 집단으로 의식하면서 그들 자체의 정부를 갖고 있거나 갖기를 원하는 사람들의 집단",

둘째, "자체적인 정부를 가진 사람들이 살고 있는 영역",

셋째, "동일 종족 사람들의 집단" 이다.[6]

이 세 가지를 우리는 일반적으로 국민, 국가, 민족이라고 표현한다.

먼저 첫째의 의미에서 보면 네이션은 자신이 전체 구성원 중의 일원임을 의식하고 있는 사람들의 집단이다. 그리고 이 사람들은 다른 집단의 일부로 속하게 되거나 다른 집단 사람들과 섞여서 살아가는

---

4 Stalin, 1913 / 2015, p. 7
5 네이션(nation)이라는 말이 시간과 장소에 따라 의미가 다르게 사용되어 왔기 때문이다.
6 Nation, n.d.

것을 원치 않기 때문에 자기 집단이 정치적으로 이미 독립되어 있거나 독립되기를 원한다는 것이다. 여기서 이미 독립되어 있다면 이를 국가라고 하고, 이를 구성하는 사람들의 집단을 국민으로 표현할 수 있을 것이다. 만약 정치적으로 독립을 원하지만 독립을 하지 못하고 있는 상태라면 국민이라고 말할 수 없으므로 "갖기를 원하는 사람들의 집단"이라고 표현하고 있는 것이다. 따라서 국민뿐만 아니라 자기 나라의 국민이 되기를 원하는 사람까지 포함하는 것으로서 국민보다 더 넓은 개념이다. 이 첫째가 네이션의 중심적인 의미라고 할 수 있다.

한국을 예로 들어 보기로 하자. 한반도에는 사람들이 살고 있다. 여기 사람들은 자신이 한국사람이라는 것을 의식하고 있고, 대부분은 한국사람들에 의한 자치적이고도 독립된 나라로 살아야 한다고 생각한다. 이때 이 한국사람들 총체로서의 집단, 즉 한국인인 동시에 한국, 이것이 곧 네이션인 것이다. 이와 같이 미국, 중국, 영국, 스코틀랜드 모두 마찬가지이다. 네이션은 우리의 관념으로 "~ 사람들" 또는 "~인" 정도가 가장 근접하다. "한국사람들", "미국사람들", "스코틀랜드사람들" 또는 "한국인", "미국인", "스코틀랜드인" 등과 같다.

여기서 중요한 것은 "국가단위의 사람집단이거나 국가가 될 수도 있는 집단"의 사람들이어야 한다는 점이다. 한국사람들은 네이션이지만 충청도사람들은 네이션이 될 수 없다. 왜냐하면, 충청도사람이나, 경상도사람이나, 전라도사람이나 혈통, 역사, 문화 등으로 볼 때 별 차이가 없는 같은 사람들이므로 충청도만 별도의 네이션이 되기 어렵다. 또 구분되는 사람들이라 해서 반드시 네이션이 되는 것도 아니다. 미국 알래스카의 이누이트(Inuit)사람들은 민족, 언어, 풍속, 기질 등등의 모든 면에서 미국의 백인들과 다르지만, 자신들만의 독립적인 정치체로 살고자 하는 의지가 없다. 독립적인 네이션의 의지 없이 미국사람의 일원으로 살아가겠다고 한다면 이누이트 네이션이 아니라 미국인으로서의 네이션이 되는 것이다.

지금 세계에 국가는 200여 국에 불과하지만, 민족(ethnic group)은 약 650여 개나 된다. 이 민족들이 모두 네이션(nation)이 될 수 있는가? 될 수 없다. 이들 민족 모두가 독립된 국가가 될 수 있는 여건을 갖기 어렵고, 또 모든 민족이 자기들만의 국가에 대한 열망과 의지를 갖는 것이 아니어서 모두가 독자적 정치 단위로 될 수 없기 때문이다. 이와 같이 네이션은 정치적인 측면이 고려된 사람들의 집단이다. 단순히 거주지, 혈연, 언어, 공동생활 등으로 하나의 집단으로 구분될 수 있는 집단이 있다면, 이는 앞의 이누이트 원주민과 마찬가지로 민족에 불과하다. 따라서 네이션의 범주에 들어가느냐 들어가지 않느냐는 그 사람들의 영토, 언어, 역사, 혈연, 생활양식 등에서의 독자성을 갖고 있느냐의 측면뿐만 아니라 자기 국가에 대한 열망과 의지가 있는가에 의해서 결정되는 것이다.

다음으로 둘째의 의미에서 보면, "자체적인 정부를 가진 사람들이 살고 있는 영역"이란 국가를 의미하며, 이 의미에서는 영어의 state와 가깝다. 영어의 country, state, nation 모두 국가를 의미하지만, country는 물리적, 지리적 측면의 의미가 강하고, state는 법적, 정치적, 지리적인 측면에 강한 의미를 내포하고 있는 반면에, nation은 사람의 측면에 더 주된 의미를 두고 있다. 다시 말하면, 국가(state)는 그 국민에게 복종과 충성을 요구할 수 있는 힘을 가진 법적, 정치적인 기관인 반면에, 네이션(nation)은 이러한 국가(state)와 관련된 사람들, 즉, 공통의 환경과 연대의식에 의해서 형성된 사람들의 집단이다.[7] 그런데 사람을 기준으로 하는 네이션의 측면에서 국가를 정의하기가 더 어렵다. 어떤 사람들 집단의 집단소속의식, 집단 내 유대감, 다른 집단과의 차별성, 인종적 동질성, 문화적 공통성, 역사와 기억의 공유 등과 같은 객관화하기 어려운 심리적인 요소나 추상적인 요소에 근거하여 국가를 구분하게 되기 때문이다.

미국 독립과 프랑스 혁명 이후 일반 사람들의 주권의식이 확립되면서 일반 사람집단으로서의 인민(people)과 국가(state)가 같은 것으로 등식화되는데, 자기 집단끼리 살겠다는 주체적, 정치적 의사를 가진 인민의 집단으로서의 네이션이 중간에 가교 역할을 하게 된 것이다. 즉, 네이션(nation)의 개념으로, 인민(people)=네이션(nation)=국가(state)라는 등식이 성립하게 된 것이다. 이러한 결과로 법적 정치적 단위로서의 국가인 state만큼이나 사람들 단위로서의 국가인 nation이 국가라는 표현에 자주 등장하게 된 것이다. 그래서 국제연합은 "United Countries"가 아니라 "United Nations"로 되고, 아담 스미스(Adam Smith)가 국부론에서 "The Wealth of Nations"라고 한 것도 단순한 국가의 부를 의미하는 것이 아니라 국가 구성원 사람들의 부를 합한 총체로서의 부를 표현한 것으로 이해할 수 있다.

셋째, 동일 종족 사람들의 집단이다. 이 부분이 우리말의 민족과 거의 일치한다고 할 수 있다. 여기서 한국인이 곧 한국 민족이라고 해서 네이션을 민족이라고 생각해서는 안 된다. 한국은 단일 민족국가이어서 민족이 곧 네이션으로 되지만, 세계 대다수 국가는 다민족국

---

7 Seton-Watson, 1977, p. 1

가이어서 민족이 곧 네이션으로 되지 않기 때문이다.

내셔널리즘의 정의

내셔널리즘이란 "사람들이 갖고 있는 자기 네이션(nation)의 이익을 우선시하는 사상"이라고 할 수 있는데, 여기에 앞에서 규명한 네이션(nation)의 개념을 적용하면 다음과 같다. 내셔널리즘이란 "일정한 지역에서 공통의 문화와 관습을 형성하며 살아왔고, 자신들을 다른 집단과 구분되는 하나의 집단으로 의식하면서, 하나의 국가로 구성되거나 구성될 수도 있는 사람들의 집단이 자기 집단의 이익을 우선시하는 사상"이라고 할 수 있다.

내셔널리즘은 우리가 이 책의 시작에서 본 대로 기존 국가에서의 국가 내셔널리즘과 현재 자신들의 국가가 없는 사람들이 자신들만의 국가를 수립하고자 하는 독립 내셔널리즘 모두를 포함한다. 그래서 내셔널리즘(nationalism)은 "자국이 타국보다 더 중요하고 낫다는 믿음으로 자국의 이익을 우선시하고 자국을 자랑스러워하거나, 자신들의 독립적, 자주적 국가를 가지려는 사람들의 열망"이라고 정의할 수 있다.[8]

이 분야 주요 연구자들의 내셔널리즘에 대한 정의를 보면 한스 콘(Hans Kohn)은 내셔널리즘을 "개개인의 최고의 충성은 으레 네이션으로 이루어진 국가에 주어져야 한다고 느끼는 심리상태"라고 정의한다.[9] 또, 케두리(Elie Kedourie)는 "인류는 자연적으로 네이션들

---

8 Nationalism, n.d.
9 Kohn, 1965, p. 9

(nations)로 나누어져 있고, 이 네이션들은 확인되는 특성들로 구분되며, 정당화될 수 있는 유일한 정부 형태는 각 네이션에 의한 자치정부라고 생각하는 신조"라고 정의한다.[10] 이 외에도 많은 연구자들이 다양한 내용으로 정의하고 있다. 우선 연구자에 따라 그 범위를 좁게 정의하기도 하고 넓게 정의하기도 한다. 좁게 정의하면 독립 내셔널리즘 또는 내셔널리즘 운동에 한정시키는 것이고, 넓게 정의하면 독립 내셔널리즘과 통합 내셔널리즘, 그리고 국가 단위의 일상적인 내셔널리즘까지도 포함하게 된다.

좁은 정의의 예로서 겔너(Ernest Gellner)의 정의를 들 수 있다. 겔너는 내셔널리즘을 "정치적 단위(political unit)와 네이션 단위(national unit)가 일치해야 한다는 정치적 원리"라고 정의하고 있다. 겔너의 이 정의는 독립 내셔널리즘을 말하고 있다. 그리고 그는 네이션(nation)을 다음과 같이 두 가지로 정의하고 있다.[11] 첫째, 만일 어느 두 사람이 같은 문화를 공유할 때 그들은 같은 네이션이다. 여기서 문화는 생각, 기호, 연상, 행위방식, 소통방식의 체계를 뜻한다. 둘째, 만일 어느 두 사람이 서로가 같은 네이션에 속한다고 인식한다면 그들은 같은 네이션이다. 즉, 공통된 소속원으로서의 상대방에 대한 쌍무적인 권리·의무를 확고하게 인식하는 범주의 사람들은 같은 네이션이다. 여기서도 나타나고 있는 것은 네이션의 범위는 우리말에서의 민족이 아니라는 점이다. 첫째의 경우는 민족에 가깝지만, 둘째의 경우는 같은 민족이 아니라도 네이션이 될 수 있다는 것이고, 네이션이 민족보다 넓은 개념으로 정의되고 있는 것이다.

---

10 Kedourie, 1961, p. 9
11 Gellner, 2006, pp. 6~7

스미스(Anthony D. Smith)는 내셔널리즘(nationalism)을 "실재적 혹은 잠재적 네이션(nation)을 구성하는 일부 구성원들에 의해서 집단 전체를 위하여 행해지는 자치, 단결, 정체성을 확보하고 유지하기 위한 이념운동"으로 정의한다.[12] 스미스는 내셔널리즘의 목표를 자기 집단의 독립과 자치, 집단의 단결, 집단의 정체성 확립, 이 세 가지에 두고 있다. 여기서 자기집단의 독립과 자치는 독립 내셔널리즘에 해당하고, 집단의 단결과 집단의 정체성 확립은 통합 내셔널리즘에 해당한다. 통합 내셔널리즘은 주로 기존 국가에서 국가를 중심으로 국민들을 응집시키기 위한 내셔널리즘이다. 이렇게 스미스의 정의에서는 독립 내셔널리즘뿐만 아니라 통합 내셔널리즘까지 포함하고 있다. 스미스는 겔너보다는 더 넓게 정의하고 있지만, 내셔널리즘을 이념운동으로 한정하고 있다는 점에서 여전히 범위가 좁다.

현재 네이션, 내셔널리즘의 개념에 대하여 학자마다 그 인식에서 차이가 많고, 그런 만큼 내셔널리즘에 대한 정의가 명확하지 못한 상태에 있다. 이 점이 내셔널리즘 연구를 더욱 어렵게 하는 요인 중의 하나가 되고 있다. 지금까지 내셔널리즘 연구는 주로 서구에서 이루어지고 있고, 주류는 근대주의 이론이다. 그래서 내셔널리즘 연구의 대부분은 근대화 이후의 유럽이나 유럽과 관련된 지역의 독립 및 통합 이념운동에 집중되어 있고, 이러한 가운데 내셔널리즘이 독립과 통합의 이념운동만을 의미하는 것처럼 보이기도 한다.

하지만 오늘날 우리가 살아가는 현실세계는 사람들이 국가를 단위로 나뉘어져 살아가고 있으며, 국가들 간에 경쟁과 협력을 하는 가운데 세계가 돌아가는 점을 감안하면 국가가 주체로 되는 경우의 내

---

12 Smith, 1991, p. 73

셔널리즘을 도외시 할 수 없다. 아니 국가 내셔널리즘이야말로[13] 가장 실질적이고 중요한 부분이다. 내셔널리즘의 영역에 국가 내셔널리즘 이 포함되지 않는다면 내셔널리즘 연구는 그 영역이 대폭 줄어들 뿐만 아니라 그 유용성도 크게 줄게 된다. 특히 유럽 외의 사람들에게는 더욱 그렇다. 영국에 네이션 의식이 언제 생겼는가는 영국의 역사학자들에게는 중요할지 모르지만 세계 다른 지역의 사람들한테는 별 의미가 없다. 지금 한국의 입장에서는 200년 전 유럽 이야기보다는 오늘날의 미국, 중국의 내셔널리즘이나 세계화 속의 내셔널리즘과 세계주의(cosmopolitanism)의 충돌 등과 같은 것이 더 중요한 문제이다.

국가 내셔널리즘이 될 때는 네이션(nation)의 의미가 국가(state)와 거의 같아지게 된다. 이러한 문제에 대하여 코너(Walker Connor)는 국가의 경우에는 내셔널리즘(nationalism) 용어를 사용해서는 안 된다고 주장한다. 그는 많은 연구자들이 내셔널리즘을 국가에 대한 헌신의 의미로 잘못 사용함으로써 내셔널리즘(nationalism)과 애국심(patriotism)이 혼동되는 것은 문제라고 주장한다.[14] 이런 주장은 그가 원초주의자로서[15] 내셔널리즘을 민족측면에서만 보기 때문이다. 공민 내셔널리즘의[16] 측면을 함께 생각하면 이 같은 주장을 받아들이기 어

---

13 여기서 국가 내셔널리즘이라 함은 국가 단위로서의 사람들이 갖는 의식으로서의 내셔널리즘을 말한다.

14 Connor, 2005, pp. 40~41

15 원초주의(primordialism)는 네이션 의식을 갖는 것은 태곳적부터 내려온 사람의 원초적인 성향이라고 보는 것으로서 민족이 중심적인 위치를 점하게 된다.

16 공민 내셔널리즘(civic nationalism)은 인종이나 출생지에 상관없이 개인의 자유의사에 따라 나라사람이 되도록 하는 것을 말한다. 이에 대응되는 개념이 민족 내셔널리즘이다. 민족 내셔널리즘(ethnic nationalism)은 혈통, 언어, 종교, 역사, 문화 등 개인이 선대로부터 물려받은 요인에 의하여 나라사람이 되도록 하는 것이다.

렵고, 또 코너가 한탄할 만큼 많은 학자들이 국가 단위에서도 내셔널리즘이라는 용어를 사용하고 있다. 스미스는 nation과 state는 구분되는 개념이지만 현실적으로 같은 뜻으로 사용되는 경우가 많으며, 애국심(patriotism)과 내셔널리즘(nationalism) 간에 분명한 선을 긋기 어렵다고 주장한다.[17]

또 코너는 국가 단위가 될 때는 statism이나 etatism을 사용해야 한다고 주장하지만[18] statism(국가주의)은 내셔널리즘과 별도로 다른 의미로 이미 사용되고 있는 말이다.[19] 일반적인 의미에서 국가주의는 최상의 조직체로서의 권능과 권한을 국가에 부여하고 국가가 경제나 사회의 모든 면을 관리하고 조정하여야 한다는 사상을 말한다. 국가주의는 정치적인 측면에서 국가의 행위에 대한 것인 반면, 내셔널리즘은 사회적인 측면에서 자기 집단과 다른 집단과 관련하여 사람들이 갖고 있는 의식에 대한 것이다. 내셔널리즘의 정의에 대한 코너의 주장은 현실에서의 용어 사용에서 볼 때에도 설득력이 없다. 중국에서 미국을 규탄하는 시위를 벌일 때 영어 매체에서 Chinese nationalism(중국 사람들의 내셔널리즘)이라고 보도하지 Chinese patriotism(중국 사람들의 애국심)이라고 보도하지 않는다. 본서 시작의 예에서도 미국 사람들의 내셔널리즘이라고 하지 않고 미국사람들의 애국심이라고 해서는 말뜻이 전달되지 않는 것이다.

그래서 과거 유럽에서 있었던 이념운동으로서의 내셔널리즘을 중심으로 하는 지금까지의 연구의 틀에서 탈피하려는 노력이 필요하다.

---

17 Smith, 2004, p. 200
18 Connor, 2005, pp. 40~41
19 etatism과 statism은 같은 의미이다.

이를 위해서 앞으로의 내셔널리즘 연구 영역은 첫째, 세계 모든 국가들을 대상 영역으로 하는 보편성을 갖는 것으로 되어야 하고, 둘째, 국가를 경계로 일어나는 경제, 문화, 스포츠 등의 다양한 영역에서의 내셔널리즘을 포괄할 수 있어야 하며, 셋째, 오늘날 세계적으로 일반화되어 있는 일상적인 삶에서의 내셔널리즘도 포함되어야 할 것이다.

이를 위해서는 먼저 무엇을 내셔널리즘이라고 할 것인가에 대한 것을 생각하여야 하고, 이는 결국 내셔널리즘의 정의의 문제로 되돌아오게 된다. 그래서 다음과 같은 내용과 조건을 갖추고 있을 때 우리는 내셔널리즘이라고 할 수 있는 것이다.

i) 내셔널리즘은 사람들의 자기 집단을 위하거나 애착을 갖는 의식, 신조, 행동이다.

ii) 여기에서의 집단은 일정한 영토에 함께 살아가며, 같은 문화 및 관습 그리고 역사를 공유하는 사람들의 집단이다.

iii) 여기에서의 집단은 자신들의 집단은 다른 집단과 구분되고 자신들만의 국가가 있어야 한다고 생각한다.

iv) 이러한 의식, 신조, 행동은 주로 다른 집단과의 관계에서 발생하여, 다른 집단보다 자기 집단을 우선시하거나 다른 집단을 배척하기도 한다.

v) 이러한 의식, 신조, 행동은 지식인이나 상류층과 같은 일부의 사람들에 국한된 것이 아니라 집단 내 대다수의 사람이 함께 공유하는 것이어야 한다.

3 내셔널리즘과 민족주의의 비교

네이션과 민족

국어사전에서 "민족"의 뜻을 찾아보면, 민족이란 "일정한 지역에서 오랜 세월 동안 공동생활을 하면서 언어와 문화의 공통성에 기초하여 역사적으로 형성된 사회 집단"으로 정의하고 있다.[20] 이 정의를 기초로 영어의 네이션(nation)과 우리말에서의 민족은 어떻게 다른지 검토해 보기로 한다.

우선, 민족은 네이션보다 범위가 좁다. 앞에서 본 대로 네이션은 국민, 국가, 종족의 세 가지 개념을 담고 있는 데 반하여, 민족은 종족에 근접한 개념만 담고 있다. 다음으로 말의 중심적 의미가 다르다. 내셔널리즘(nationalism)에서의 네이션(nation)의 의미는 "특정한 땅에 사는 자신들의 국가나 정부를 의식하는 대규모의 사람집단"이다.[21] 즉, 네이션이라고 할 수 있기 위해서는 첫째, 대규모의 사람집단이며, 둘째, 이 집단의 사람들이 살 수 있는 땅이 있어야 하고, 셋째, 자신들끼리만의 정치체(polity)에 대한 의식이 있어야 한다. 여기서 민족의 경우는 둘째, 셋째가 반드시 있어야 하는 것이 아니다.

우리말의 민족은 영어의 네이션(nation) 보다는 "race", "ethnicity", "tribe"에 더 가깝다.[22] 영어에서는 원래 "race"라는 말이 많이 사용되었으나 20세기에 들어와 나치즘, 유대인 대학살(Holocaust) 등을 거치면서 최근에는 "ethnicity"라는 말이 많이 사용되고 있

---

20 민족, 미상
21 Nation [Def. 1], n.d.
22 Ethnicity라는 말은 비교적 최근에 만들어진 말로서 Oxford English Dictionary에서는 1953년에 등재되었다.

다. "Ethnicity"라는 말은 그리스어의 "ethnos"에서 나온 민족이라는 의미의 "ethnic"의 파생어이다.[23] 민족이란 원래 인종 아래, 친족 위에 위치하는 사람 분류의 하나로서, 혈통의 의미를 지니고 있고 객관적인 성격을 갖는다. 여기서 객관적이라고 하는 이유는 같은 민족은 부분적으로 겉모습에서 드러나기도 하거니와, 유전자 분석을 통한 과학적 판단도 가능하기 때문이다. 반면에 네이션은 혈연, 영토, 언어 등과 같은 객관적인 요소뿐만 아니라 정체성과 같이 자신에 의해서 정해지는 주관적인 성격도 함께 갖고 있는데, 현실적으로 이 주관적인 측면이 더 크게 작용한다.

스미스(Anthony D. Smith)는 민족 공동체(ethnic community)와 네이션(nation)의 속성을 다음과 같이 구분한다. 먼저, 민족 공동체가 갖는 속성으로 ① 집단 고유의 이름이 있고, ② 특정한 고향 땅과 연계되어 있으며, ③ 공통 조상에 대한 신화를 갖고 있고, ④ 역사적 기억을 공유하며, ⑤ 공통의 문화를 갖고 있고, ⑥ 집단 내에 상당한 비중의 사람들이 연대의식이 있다는 점을 들고 있다.[24] 스미스는 ③ 공통 조상에 대한 신화를 갖는다는 항목에서 민족의 혈연적 측면을 적시하고 있다. 그리고 민족은 하나의 구분되는 집단으로서 특정한 땅, 역사, 문화 등에서 연계되어 있고, 서로에 대한 연대의식은 있지만 반드시 이들 집단이 특정한 영역의 땅을 점유하고 있는 것은 아니라고 하고 있다.

반면에 네이션(nation)이 갖는 속성으로서 ① 집단 고유의 이름이 있으며, ② 역사적으로 내려온 고유의 영토가 있고, ③ 공통의 신화를

---

23 Spencer & Wollman, 2002, p. 65
24 Smith, 1991, p. 21

[표 1-1]

민족과 네이션의 속성		
민족(Ethnic community)		네이션(Nation)
사람들 집단의 이름이 있다	①	사람들 집단의 이름이 있다
특정한 고향 땅과 연계되어 있다	②	고유의 역사적 영토나 고향 땅이 있다
공통 조상에 대한 신화가 있다	③	공통 조상에 대한 신화가 있다
역사적 기억을 공유한다	④	공통의 역사적 기억이 있다
다른 문화와 차별화되는 공통의 문화가 있다	⑤	공통의 집단 공공 문화를 형성하고 있다
집단 내 상당 비중의 사람들은 연대 의식이 있다	⑥	구성원 모두가 공통의 법적 권리와 의무를 진다
	⑦	구성원의 지역적 이동이 가능한 공동경제를 갖는다

출처: *National Identity*, by A. D. Smith, 1991, London: Penguin, pp.14~21. 참고하여 작성.

갖고 있으며, ④ 공통의 역사적 기억이 있고, ⑤ 공통의 공공 문화를 갖고 있고, ⑥ 구성원이 공통의 법적 권리와 의무를 지며, ⑦ 공통의 경제 단위를 갖는다는 점을 들고 있다.[25] 네이션(nation)이 민족 공동체(ethnic community)와 구분되는 점은 모든 속성에 있어서 민족 공동체(ethnic community)보다 그 존재가 뚜렷하다는 점도 있지만 정치적인 단위로서의 성격이다. 즉, 네이션은 민족 공동체와 달리 자신들만의 독자적인 정치 단위로 살아 가고자 하는 의지가 포함된다는 점이다. 이러한 네이션(nation)의 속성은 항목 ⑥에서 구성원이 공통

---

25 Smith, 1991, p. 14

의 권리와 의무를 진다고 한 항목에서 적시되고 있다. 정치적으로 하나의 집단이 될 때 법과 행정 조직을 갖게 되고, 이에 따라 서로 간에 법적 권리와 의무를 지게 되는 것이기 때문이다. 또 항목 ⑦에서 공통의 경제단위에 산다는 점을 들고 있다.

싱가포르를 예를 들어 보자. 싱가포르 안에서는 같은 통화를 사용하고 사람들은 어디든지 이동하면서 살아갈 수 있지만 싱가포르 바깥으로는 그렇지 않다. 싱가포르 내의 사람들은 하나의 경제단위를 이루고 있는 것이다. 여기서 중국 내 한족과 싱가포르 내 한족은 민족으로는 같은 한족이지만 같은 경제단위가 아니고, 따라서 하나의 네이션이 아니다. 반면에 이 싱가포르 내에 같은 경제단위 구성원으로 살아가는 중국계 사람과 인도계 사람은 같은 네이션인 것이다.

네이션의 예를 보자. 한국을 보면, ①한국인 또는 한민족이라는 이름이 있고, ②한반도와 만주 땅이 있으며, ③단군신화가 있고, ④선대의 사람들이 살아온 역사를 갖고 있으며, ⑤모두가 함께 하는 집단 공공 문화로서의 한국 문화가 있고, ⑥국민 모두가 서로에 대하여 권리와 의무를 갖고 살아가며, ⑦국경의 범위 내에서 하나의 경제 단위로 살아왔다.

다음으로 민족의 예를 보자. 세계에는 국가의 유무와 상관없이 수많은 민족이 있다. 민족이 네이션과 구분되는 데에는 독자적 정치체에 대한 의식이 중요한데, 이에 대한 하나의 예가 19세기 이전의 유대민족이다. 유대인들은 19세기 이전에는 민족이었고 네이션이 아니었다. 오늘날의 이스라엘이 있게 된 것은 19세기 말 시오니즘(Zionism)이 일어나 고토에 자신들만의 나라를 세우겠다는 생각이 확산되었고, 그 결과 제2차 세계대전 후 자신들의 고토에 나라를 세웠기 때문이었다.

그 이전의 수천 년 동안 유대인들은 세계 각지에 흩어져 살면서 자신들만의 나라를 갖겠다는 의식이 없었다.

또 다른 예로 고대 그리스를 들 수 있다. 고대 그리스는 하나의 민족이었지만 네이션은 아니었다. 그때 그리스 반도에 살던 사람들은 오랫동안 혈연적, 문화적으로 공통의 토대 위에 살아왔지만 정치적으로 도시국가로 나누어져 살았고, 온 민족이 하나의 국가로 살고자 하는 의식이 없었기 때문에 네이션이라고 할 수 없는 것이다. 오늘날의 경우를 보면 과거에 유구국이었던 오키나와나 중국 각지에 흩어져 살고 있는 만주족 등이 여기에 해당한다. 이름도 있고, 고향 땅도 있으며, 공통 조상에 대한 신화도 있고, 역사도 알고 있으며, 자신들만의 문화도 있고, 상당수의 사람들은 자기민족 사람 간에 느끼는 연대의식도 있다. 그러나 이들에게 자신들만의 독자적인 나라가 있어야 한다는 의식이 없다. 그래서 그들은 네이션이 아니고 민족인 것이다. 그리고 민족주의는 있어도 내셔널리즘(nationalism)은 없는 것이다.

민족과 네이션의 구분 개념에 대한 보다 명확한 이해를 위하여 하나 더 예를 들어 보기로 하자. 영국이라고 불리는 연합왕국(United Kingdom: U.K.)은 원래 잉글랜드(England), 스코틀랜드(Scotland), 웨일스(Wales), 그리고 북아일랜드(Northern Ireland)의 네 나라가 합쳐져서 만들어진 나라이다. 여기서 민족과 네이션을 구분해 보면 다음과 같다.

① 스코틀랜드는 민족인가?: 그렇다
② 영국은 민족인가?: 아니다
③ 스코틀랜드는 네이션인가?: 그렇다
④ 영국(UK)은 네이션인가?: 그렇다

단, 영국(UK)이 하나의 네이션이 되는 데는 전제 조건이 있다. 영국(UK) 사람들이 영국인이라는 하나의 정체성을 가질 때이다. 대다수 스코틀랜드 지역의 사람들이 자신은 영국 내 다른 지역 사람들과는 다른 사람들로서 자신은 영국(UK)과 큰 관련이 없다고 생각하고, 잉글랜드, 웨일스, 북아일랜드 지역의 사람들도 같은 식으로 생각한다면 영국(UK)은 네이션이 아닌 것이다.

내셔널리즘과 민족주의

민족주의의 의미를 국어사전에서 찾아보면 "독립이나 통일을 위하여 민족의 독자성이나 우월성을 주장하는 사상"이라고 정의하고 있다.[26] 여기에서 중심어는 민족인데 민족과 네이션(nation)이 다르므로 이들을 토대로 하는 민족주의와 내셔널리즘(nationalism)도 자연히 다르게 된다. 내셔널리즘(nationalism)의 기반이 되는 네이션의 사전적인 정의는 나라사람 또는 나라사람이 되기를 원하는 집단, 국가, 종족을 아우르고 있지만 민족은 이 중에서 종족의 의미만 담고 있음은 앞에서 이미 논의되었다.

물론 네이션 또는 내셔널리즘이 우리말의 민족 또는 민족주의로 한정된 뜻으로 사용될 수도 있고 이럴 경우에는 문제가 없다. 그러나 많은 경우에 문제가 될 수밖에 없는 것이 영어 네이션에 있어서는 국가와 관련된 내용이 중요한 부분인데 우리말 민족에는 이 같은 의미가 없기 때문이다.

예를 들어 독립 내셔널리즘은 하나의 나라를 만들자는 것이지 민

---

26 민족주의, 미상

족 단위로 살자는 것이 아니다. 엄격히 말하면 민족주의가 될 수 없다. 같은 민족만의 집단이 아닌 경우에도 하나의 국가를 만들 수 있는 여건이 되면 이에 따라 개별국가를 만들려고 하는 것이 독립 내셔널리즘이다. 그 여건 중에 중요한 한 요소로서 같은 혈연의 집단, 공통의 문화 집단으로서의 같은 민족도 포함될 뿐이다.

수많은 민족으로 이루어진 미국도 가질 수 있는 것이 내셔널리즘이고, 영국섬 내의 여러 민족이 합쳐져서 영국연합왕국(United Kingdom)을 만드는 것도 내셔널리즘이다. 또 독일의 내셔널리즘이라고 해서 게르만 민족만의 국가를 만들자는 것이 아니다. 앤드선(Benedict Anderson)이 유럽보다 먼저 내셔널리즘이 일어났다고 주장한 라틴지역의 크레올 내셔널리즘을[27] 볼 때도 크레올인들(Creole peoples)은 유럽 백인 정착민들과 아메리카 원주민들이 한데 섞여 복합적 민족으로 이루어진 사회의 사람들이다.

따라서 내셔널리즘을 민족주의로 번역하거나 민족주의를 내셔널리즘으로 번역하는 경우 원래의 말뜻이 전달되지 않거나 의미가 불분명해지는 문제가 생길 수밖에 없는 것이다. 이처럼 용어가 그 의미를 제대로 전달하지 못하고 혼동되는 상황에서는 상대방을 이해하기도 어렵고 이해시키기도 어려울 뿐만 아니라 아무리 많은 논의를 한다고 해도 같은 생각에 도달할 수 없음은 당연한 일이다.

4 인접 용어와의 관계

---

27 Anderson, 2006, pp.49-66

국민, 시민, 인민

　네이션과 내셔널리즘의 번역어로서 민족, 민족주의라는 말이 적합하지 않음을 느끼고 일부에서는 민족, 민족주의라는 말 대신에 국민, 국민주의라는 용어를 사용하기도 한다. 예를 들면 "국민주의 음악"과 같이 음악에서는 내셔널리즘을 주로 국민주의라고 부른다. 그래서 여기서 네이션, 내셔널리즘에 대한 번역어로서의 국민, 국민주의라는 용어를 검토해 볼 필요가 있다.

　먼저 국민의 의미를 생각해 보자. 우리말에서 국민이란 "한 나라의 통치권 아래에 있는 사람, 또는 그 나라의 국적을 가진 일정한 권리와 의무를 지닌 사람"을 뜻한다.[28] 국민이라는 것은 국가가 있고 그 국가의 법에서 자격을 부여받은 사람들이다. 이 국민에 해당하는 영어말은 citizen이다. 원래 citizenship을 갖는다는 것은 투표권과 공직자로서의 피선거권을 갖는다는 것을 의미하였고, 현대에 와서 citizenship을 갖는다는 것은 국민으로서 제반 권리와 의무를 갖는다는 것을 의미하게 되었다. Citizen은 개인과 국가 간의 관계에서 법적 계약적인 의미를 지닌 용어이다. 개인이 국가에 대하여 의무를 이행하면 국가는 그를 국가 안에서 누릴 권리를 제공하면서 보호해 준다는 것이다.[29]

　Citizen은 국민이다. 그런데 우리나라에서는 citizen을 시민으로 번역하는 경우가 많다. 문제는 영어의 citizen은 "city"라는 "시"의 단어가 들어 있지만 시하고는 아무런 상관이 없다는 사실이다. 영어에서 국민을 citizen이라고 하는 이유는 도시국가에서 이 용어가 시

---

28 국민, 미상
29 Citizenship, n.d.

작되었기 때문이다. Citizen을 시민이라고 하는 것은 마치 green-house를 온실이라고 하지 않고 초록집으로 번역하는 것과 같다. 단어가 green이 붙어 있다고 하더라도 초록이라는 말을 넣지 말고 그 본질과 내용에 따라서 온실로 번역하지 않으면 안 된다. 마찬가지로 city가 붙어 있더라도 그 본질과 내용에 따라 시민이라고 해서는 안되고 국민이라고 해야 옳다. 우리는 "민주 시민", "성숙한 시민" 등과 같이 시민이라는 말을 자주하지만 이 시민이라는 말은 법적으로나 이론적으로나 아무런 근거나 내용이 없는 용어이다. 현재 한국에서 시민이라는 용어 사용은 매우 혼란스럽다. 한국에서는 민간이라는 의미의 civil도 시민이라 번역하고, 공민이라는 의미의 civic도 시민이라 번역하고, 국민이라는 의미의 citizen도 시민이라고 번역하며, 그리고 시의 주민도 시민이라 한다.

영어권 국가에서 Citizen이 된다는 것은 법적으로 매우 중요한 의미를 갖는 것이지만, 한국에서 시민이 된다는 것은 법적 권리 의무에서 특별한 의미가 없다. 부산시민이 서울시민으로 된다고 해서 신분상으로 무엇이 달라지는가? Citizen이 된다는 것은 뉴욕시민에서 시카고시민으로 바뀔 때와 같은 것을 의미하는 것이 아니라 한국국적에서 미국국적으로 바뀔 때와 같은 것을 의미한다. Citizen은 시민이 아니라 국민인 것이다.

이어서 국민과 people(인민, 민중, 백성)의 관계를 검토해 보기로 하자. 링컨이 인용한 것으로 널리 알려진 "by the people, of the people, for the people"을 한국에서는 "국민의, 국민에 의한, 국민을 위한"이라고 알고 있음에서 보듯이 people을 국민으로 번역하고 있다. 그런데 원래 people은 인민, 민중의 개념이다. 그렇다면 people(인민)과 citizen(국민)은 다른가? 다르다. 우선 인민과 국민은 같은 위치에 있지 않다.

미국의 예를 들어 보자. 미합중국 헌법 서문에는 "미국의 인민(people)은 …… 헌법(constitution)을 제정한다"라고 명시되어 있다.[30] 그리고 미국 수정헌법 14조(Amendment XIV)는 미국 국민(citizen)에 대하여 규정하고 있는데, 여기서 누가 미국의 국민인가를 정의하고 있다.[31] 여기서 알 수 있는 것은 미국 인민(people)이 미국 헌법을 만들고, 헌법에서 국민(citizen)을 규정하고 있다는 점이다. 즉, 인민은 헌법으로 제정하는 주체로서 헌법 위에 있고, 국민은 헌법에 의하여 정해지는 존재로서 헌법 아래에 있는 것이다.

사실 우리가 말하는 국민 주권이라는 것은 이러한 체계이다. 그런데 문제는 올바로 말하자면 국민 주권이 아니고 인민 주권이라는 점이다. 인민은 국가 이전에 있었지만, 국민은 국가가 만들어진 이후에 국가에 의하여 창설되는 것이다. 지금 우리처럼 국민 주권이라는 말을 사용하면서 민주주의 이념의 논리적 체계를 세우기는 어렵다.

---

30 The Preamble to the United States Constitution: We the people of the United States, in order to form a more perfect union, establish justice, insure domestic tranquility, provide for the common defense, promote the general welfare, and secure the blessings of liberty to ourselves and our posterity, do ordain and establish this Constitution for the United States of America.

31 Amendment XIV to the United States Constitution, Section 1: All persons born or naturalized in the United States, and subject to the jurisdiction thereof, are citizens of the United States and of the State wherein they reside. No State shall make or enforce any law which shall abridge the privileges or immunities of citizens of the United States; nor shall any State deprive any person of life, liberty, or property, without due process of law; nor deny to any person within its jurisdiction the equal protection of the laws.

[표 1-2]

인민(People)과 국민(Citizen)의 관계

인민(people)
⇩
헌법(constitution)
⇩
국민(citizen)

그렇다면 왜 더 타당한 용어인 인민이라는 말을 쓰지 않는가? 20세기 초반, 공산주의에서 people이라는 말을 많이 사용하였고, 일본의 좌익세력에서 인민이라는 용어를 사용하였다. 1948년 대한민국이 처음 헌법을 제정할 때 그 초안에서는 인민이라는 용어를 사용하여 주권자로서 명시하였다. 당시 헌법초안 제1장 제2조는 "대한민국의 주권은 인민에게 있고 모든 권력은 인민으로부터 나온다"로 되어 있었다. 하지만 당시 대한민국정부에서는 공산주의에 대한 부정적인 의식이 극도로 강한 상황이었기 때문에 제헌의회에서 "인민"을 공산주의자들의 용어라 하여 이 말을 쓰지 말 것을 요구하였고, 그래서 국민으로 바뀌게 되었다. 조선인민민주주의공화국이라는 명칭에서 보듯이 북한은 인민이라는 용어를 쓰고 있다. 당시에는 민주주의 이론에 대한 체계적인 지식이 없었고, 있었다 하더라도 다급한 현실 문제에 억눌려 지식이 적용될 수 있는 여지가 없었다.

물론 결국 인민이 국민으로 된다는 점에서 같다고 할 수 있다. 하지만 민주주의의 논리적인 체계를 따른다면 국민은 인민이 아니다. 국가의 법으로부터 창설된 국가 아래에 있는 사람들이 어떻게 국가의 주인이 될 수 있는가? 국가 위에서 국가의 헌법을 바꿀 수 있는 국가 위에 있는 사람들이 국가의 주인이고 이것이 민주주의인 것이다. 민주주의에서의 민(民)은 국민(國民: citizen)을 뜻하는 것이 아니고 인민(人民: people)을 뜻하는 것이다. 결론적으로 국민 주권이라는 말은 논리적으로 맞지 않고 국민이라는 표현은 잘못된 것이다. 한국에서처럼 People도 국민이고 Citizen도 국민인 용어의 상태에서는 민주주의를 이해하기도 어려운 것이다.

네이션과 국민

앞에서 본 국민의 개념에 대한 이해를 바탕으로 하여 네이션과 국민을 대조해 보기로 하자. 네이션(nation)은 people과 동등한 위치에 있는 개념으로 어느 나라 안에 한정되어 있는 인민들을 의미한다. 그래서 네이션과 국민은 대개 다음과 같은 점에서 다르다.

첫째, 네이션은 국가 및 영토와 연관된 인민(people)이다.[32] 영국의 앤서니 쿠퍼(Anthony A. Cooper)[33]는 인민(people)에 대해서 정의하면서 네이션(nation)에 대해서도 언급하고 있다. 인민은 사회적 연대(league) 혹은 사회적 연합(confederacy)으로 공동체의 회원들을 결속시키는 상호동의, 그리고 공동선이나 공동이해에 기초하여 형성된 집단이라고 하였다. 그는 사람의 집단이 강압에 의해 형성되었을 때 하나의 수장 하에 하나의 집단으로 있다고 하더라도 단

---

32 Greenfeld, 1992, p. 160
33 앤서니 쿠퍼는(1671-1713)는 영국의 정치가이자 철학자로 Third Earl of Shaftesbury라고도 불려진다.

합될 수 없으므로 그러한 집단은 인민이 될 수 없다고 하였다. 그래서 강압 아래서는 인민(people)이 없고, 헌법(constitution)이 있을 수 없고, 모국(mother country)이 없으며, 네이션(nation)도 있을 수 없다고 하였다.[34] 네이션은 주권을 가진 회원들의 공동체이다.[35] 네이션이란 존 로크(John Locke)가 공민정부 2론(Two Treatise on Civil Government)에서 말한 사회계약의 당사자들인 것이다.[36] 그렇다면 네이션과 국민 간의 차이는 명확하다. 네이션(nation)은 국가를 창설하는 존재인데 반해 국민(citizen)은 국가가 있고 난 다음에 있는 사람들로서 국가에 의해서 그 존재와 권리를 부여받는 사람이다.

둘째, 국민은 그 범위가 한정적이고 내용이 명확하다. 즉 누가 국민이고, 누가 국민이 아니며, 국민이 되면 무엇을 할 수 있으며 할 수 없는지가 명확하고 구체적이다. 반면에 네이션은 그 범위는 넓고 내용은 추상적이다.

셋째, nationality를 갖는다는 것은 그 나라사람이라는 것을 의미한다. 그 나라사람이 된다는 것은 이러한 권리 의무와 무관한 것은 아니지만 이것과 직접 연관되는 의미는 아니다. 예를 들면 한국 국적을 포기하고 미국 국적을 취득한 사람의 경우 한국국민은 아니지만 한국인이 될 수도 있는 것이다.

넷째, 국민의 개념으로 볼 때 이중 국적도 가능하다. 세계화의 진전으로 국민의 개념은 점점 거주자의 개념으로 되어 가면서 이중국적을 허용하는 국가도 많다. 하지만 네이션은 이중 네이션이 있을 수 없다. Nationality는 그 사람의 내면적인 성격을 규정하는 것이기 때문

---

34 Greenfeld, 1992, p. 399
35 Greenfeld, 1992, p. 426
36 Greenfeld, 1992, p. 400

이다. 미국 국적과 한국 국적을 동시에 가질 수는 있지만 한국인이면 서도 미국인일 수는 없는 것이다

다섯째, national(나라사람)은 citizen(국민)과 법적으로 구분된 다. National은 citizen보다 넓은 개념이다. 즉 citizen은 national이 지만, national이라고 해서 citizen인 것은 아니다. 예를 들면, 미국의 경우, 사모아인들은 미국의 national이지만 citizen이 아니다.[37] 사모 아인들은 미국에서 사업도 하고 일자리를 가질 수 있지만 선거권이나 피선거권이 없다. 또 nationality는 국적이라고 하여 사람뿐만 아니라 기업, 선박, 항공기와 같은 사물에 대해서도 적용된다.

이와 같이 원래 그 개념에서 다른 것이기 때문에 깊은 논의에 들 어가지 않더라도 당장 일상 생활에서도 네이션을 국민이라고 부를 때 문제가 드러난다. 먼저, 국민은 국가(state)에서 나오는 개념으로 국 가가 성립된 이후에 존재하기 때문에 네이션을 국민으로 번역하면 말 이 되지 않는 경우가 많다. 예를 들면, 현재 네이션으로서의 스코틀랜 드를 스코틀랜드 국민이라고 한다면 말이 안 된다. 스코틀랜드 사람 들이라고 해야 자연스럽다.

다음으로, 우리가 "국민주의" 라고 하였을 때 국가 내에서 일어나 는 국민의 권익이나 국민의 위상에 대한 개념으로 생각이 들게 되고, 국가와 관련하여 대외적으로 표출되는 정서로서의 내셔널리즘 개념과 연결되지 않는다.

이러한 점들을 고려할 때 네이션, 내셔널리즘을 국민, 국민주의라 고 하는 것도 타당하지 못함을 알 수 있다.

---

37 8 U. S. C. §1408. Nationals but not citizens of the United States at birth

5 해결 방안

국 인

지금까지 네이션, 내셔널리즘의 의미가 한국말에서 제대로 전달되지 못하는 문제를 살펴보았다. 이제 이에 대한 해결 방안을 논의해 보자.

이 문제를 해결하는 유일한 방법은 네이션, 내셔널리즘에 맞는 말을 찾아내는 것이다. 근본적으로, 이 영역에서 개념 단위는 nation, state, citizen, ethnic group의 4개인데, 이에 대한 한국말 어휘는 국가, 국민, 민족의 3개이다. 한국말 어휘 수가 절대적으로 부족한 것이다. 그래서 네이션(nation)개념을 표현하기 위해서는 새로운 용어가 반드시 추가되어야 한다. 새로운 용어를 만들지 않고서는 해결될 수 없는 문제인 것이다. 그래서 우리말의 여러 어휘들을 검토해 보았다.

그 결과 네이션에 대한 가장 적절한 한국말은 "국인(國人)" 이었다. 국인이라는 말이 적합한 이유는 다음과 같다.

첫째, 국인이라는 용어는 과거에 사용되던 우리말로서 네이션의 번역어로 가장 적확한 말이다. 과거에 국인이라는 표현이 사용된 예를 보자.

조선 성종 때 사헌부와 사간원 관리들이 죄인을 죽일 것을 요청하면서 다음과 같이 말하고 있다.

국인이 모두 죽일 만하다고 하는 것이므로 전하께서 개인적인 인정을 베풀 수는 없는 것입니다.[38]

---

38 조선왕조실록, 성종실록, 성종 1년 7월 8일/ 所謂國人皆曰可殺, 非殿下所得而私也:

여기서 국인은 나라사람들이다. 임금도 나라사람들의 뜻을 거역해서는 안 된다고 말하고 있다.

또, 조선 초 한국사람들과 그를 대표하는 이성계가 중국 황제에게 국호 제정을 두고 다음과 같은 내용으로 자문을 구하고 있다.[39]

요사이 황제께서 신에게 권지국사(權知國事)를 허가하시고 이내 국호(國號)를 묻게 되시니, 신은 국인과 함께 감격하여 기쁨이 더욱 간절합니다.[40]

여기서 조선이라는 나라가 있기 이전의 사람들이요, 나라를 만드는 사람들로서의 국인을 확인할 수 있다.

위에서 표현된 국인을 보면 네이션의 개념과 매우 잘 들어 맞는다는 것을 알 수 있다. 국인은 네이션과 마찬가지로 나라의 주체로서의 사람들이다.

일제 하에 독립운동을 하던 선조들은 나라와 관련하여 대한국인, 한국인, 조선인이라는 말을 썼지 민족이라는 말을 잘 쓰지 않았다. 안중근 의사는 자신을 대한국인이라고 하였고, 안창호 선생이 미국에서 결성한 독립운동 단체이름은 대한인국민회[41]였다.

기미 독립선언서는 다음과 같이 시작한다.

오등은 자에 아 조선의 독립국임과 조선인의 자주민임을 선언하노라.

---

39 이 예는 그 상황이 한국사람으로서 다소 언짢은 면을 담고 있기는 하지만 국인이라는 말의 의미를 잘 표현하고 있어서 여기서 예로 보았다.
40 조선왕조실록, 태조실록 2권, 태조 1년 11월 29일 / 欽蒙聖慈許臣權知國事, 仍問國號, 臣與國人感喜尤切。
41 대한인국민회는 미주지역에서 형성된 독립운동 단체이다. 안창호는 1910년 미국에서 독립운동 단체인 대한인국민회를 조직하였다. 대한인국민회는 1908년 장인환과 전명운이 친일 미국인 스티븐스를 저격했던 사건을 계기로 미국의 한인 단체를 통합하기 위해 조직되어, 자금을 모아 만주와 연해주의 독립운동을 지원하였다.

여기서 조선은 state이고 조선인은 nation이다.

위의 여러 예에서 대한국인, 대한인 대신에 한민족이라고 쓰고, 조선인 대신에 조선족, 혹은 조선민족이라고 했다고 상상해보라! 절대 있을 수 없는 일이다.

안중근 의사가 1910년 여순 옥중에 쓴 글씨다. 안중근 의사는 항상 자신을 대한국인(大韓國人)이라고 하였다.

네이션은 주권을 가진 집단으로서의 사람들(sovereign people)이다.[42] 주권은 사람에 대한 것뿐만 아니라 땅에 대한 것까지도 포함된다. 18세기 유럽에서 네이션이 주목받는 용어가 되고 내셔널리즘이라는 말이 생겨나게 것도 바로 이러한 점 때문이었다. 네이션은 자기 운명에 대한 자기 결정권을 가진 사람들이다. 여기서 이 같은 요소가 들어 있지 않은 민족과는 엄청난 차이가 있다. 민족은 아무나 될 수 있지만 네이션은 아무나 될 수 없다. 민족은 가만히 있어도 그 이름이 주어지지만 네이션은 엄청난 노력과 희생을 댓가로 가질 수 있는 것이다. 한국인들은 누구보다 이것을 잘 알고 있다. 한국인이 네이션이기 위하여 얼마나 많은 피를 흘렸는가? 이것이 민족은 정말 민족에 대한

42 여기에는 현재 주권을 가진 사람들뿐만 아니라 주장하는 사람들도 포함된다.

의미를 표현할 때에만 사용되어야 하고 네이션일 때 민족이라고 해서는 안되는 또 하나의 이유이기도 하다. 말은 가치를 반영한다. 한민족, 한국인 모두 쓸 수 있을 때 우리가 그 가치를 생각한다면 한국인이 맞는 말인 것이다.

둘째, 네이션(nation)은 정치적인 자치의식을 가진 사람들의 집단이므로 정치적으로 주체자로서의 성격을 갖는 국인이라는 말이 잘 부합된다. 그 나라사람으로서 또는 나라의 주인으로서 국인인 것이다. 원래 한자어의 인(人)과 민(民)은 대칭적인 의미를 갖고 있다. 인(人)은 사람을 형상화한 글자로 인격체로서의 사람을 뜻한다. 인은 사회의 주체자로서 지배계급을 의미한다. 반면에 민(民)은 맹인을 형상화한 글자로 노예를 의미한다. 전쟁에서 포로로 잡힌 사람을 눈을 찔러 장님으로 만들어 노예로 삼았던 옛 습속에서 이렇게 노예로서의 국가 구성원이 민이었다. 즉, 인과 민은 모두 백성이지만 인은 국가 사회의 주체자로서의 백성이고, 민은 다스림을 받는 피지배계급으로서의 백성인 것이다.

셋째, 네이션(nation)은 민족보다 혈통적인 개념이 옅지만 이것이 완전히 배제된 것은 아니다. 특히 비서구 사회에서는 네이션에 혈연적 개념이 강한데 국인은 이러한 측면을 잘 나타낸다. 국인은 이러한 혈통적인 개념을 가진 반면에 국민에는 이러한 개념이 없다. 예를 들어 말이 담고 있는 의미에서 한국국민과 한국인은 차이가 있다. 한국국민이라고 하면 한국에 소속된 사람의 법적 신분을 나타내는 반면에, 한국인이라고 하면 그 혈통이나 뿌리까지 나타내는 것이다. 현실적으로 북한과 남한을 아우르는 한민족과 동일한 뜻을 전달하는 용어로서 한국민이라고는 할 수 없지만 한국인은 가능하다. 국민(citizen)은

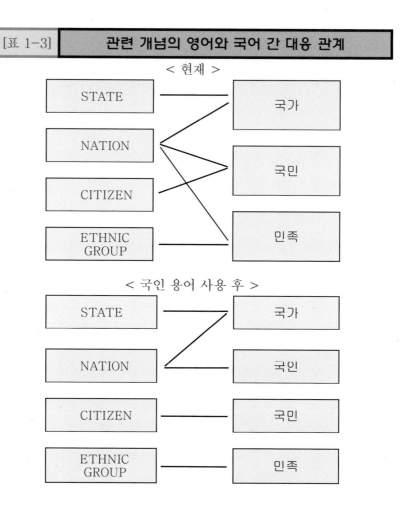

[표 1-3] **관련 개념의 영어와 국어 간 대응 관계**

< 현재 >

STATE	국가
NATION	국민
CITIZEN	민족
ETHNIC GROUP	

< 국인 용어 사용 후 >

STATE	국가
NATION	국인
CITIZEN	국민
ETHNIC GROUP	민족

국가(state)가 있고 난 이후에나 있는 것이지만, 국인(nation)은 국가(state)보다 먼저 있으면서 그 기초가 되는 사람들이기 때문이다.

넷째, 국인은 현재 혼합어로서 한국인, 영국인, 중국인 등과 같이 사용된다. Korean(한국인), English(영국인), Chinese(중국인) 등이 바로 네이션(nation)이므로, 네이션을 국인이라고 하는 것이 타당하고도 자연스럽다.

Nation을 국인이라고 했을 때 영어와 한글에서 그 의미의 대응관계를 [표 1-3]을 통하여 보기로 하자. 먼저 지금까지는 state가 국가로 번역되었고, nation은 국가 혹은 국민 혹은 민족으로 번역되었다. 그리고 citizen은 국민으로 번역되고, ethnic group은 민족으로 번역되었다. 그림에 나타나고 있듯이 nation에 대한 한글에서의 적합한 말이 없어서 한글과 영어가 1대1의 대응 관계를 갖지 못하고 복잡하게 얽혀 있음을 알 수 있다. 여기서 국인이라는 말을 사용하여 nation을 국인으로 번역하게 되면 1대1의 대응 관계가 이전보다 훨씬 더 간명해짐을 알 수 있다. 이러한 결과로 두 언어 사이에 의미전달이 훨씬 더 명확하게 되는 것은 말할 필요가 없다.

국인주의

다음으로 내셔널리즘(nationalism)에 대한 한국어 번역을 보기로 하자. 내셔널리즘은 네이션(nation)에 대한 이념(-ism)이다. 이 이념은 우리말로는 "주의"라고 하므로, 네이션을 국인으로 번역하는 것으로 했을 때 내셔널리즘에 대한 한국어 표현은 국인주의(國人主義)가 된다. 이 용어가 내셔널리즘의 의미에 잘 부합하는지 검토해 보자

앞에서 본대로 내셔널리즘(nationalism)이 "자국이 타국보다 더 중요하고 낫다는 믿음으로 자국의 이익을 우선시하고 자국을 자랑스러워하거나, 자신들의 독립적, 자주적 국가를 형성하려는 열망"을 의미한다고 했을 때,[43] 내셔널리즘은 크게 두 가지로 나누어진다. 하나는

---

43 Nationalism, n.d.

자국의 이익을 우선시하고 자랑스러워하는 국가 내셔널리즘, 다른 하나는 독립적, 자주적 국가를 가지려는 독립 내셔널리즘이 될 것이다.

먼저, 국가 내셔널리즘에서 보면 국인(nation)이 사람의 집단으로 말한 국가이므로 자국을 위하고 자랑스러워하는 이념으로서 국인주의라 말할 수 있다. 다음으로, 독립 내셔널리즘에서 민족이 아니라 국인(國人), 즉, 자기 국가를 가진 사람이 되려는 이념이라는 측면에서 국인주의라는 용어가 그 의미에서 부합한다. 국가 내셔널리즘, 독립 내셔널리즘 모두에서 국인주의라는 말이 잘 맞는다는 것을 확인할 수 있다.

지금 우리는 민족주의가 해당되지 않는 국가의 내셔널리즘에 있어서는 이를 표현하기 위하여 국수주의, 자국우선주의, 국가이기주의, 내셔널리즘 등 되는 대로 끌어쓰고 있는데, 깊게 생각해 보면 대부분 적합한 말이 아니어서 이러한 말을 무분별하게 쓰는 것은 바람직하지 않다. 내셔널리즘을 네이션과는 별도로 그 의미에 적합한 말을 찾아볼 수도 있다. 이렇게 찾아 보았을 때 내셔널리즘의 의미에 잘 부합하는 용어로서 자국주의를 생각해 볼 수 있다. 우리가 개인에 있어서 자신의 이익만을 도모하거나 자신의 것을 추구하는 사고방식을 자기주의(自己主義: egoism)라고 한다. 내셔널리즘은 대상이 국가일 뿐 그 성격은 거의 같으므로 자국주의(自國主義)라고 이름 할 수 있다. 이 자국주의라는 용어에 대해서도 내셔널리즘의 의미와 부합하는지를 검토해 보자. 먼저 국가 내셔널리즘에서는 국가적 차원에서 자국의 이익만을 도모하는 사고방식을 자국주의(自國主義)라고 할 수 있다. 다음으로, 독립 내셔널리즘에서는 자신들의 나라를 추구한다는 의미를 나타내므로 여기서 또한 자국주의라는 말이 직절하나.

국인주의와 자국주의라는 용어 모두 자국의 이익을 도모하는 이념이라는 뜻과 자국을 갖고자 하는 이념이라는 뜻을 동시에 수용하는데 아무런 무리가 없다.

여기서 우리는 내셔널리즘을 부르는 방법으로 세 가지를 생각해 볼 수 있다.

첫째는 국인주의로 부르는 것이다. 네이션의 국인에서 그대로 이어지는 말로서 다소 생소하긴 하지만 논리상 가장 자연스러운 말이다.

둘째는 자국주의로 부르는 것이다. 자국주의라는 용어는 네이션(nation)의 국인과 연결되는 말이 아니라는 점이 단점이 있지만, 말 자체로 쉽게 이해가 되는 장점이 있다.

셋째는 국가 내셔널리즘은 자국주의로, 독립 내셔널리즘은 국인주의로 부르는 것이다. 국가 내셔널리즘은 네이션의 중심적인 의미가 국가이므로 자국주의로, 독립 내셔널리즘은 네이션의 중심적인 의미가 국인이므로 국인주의라고 하는 것이다. 다소 복잡하고, 내셔널리즘이라는 영어 한 단어에 두 개의 한국어 단어를 사용하게 되는 단점이 있지만, 한국어의 용어가 더 풍부해지는 장점도 있다.

지금까지 논의한 내용을 도표를 통하여 보다 명확하게 정리해 보기로 한다. [표 1-4]는 내셔널리즘(nationalism)과 이에 해당하는 우리말의 용어와의 관계를 나타내고 있다. 내셔널리즘의 주요한 의미, 두 부분을 나누어 생각해 보자.

첫 번째, 국가 내셔널리즘에서의 "자국이 타국보다 더 중요하고 낫다는 믿음으로 자국의 이익을 우선시하고 자국을 자랑스러워하는 마음" 부분이다. 이 부분에서 내셔널리즘(nationalism)의 네이션(nation)의 중심적인 의미는 국가이지만 사람 중심의 국가로서 국인이라

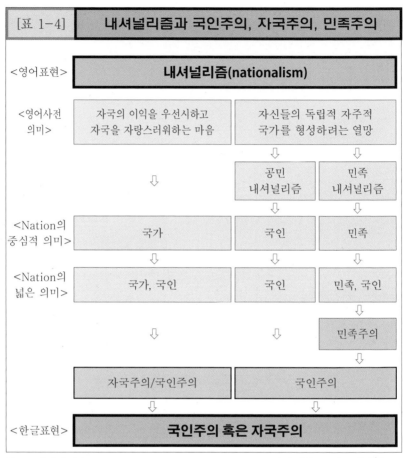

[표 1-4]	내셔널리즘과 국인주의, 자국주의, 민족주의		
<영어표현>	내셔널리즘(nationalism)		
<영어사전 의미>	자국의 이익을 우선시하고 자국을 자랑스러워하는 마음	자신들의 독립적 자주적 국가를 형성하려는 열망	
		⇩ 공민 내셔널리즘	⇩ 민족 내셔널리즘
<Nation의 중심적 의미>	국가	국인	민족
<Nation의 넓은 의미>	국가, 국인	국인	민족, 국인
			⇩ 민족주의
	⇩ 자국주의/국인주의	⇩ 국인주의	
<한글표현>	국인주의 혹은 자국주의		

참고: 영어사전은 Merriam-Webster dictionary, 국어사전은 국립국어원,『표준 국어대사전』을 참고하였음.

고 할 수도 있다. 그래서 이 부문에 내셔널리즘의 이념을 나타내는 적절한 용어로서 자국주의와 국인주의 모두 무난하다.

두 번째, 독립 내셔널리즘 즉, "자신들의 독립적 자주적 국가를 형성하려는 열망" 부분이다. 여기서 내셔널리즘(nationalism)은 개인의 의사를 중심으로 국가 구성원이 결정되는 공민 내셔널리즘(civic nationalism)과 혈통을 중심으로 구성원이 결정되는 민족 내셔널리즘(ethnic nationalism)으로 나누어질 수 있다. 공민 내셔널리즘에서의 네이션(nation)의 중심적인 의미는 국인인 반면에, 민족 내셔널리즘에서의 네이션의 중심적인 의미는 민족이지만, 이는 동시에 국인이다.

이 민족 내셔널리즘의 경우에는 민족이 중심이 되는 측면에서 내셔널리즘을 민족주의라고도 할 수 있는데, 이때의 민족주의라는 말도 더 포괄적인 개념인 국인주의 또는 자국주의의 범위 내에 있다. 그런데 이 경우에도 민족이라는 말이 원래 자국에 대한 정치적인 의미를 담고 있는 것이 아니기 때문에 정치적인 의미가 배제된 경우에만 민족주의라는 용어를 사용하는 것이 적합할 것이다.

지금까지 민족, 민족주의라는 말을 사용하면서 민족주의가 갖는 정치적인 의미를 수용하기 위하여 "민족"에서의 민족과 "민족주의"에서의 민족의 의미는 다르다고 하여 왔다. 왜 다른지 그냥 쉽게 알 수 없고 특별히 민족주의를 공부해야만 알 수 있었다. 민족이면 민족인 것이지 여기서의 민족과 저기서의 민족은 다르다니 이 무슨 불편한 일인가? 두 개가 같지 않다면 다른 하나는 다른 말로 불러야 하는 것이 당연하지 않은가? 누구도 첫째 아들도 철수라 이름 짓고, 둘째 아들도 철수라 이름 짓지 않는다. 말이란 우리의 사고 속에 순순히 받아들여져야 하는 것인데 이렇게 우리의 사고를 혼란스럽게 하고 순순히 받아들이기 어려운 것을 받아들이도록 하는 것은 일종의 지적인 강압이다. 그런데 이제 그럴 필요가 없다. 네이션, 내셔널리즘에 맞는

용어를 사용하게 되면 자연히 이러한 문제로부터 벗어나게 되는 것이다.[44]

6 본서에서의 용어 사용

우리나라는 오랫동안 내셔널리즘(nationalism)을 민족주의라고 불러왔기 때문에 지금까지 사용해 오던 이 용어를 다른 용어로 바꾸기는 쉽지 않은 일이다. 그러나 언제까지 계속 이렇게 갈 수는 없다고 본다. 우선 민족이 아닌 것을 민족이라고 해야 하니 의사소통이 되지 않는다. 의사소통이 되지 않으니 연구도, 토론도, 설명도, 아무것도 할 수 없다. 그래서 의미상으로 민족에 해당하는 것은 민족, 민족주의라고 하고, 민족의 의미가 아닌 것은 그것에 맞는 용어를 찾아서 사용함으로써 지금까지의 잘못된 상황에서 하루빨리 벗어나야 할 필요가 있다.

본서에서 미국이라는 네이션과 내셔널리즘을 논하는 데에 있어서 미국 민족, 미국 민족주의라고 말할 수는 없는 일이다. 그렇다면 네이션과 내셔널리즘을 뜻하는 한국어로서 다른 말이 필요하고, 이에 미국인으로서의 국인(國人)과 미국 내셔널리즘으로서의 국인주의(國人主義)라는 용어를 사용하기로 한다.

새로운 용어가 처음에는 어색하겠지만 사용하다 보면 곧 익숙해지게 될 것이다. 물론 네이션, 내셔널리즘에 해당하는 말에서 국인, 국

---

44 네이션과 내셔널리즘의 개념, 한국의 민족과 국인에 관련된 용어 문제, 서양의 네이션과 내셔널리즘의 발생과정, 내셔널리즘 이론 등에 대한 더 자세한 내용은 졸저 『국인주의 이론』 혹은 『내셔널리즘 이론』 참조.

인주의를 사용한다는 뜻이지 민족, 민족주의라는 말을 모두 국인, 국인주의로 대체한다는 것은 아니다. 민족, 국민, 민족주의라는 말을 때와 장소에 따라 그 의미에 맞도록 사용함으로써 모든 내용이 가장 정확하고 적절하게 표현되게 하려 한다.

제 2 장
미국의 내셔널리즘

1. 미국인의 국기와 국가

2. 미국을 신봉하는 사람들

3. 자랑스런 나라 미국

4. 미국인의 삶의 양식

5. 특별한 나라 미국

6. 위대한 나라 미국

7. 미국의 감추어진 국인주의

제2장 미국의 내셔널리즘

미국인의 자국에 대한 믿음은 신앙과 같다

— 허버트 크롤리(Herbert D. Croly)—

1 미국인의 국기와 국가

미국의 초등학교에서는 매일 아침에 국기에 대한 맹세를 한다.

"나는 신 아래 단일 국인(one nation)이고, 나눠질 수 없으며(in-divisible), 자유와 정의의 공화국인 미합중국, 그리고 미합중국 국기에 대하여 충성할 것을 맹세합니다."

세계에서 어린 아이들을 상대로 이처럼 국기와 국가에 대한 충성을 맹세하는 나라는 많지 않다. 외국에서 미국으로 온 아이들은 처음 학교에 가서, "도대체 이게 뭐지?" 하면서 어리둥절해 하기도 한다. 그리고 그 내용을 알고 나면 미국이라는 나라에 충성할 것을 맹세해야 하니, 과연 이것을 해야 하는가 하고 고민을 하기도 한다. 하지만 그 분위기가 워낙 의심할 바 없이 당연히 해야 한다는 분위기여서 외국인이라 할지라도 이를 거부하는 학생은 거의 없다.

미국은 국기의 날(flag's day)도 있다. 6월 14일, 이날은 성조기가 미국의 국기로 채택된 1777년 6월 14일을 기념하는 날로서 미국 국군 창설기념일이기도 하다. 국기의 날은 연방차원에서의 공휴일은 아니지만 각 주마다 공휴일로 정하고 있고, 이날이 되면 시가행진을 포함한 각종 행사를 하게 된다.

미식축구경기전 행사

미국사람들이 미식축구, 프로야구, 프로농구 등과 같은 스포츠를 매우 좋아한다는 것은 널리 알려진 사실이다. 이러한 스포츠에 대한 몰입은 개인적인 차원뿐만 아니라 국가적인 차원에서도 마찬가지이다. 경기가 시작되기 전에 먼저 모두가 국기를 향해 서서 미국 국가를 멋지게 부른다. 이어서 모두가 함성을 지르면 분위기는 한껏 고조되고 이와 함께 경기는 시작되는 것이다. 그리고 미국 어디에 가더라도 참으로 어려운 것이 미국 성조기를 안 만나는 일이다. 관공서, 학교, 대형건물, 백화점, 가게, 공원, 회사, 공장, 가정집, 중고차매매소, 수차장, 자동차, 건설공사현장, 쓰레기장에 이르기까지 어디든지 성조기를 게양하고 있다.

2018년 2월, 평창올림픽 스노보드 하프파이프 경기에서 미국의 숀 화이트는 금메달을 땄다. 그는 무결점 연기로 세계인들의 찬사를 받았지만 불행히도 미국인들로부터는 찬사 외에도 비난까지 동시에 받는 불운을 겪었다. 경기 후 실수를 하나 한 것이다. 그는 금메달이 발표되는 순간 너무 기뻐하다가 자신도 모르게 들고 있던 성조기를 땅에 끌어 국기 끝부분을 조금 밟고 말았다. 미국 사람들은 이 장면을 놓치지 않았다. 많은 사람들이 이를 비난하고 나섰고, 화이트는 곧바로 자신의 잘못을 사과하지 않으면 안되었다.

2016년 8월, 샌프란시스코 포티나이너스(49ers)의 쿼터백 콜린 캐퍼닉은 경기 시작 전 국가 연주 때 한쪽 무릎을 꿇었다. 당시 사회적 문제가 된 경찰의 흑인들에 대한 과잉진압과 폭거에 항의하는 뜻을 표시하기 위해서였다. 이후 몇몇 선수들이 캐퍼닉과 같이 세레모니에 동참하면서 이 저항적 세레모니는 곧 사람들의 주목을 받게 되었다. 이에 대하여 대통령 후보 트럼프는 욕설을 섞어가며 국가 연주 시에 기립하지 않는 선수들을 해고하라고 소리쳤다. 트럼프가 워낙 대중들의 비난을 많이 받는 사람이었기 때문에 이 발언 이후 무릎을 꿇는 선수가 더 늘어났다. 구단주와 일부 정치인이 선수들을 감싸기도 했고 트럼프의 과격한 언행에 대한 비난도 일었다. 그리고 해당 세레모니가 백인권력에 대해 저항하는 의로운 행동으로 찬사를 받기도 하였다.

하지만 이러한 분위기는 오래가지 못했다. 성난 팬들의 항의편지가 쇄도하고 경기티켓을 환불하는 소동이 벌어졌다. 그리고 경기에 대한 TV시청률이 떨어지고 후원자들이 이탈하려는 조짐마저 일어났다. 이에 놀란 구단주들은 태도를 바꾸어 선수들에게 엄포를 놓기 시작하였다. 그로부터 일년 반이 지난 2018년 2월, 미네소타주 미네아폴리스에서 열린 슈퍼볼경기에서 무릎을 꿇는 선수는 한 명도 없었다. 매스컴은 트럼프가 무릎꿇기 하던 선수들을 무릎 꿇렸다고 보도하였다. 그런데 사실 알고 보면 선수들을 무릎 꿇게 한 것은 트럼프가 아니라 미국인들의 국인주의였다.

미국의 유권자 조사기관인 미국선거연구(American National Election Studies)의 2012년 조사에 의하면, 미국국기를 볼 때 기분이 어떠냐의 물음에 응답자의 79%가 "매우 좋다" 혹은 "꽤 좋다"라고 답한 반면에, "좋지 않다" 라고 답한 사람은 7%에 불과하였다. 또 미국에 대하여 어떻게 생각하느냐의 물음에 95%가 "사랑한다" 혹은 "좋아한다" 고 대답한 반면 "싫어한다" 는 대답은 0.3%에 불과하였다. 또 국가가 자신의 삶에 중요하냐라는 물음에 61%가 "매우 중요하다" 고 답한 반면 1.5%만이 "전혀 중요하지 않다" 고 대답하였다.[1]

2 미국을 신봉하는 사람들

미국에서 초등학교의 국기에 대한 맹세나 미국인들의 국가와 국기에 대한 의례는 하나의 예에 불과하다. 이외에도 미국에는 다양한 제도와 행사를 통하여 국민들이 자신도 모르게 미국인으로서의 일체성과 충성심을 갖게 되도록 하고 있다. 흔히들 우리는 미국이라

---

1 Vavreck, 2014

Dulce et decorum est pro patria mori
(조국을 위해 죽는 것은 얼마나 기쁜 일인가!)

미국의 알링톤 국립묘지의 건물 위에는 위와 같은 글귀가 새겨져 있다. 이 글귀는 기원전 1세기에 살았던 로마의 시인 호라티우스(Quintus Horatius Flaccus)의 시에 나오는 구절이다.

는 나라는 자유와 개인주의의 나라라고 생각하고, 그래서 국민들은 국가의 존재가 있는지 없는지 모르게 살아가리라고 상상하기 쉽다. 하지만 사실은 그와 정반대이다. 자유주의이고 개인주의이지만 국가의 존재에 관한 한 모르고 넘어 갈 수 없도록 제도적으로 만들어져 있다.

누구라도 미국의 수도 워싱턴 중앙에 국회의사당, 워싱턴탑, 링컨기념관, 그리고 알링턴 국립묘지 등으로 이어지는 애국성역을 둘러보게 되면 자신도 모르게 미국의 위대함을 느끼게 된다. 그렇게 되도록 만들어 놓은 것이다.

그리고 미국의 대통령은 연설을 할 때 항상 마지막에 "신이여 미국을 축복하소서[2]" 라는 말을 한다. 이런 관습은 다른 나라에서는 흔하지 않다. 미국에 대한 축복을 하도 강조하다 보니 가끔씩 하느님은 미국에만 축복을 내리는 것이 당연한 것이라는 소리로 들릴 수도 있다.

미국은 미국을 위하여 헌신한 사람들에 대하여 최상의 존경을 표

---

2 God bless America!

하고 그 정신에 대하여 최상의 의미를 부여한다. 미국에는 나라를 지키기 위하여 싸운 사람들을 위한 기념일이 두 개이다. 하나는 5월 넷째 월요일인 현충일(Memorial Day)이고, 다른 하나는 11월 11일로서 재향군인의 날(Veterans Day)이다. 이러한 날들은 국가의 과거에 대한 날이지만 미래를 위한 날이기도 하다. 국가의 미래를 위해서는 다음 세대도 이들과 같이 미국을 위해서 헌신하도록 하는 것이 중요하다. 그래서 이 같은 날에는 많은 청소년들이 참여할 수 있도록 하는 다양한 행사가 열린다. 백일장대회, 사생대회, 밴드시가행진, 보이스카웃 및 걸스카웃 봉사활동 등 많은 행사에 청소년들이 참여한다. 그리고 전현직 대통령과 같은 주요 정치적 인물이나 군지휘관 등이 사망했을 때 예식에 따라 극진한 장례를 치르고 시가행진을 하기도 한다. 미국에서는 국가와 사회를 위해서 공헌한 것을 누구나 최고의 자랑으로 여긴다. 도시 어디에 가도 중심지에 재향군인기념관, 재향군인회관, 재향군인묘역 등이 있다. 나라를 위해서 희생한 사람에 대한 존경이 일반화되어 있으며, 재향군인 우대(Veterans First)에 누구나 수긍한다. 소방관, 구조대, 군인 뿐만 아니라 일반 시민들 중에서도 국가와 사회공동체를 위하여 기여하고 공헌한 사람들에 대해서 영웅이라는 말을 주저 없이 사용하며 이들에게 존경과 찬사를 아끼지 않는다. 이러한 가운데 이들의 행위가 더 널리 알려지고 오래 기억되도록 모두가 함께 노력하는 것이다.

미국국기, 미국국가, 미국의 정신, 미국의 건국이념, 미국의 헌법, 미국의 역사, 미국선조들, 미국순국선열, 미국의 공휴일, 미국의 상징, 미국의 특별함, 등등 이런 것들이 온 영역에 널려져 있다. 이들이 담고 있는 나리에 대헌 마음이 일상에서 국민들에게 편하고 자연스럽게 다가가도록 하고 있는 것이다. 이처럼 어떻게 보면 미국만큼 국가에 충성을 강요하는 국가도 없을 것이다. 그런데 이러한 강요는 관공서나 통·반장을 통해서 위에서 하달되어 내려오는 것이 아니다. 누가 이렇게 하도록 하고 있다는 것이 드러나는 것은 어디에도 없다. 국가기관이나 힘을 가진 주체에 의한 강압이 없는데도 전체적으로 그런 분위기가 조성된다. 스스로 국가에 대한 주인의식을 갖고 국가를 위하는 마음으로 자발적으로 나서는 사람들이 많기 때문이다.

어느 집단이나 자신의 집단에 대하여 적극 옹호하는 사람이 있는 반면 자조적인 사람이 있다. 국가의 경우에도 마찬가지이다. 하지만 미국의 경우는 다른 나라에 비하여 자조적인 사람이 상대적으로 적다.

2009년 퓨연구소(Pew Research Center)의 조사에 의하면 미국인 중 88%가 자신은 애국자라고 생각하고 있었고, 88%가 국가적인 일에 항상 관심을 갖고 있다고 대답하였다.[3] 이러한 미국인의 애국심은 겉으로만 그런 것이 아니라 실제에서도 그대로 드러난다. 911을 전후하여 군대에 입대하는 사람들을 조사해 본 결과, 911 이후 학력수준이 높은 사람의 군입대 비율이 더 증가하였고, 중상류층 가정 자제들의 지원비율이 더 높아졌다. 미국 사회의 주류라고 할 수 있는 백인과 흑인 청년들의 비율이 증가하고 아시아, 히스패닉 청년의 비율은 줄어들었다.[4]

미국사람들은 자국을 위하는 마음이 강하다 보니 사소한 일에도 자국의 이해와 연관 짓는다. 911 이후 미국의 이라크 침공 때 프랑스

---

3 Pew Research Center, 2011
4 Kane, 2005

일상생활에서의 미국 국기

는 이 침공을 지지하지 않았고 동참하지도 않았다. 이에 미국 하원은 구내식당의 메뉴판에서 "프랜치 프라이(French fries)"를 "프리덤 프라이(freedom fries)"로 이름을 바꾸었다. 이때 많은 언론에서는 프랑스를 비난하고 프랑스의 약점을 들추어 공격하였으며 일반인들도 프랑스를 비난하였다. 이러한 것은 정치하는 사람들에 한정되지 않는다. 언론이나 일반인들도 미국에 도움되는 방향으로 여론을 조성해 나간다.

또 2018년 2월, 한국의 평창올림픽 개막식 중계에서 미국 NBC 방송 해설가 라모(Joshua Cooper Ramo)는 한국에 대한 그의 심중을 드러내었다. 그는 "일본은 1910년에서 1945년 사이 한국을 점령했던 나라이지만 한국 사람이라면 누구나 일본이 문화적, 기술적, 경제적으로 모범이 되었고, 이것이 그들의 발전과정에 매우 중요했다고 인식할 것이다"라고 말하였다. 미국의 대중국 압박과 북한의 핵폐기를 위한 제재에서 일본은 미국과 적극 공조하고 미국의 이해에 잘 맞추어 준 반면, 한국은 계속 어정쩡한 태도를 취하자 미국사람들의 일본 편들기가 나오기 시작한 것이다.

20세기 초 미국의 저널리스트 허버트 크롤리(Herbert D. Croly)는 "미국인의 자국에 대한 믿음은 신앙과 같다"라고 하였다.[5] 많은 사람들은 대중적 행사에서 자신의 얼굴을 국기로 분장하고, 액세서리에 국기를 그려 넣고, 국기로 만든 옷을 입고, 자동차에 국기를 달고 다닌다. 그리고 미국인들은 미국 국가 듣는 것을 좋아한다. 국기를 보면서 또는 국가를 부르면서 자신의 국가에 대하여 자부심을 느끼는 가운데 자신도 행복해 하는 것이 일상화 되어있는 것이다.

---

5 Croly, 1989, p.1

3 자랑스런 나라 미국

미국인은 세계 어느 나라보다 자국에 대하여 긍지를 갖는 사람들이다. 미국 시카고대학, 국가여론연구소에서 주요국을 대상으로 국민들의 자국에 대한 자부심을 조사하였다.

1998년과 2006년 두 번의 조사발표가 있었는데, 두 번 모두 미국이 1위였다. 이 조사는 일반항목분야와 세부항목분야로 나누어져 있었다. 일반항목에서는 "만약 선택할 수 있다면 다른 국가보다 자국의 국민이 되고 싶은가?", "자국이 다른 국가보다 좋다고 느끼는가?", "자국이 옳지 못한 경우에도 지지할 것인가?", "자국이 수치스럽다고 생각하는가?", "다른 국가도 자국과 같으면 세상이 좋아질 것이라고 생각하는가?" 등과 같은 항목이 포함되었다. 그리고 세부항목에서는 정치적 영향력, 사회안전, 민주주의, 경제적 성취, 과학 및 기술, 스포츠, 문예, 군사력, 역사, 공정한 대우의 열 가지 항목에 걸쳐 자국에 대한 자부심을 조사하였다.[6]

조사결과 1998년의 경우에 "만약 선택할 수 있다면 다른 국가보다 자국의 국민이 되고 싶은가?"의 물음에 미국의 경우 "그렇다"고 답한 사람이 무려 89.9%나 되었다.[7]

당연하게도 미국을 자랑스러워하는 것은 미국사람들의 주관적인 것이다. 모든 사람이 다 좋은 나라라고 할 수 있는 객관적인 평가와는 거리가 멀다. 사실 객관적인 지표를 보게 되면 미국이라는 나라가 그리 자랑할 만한 나라라고 하기는 어렵다. 미국은 소득불평등의 척도

---

6 Smith & Kim, 2006, pp. 127-136
7 "America tops national pride survey finds", 2006

68   미국의 내셔널리즘

[표 2-1]

국가 긍지 지표

국가	일반항목	세부항목	순위
미국	17.7	4.0	1
베네수엘라	18.4	3.6	1
호주	17.5	2.9	3
오스트리아	17.4	2.4	4
남아프리카공화국	17.0	2.7	5
카나다	17.0	2.4	6
칠레	17.1	2.3	7
뉴질랜드	16.6	2.6	8
필리핀	16.7	2.3	9
이스라엘	16.2	2.3	10
덴마크	16.6	1.7	11
헝가리	17.0	1.6	11
아일랜드	15.3	2.9	11
우루과이	16.1	2.0	14
포르투갈	16.2	1.6	15
핀란드	16.1	1.8	16
스페인	16.5	1.6	17
일본	15.9	1.8	18
영국	15.1	2.2	19
슬로베니아	16.1	1.1	20
러시아	16.7	1.3	21
노르웨이	14.9	1.3	22
한국	16.0	1.0	22
체코	15.1	1.3	24
스위스	14.3	1.6	24
프랑스	14.4	1.5	26
대만	15.6	0.9	27
독일-서부	14.5	1.0	28
폴란드	15.3	0.9	28
슬로바키아	14.5	1.1	28
스웨덴	14.0	1.2	31
라트비아	13.4	1.0	32
독일-동부	14.2	0.7	33
불가리아	NA	1.6	NA
평균	15.9	1.8	

참고: 조사기간 2003-2004년

자료: National Pride in Cross-national and Temporal Perspective, by T. W. Smith & S. Kim, 2006, *International Journal of Public Opinion Research*, pp. 127-136.

제2장 미국의 내셔널리즘　　69

인 지니계수가 0.378[8]로 소득평등의 정도에서 OECD 34개국 중 31번째이고, 기대수명은 78.8세로 OECD회원국 중 26위이고,[9] 살인 사건발생율은 10만명당 3.82명으로 OECD회원국 중 4위, 이혼율은 1,000명당 3.6명으로 OECD국가 중 1위[10]이다.

그럼에도 불구하고 미국인들은 미국이 최고라고 생각하는 것이다. 이렇듯 자국에 대하여 자부심에 강하니 당연히 애국심이 강할 수밖에 없다. 진정한 사랑은 "그럼에도 불구하고" 사랑하는 것이라고 하지 않았는가? 미국인들의 애국심이야 말로 진정한 애국심인 것이다. 그렇다면 어떻게 해서 미국인들은 이렇게 애국심이 강한 것일까?

국가적인 위기나 재난에 대한 미국 영화를 보게 되면 항상 마주치는 상투적인 공식이 하나 있다. 주인공은 평범한 미국인이라는 점이다. 경우에 따라 애국심과 인간애 넘치는 주인공이 등장하기도 하고, 또 탐욕적이거나 부능한 국가관리로서 조연이 등장하기도 하지만, 이러한 것들은 모두 부차적인 사항이고 중요하고 공통적인 것은 평민 주인공이라는 사실이다. 이런 영화를 많이 보았기 때문에 그럴 수도 있고, 정서에 맞기 때문에 이런 영화가 인기를 누리는 것일 수도 있겠지만, 어쨌든 미국인들에게는 평범한 사람들이 나라를 지키고 이들이 나라의 주인이라는 의식이 강하다.

플로리다 고교 총격 참사가 발생한 뒤 2018년 2월 26일, 백악관에서 트럼프 대통령은 전국 주지사들을 앞에 두고 이렇게 말했다. "닥치기 전까지는 모르는 일이지만, 그런 일이 내 주위에서 일어났다면,

8 2000년대 후반 기준, 조세 부과 이후의 지니계수임
9 2013년 기준임
10 2010년 기준임

난 정말 무기가 없는 상태일지라도 사건현장으로 뛰어들어 갔을 것이라고 생각한다. 그리고 이 방에 있는 사람들 대부분 다 그렇게 했을 것"이라고 말했다. 이 회의에서 트럼프는 총기사고에 대한 대책으로 교사들이 총기를 소지하는 방안을 제시하였다.

이러한 기사를 접할 때 대부분 한국사람들에게는 이해가 잘 안 된다. 아니나 다를까, 그 기사 아래에 적어 놓은 댓글들을 보니 트럼프를 이상한 사람으로 여기는 가운데 온통 조롱과 우스갯소리뿐이었다. 그런데 실제 미국인들에게 있어서 트럼프 대통령은 그다지 이상한 사람이 아니었다. 교사의 총기소지방안에 대한 미국 CBS 방송 여론조사에 의하면 찬성 44%, 반대 50%였다.[11] 물론 반대가 많았지만 이에 대한 찬성 또한 44%나 되었다. 한국 같으면 말도 안 되는 웃음거리가 될 만한 생각이지만 미국에서는 그런 생각이 아닌 것이다. 실제 2018년 3월, 플로리다 주의회가 교직원의 조건부 무장을 허용하기로 하였다. 그리고 2017년 11월, 텍사스 교회 총기 난사사건이 일어났을 때, 그 지역에 사는 주민이 딸로부터 교회에서 총소리가 들렸다는 말을 듣고 집에 있는 총을 갖고 교회로 가서 총격전을 벌인 끝에 범인을 제압하였다. 이 사건을 두고 트럼프는 만약 총기소지 금지였다면 훨씬 더 많은 사람들이 죽었을 수도 있었다고 하면서 총기소지 정책을 옹호하였다. 또 2018년 4월 22일, 테네시주 총격사건 때에는 한 남성이 맨손으로 총기 난사범을 덮쳐 몸싸움 끝에 총기를 빼앗아 더 큰 피해를 막을 수 있었다.

세계 어디에 가든 용기 있는 사람도, 희생정신 있는 사람도 있으며, 또 의인도 있기 마련이다. 한국의 경우에도 이러한 사람들이 얼마

---

11 "트럼프 교사무장론에 찬성 44% vs 반대 50%," 2018

든지 있다. 그런데 다른 점이 있다. 국가와 개인과의 관계이다. 2017년 12월 3일, 한국 영흥도에 낚싯배 침몰사고로 많은 사상자가 발생하였을 때 한국의 문재인 대통령은 "이유 여하를 막론하고 이 같은 사고를 막지 못한 것과 또 구조하지 못한 것은 결국은 국가의 책임"이라며 "국민의 생명과 안전에 관한 국가의 책임은 무한 책임이라고 여겨야 한다"고 강조했다.[12]

그런데 교사들을 무장시킨다는 것은 결국 국민들 보고 총기난사범을 진압하라는 것이 아닌가? 국가가 책임져야 할 일을 국민 보고 하라는 것 아닌가? 만약 한국에서 지도자가 이런 말을 했더라면 난리가 났을 것이다. 한국의 지도자는 미국 지도자와 같이 국민 보고 이렇게 위험한 일에 동참하라는 식의 발언을 하지 못한다.

현재 한국의 경우는 국가와 국민이 괴리된 가운데 이원적이고 대립적인 모습을 보이는 경우가 많다. 국가에 해달라고 하고, 국가에서 해주기를 기다린다. 그래서 동네 길이 패여 사고의 위험이 있어도 구청에서 고치겠지 하고 모두 지나쳐서 사고가 나서야 고치게 된다. 대형사고가 날 때마다 왜 이런 사고가 났느냐며 국가를 책망하지만 개개인이 이런 사고를 방지하기 위한 노력은 하지 않는다. 그래서 사고는 계속 반복된다. 부모들이 평등한 교육을 원하지만 내 자녀에 대해서는 예외를 원하고, 튼튼한 국가를 외치지만 내 자녀는 군면제 받기를 원한다. 부정부패 없는 사회를 외치지만 자신은 이를 활용한다. 사회는 개인이 모여서 이루어진다. 개개인이 부정부패를 하는데 어떻게 깨끗한 사회가 가능한가? 당연히 사회구성원 모두가 그렇다는 것도 아니고, 항상 그렇다는 것도 아니라 이런 경향이 있다는 것이다.

---

12 "문재인 대통령 '영흥도 낚싯배 전복, 이유 여하 막론하고 국가 책임'," 2017

물론 모든 사회가 이런 면을 갖고 있다. 하지만 정도의 차이는 있다. 미국의 경우는 다른 나라에 비하면 이러한 면이 심하지 않다는 것이다. 많은 나라에서는 국가에 전쟁이 났을 때 능력이 되는 대로 군대에 가지 않으려 하고, 그래서 고위층 자녀의 군입대 비율은 낮아진다. 그런데 미국은 오히려 이럴 때일수록 고위층 자녀의 입대율이 더 높아진다. 이것은 개인주의이지만 국가와 사회를 잊지 않는 공민의식이 높기 때문이다. 개인과 국가는 별개로서 개인은 국가의 주체가 아니라 피동적인 존재로서 국민(國民)일 수도 있다. 반면에 개인과 국가 간의 일체감 속에서 개인이 국가의 주인이라고 생각하는 능동적 존재로서 국인(國人)일 수도 있다. 미국에는 후자에 해당하는 사람들이 많다는 것이다.

그래서 미국사람들에는 공동체를 위하여 자발적으로 참여하는 문화가 있다. 총기 사고 같은 것은 나라에서 막아야지 무슨 개인들에게 막으라고 하느냐고 말하지 않는 것이다. 오히려 국인들 스스로 막는 것을 당연한 것으로 생각한다. 흔히들 미국에서 총기사용금지를 하지 않는 이유를 미국총기협회(National Rifle Association: NRA)의 로비 때문이라고 말하기도 하는데 그런 것만은 아니다. 미국에서 총기 사건 사고는 연간 3만명 이상으로 교통사고에 이어 미국인 사망원인 2위에 해당된다. 이렇게 심각한 문제를 갖고 있는 총기소지가 단순히 한 단체의 로비에 의해서 유지되고 있다는 것이 상식적으로도 말이 되지 않는다.

미국 수정헌법 제2조는 무기를 소유하고 휴대할 수 있는 인민의 권리를 규정하고 있다. 그리고 미국 연방대법원은 2008년 적어도 자택 안에서는 자기방어를 위해 총기를 사용할 수 있는 권리가 보장된다고 판결하였고, 2010년에는 수정헌법 제2조가 보장하는 권리는 질서 잡힌 자유라는 미국의 근본적인 이념에 해당된다고 판결하였다.[13] 미국인들에게는 역사적으로 나와 내 가족의 생명과 재산은 내가 지킨다는 관념이 박혀있는 것이다. 이러한 자신과 가족에 대한 것은 국가에까지 그대로 확장될 수 있다. 미국은 역사적으로 내우외환에서 나라를 지킨 것은 주로 민병대였다. 총기의 소유는 수정헌법 제2조를 보더라도 국가의 안보와 관련되어 있다. 미국인이 보유한 총기는 약 2억 7천만정으로 전체인구의 약 84%가 총기를 소유하고 있는 것으로 알려져 있다.[14] 이렇게 많은 사람들이 무장을 하고 있는 상태에서 미국을 사랑하는 마음만 있다면 가정 하나 하나가 요새가 되어 이 세상 어느 강국도 미국을 지배할 수는 없다. 이는 미국의 항공모함, 스텔스 전투기, 스텔스 전차와 같은 최신예 첨단무기보다 몇 백배 더 강력한 무기가 되는 것이다. 그래서 미국은 총기소지로 그렇게 많은 희생을 치르는 것을 알면서도 무기소유를 고집하는 것이다.

　미국은 모두가 평등한 가운데 개개인이 나라의 주인으로서의 역할을 하는 공동체로서의 나라를 만들겠다는 정신으로 시작되었다. 그래서 함께 좋은 나라를 만들어 나가야 한다는 공민정신의 전통이 있다. 미국에서는 사회의 지도층이라면 국가를 위하여 희생과 의무이행에 앞장서는 사람이라는 노블리스 오블리지(noblesse oblige)가 당연시 된다. 부자들은 많은 자선사업을 하며, 상속세 폐지와 같은 부자들을 위한 법안에 오히려 반대하는 부자들도 많다. 그리고 사회 공동체를 위한 기부의 문화가 형성되어 있다. 미국에 거지나 노숙자가 많

---

13 미국총기사고, 미상
14 미국총기사고, 미상

은 것은 그만큼 이들에게 적선을 하는 사람들이 많다는 사실을 반증한다. 그래서 미국이 부의 배분에서 매우 불평등한 나라이지만 일반 사람들은 위화감을 덜 느끼고 불만의 표출 또한 크지 않은 것이다.

미국의 경우에는 하층민의 경우에도 여전히 자긍심이 높다.[15] 나라의 주인이 아니라 통치를 당하는 사람으로서 나라에 의존하여 살아가는 사람들이라면 자신의 불행에 대해 나라를 원망하게 된다. 하층민은 자신의 운명을 나라와 연관지어 나라를 부정적으로 생각하기 쉽고 나라를 좋아하는 마음이 클 수가 없다. 그러나 미국인들은 자신이 나라의 주인으로서 책임의식을 갖고 있기 때문에 빈부에 상관없이 나라에 대하여 긍정적인 생각을 갖고 자긍심을 갖는 것이다.

세계적인 기업일지라도 종업원일 때 그 기업에 애착을 갖기 어려운 반면, 구멍가게라도 주인이 될 때 애착을 갖게 된다. 나라도 그 나라의 주인의 눈으로 볼 때 자랑스럽게 보이는 것이다. 미국인들 중에는 자신이 나라의 주인이라고 생각하는 사람이 많다. 나라에 끌려가는 노예로서의 민(民)이 아니라, 주인으로서의 인(人)인 것이다. 국인은 나라의 주인되는 사람들이다. 그래서 미국에는 진정으로 국인다운 국인들이 많은 것이다.

4 미국인의 삶의 양식

2001년 9월 11일 알카에다(al-Qaeda)가 미국을 공격했을 때 미국의 방송과 언론은 911사건에 대한 보도를 하면서 간간히 자유의

---

15 Grossman & Leroux, 1998

여신상을 배경으로 비추기도 하였다. 그리고 방송연설에 나선 부시 대통령은 미국의 삶의 양식과 자유가 공격받았다고 하였다. 이어서 미국이 공격받은 이유는 "우리가 세계에서 자유와 기회에 있어서 가장 빛나는 햇불이기 때문"이라고 하였다. 방송을 보는 사람들의 마음에는 이런 자유의 나라를 공격하는 자들은 그들이 누구이든 간에 분명 악일 수밖에 없다는 생각이 들기에 충분하였다.

미국인들은 자신들의 나라가 이 같이 자유의 나라라고 생각하며 그래서 미국을 더욱 사랑한다. 미국인이 내면적으로 미국을 사랑하는 모습은 다방면에서 나타난다. 테러가 일어난 2001년 9월 11일 당일, 월마트는 115,000개의 국기를 판매하였고, 이후 한 해 동안 7,800,000개의 성조기를 팔았다고 한다. 이는 2000년 9월 11일, 6,500개를 판매하고, 그 전해 한 해 동안 2,500,000개를 팔았던 것에 비하면 판매량이 몇 배 증가한 것이다.[16] 그리고 미국 국가(The Star Spangled Banner)를 찾는 사람들이 늘어나면서 이미 10년전 1991년에 불러 빌보드 차트에서 높은 순위를 기록했던 휘트니 휴스턴의 미국 국가가 빌보드 차트에 다시 올라 20위를 기록하기도 하였다.

911사건 이후 다른 나라 사람들에 대한 경계심이 크게 높아졌다. 특히 중동 사람들에 대한 과도한 경계심과 분노는 상상을 초월할 정도였다. 911사건으로 인하여 미국에 사는 무슬림, 아랍계통의 사람들은 졸지에 큰 곤경에 처하게 되었다. 크리스천 사이언스 모니터지의 보도에 의하면 911 이후에 반미 행위 의심자에 대한 신고가 435,000건에 이르렀다고 한다. 뉴욕주 헌팅톤 어느 쇼핑몰 주차장에

---

16 Bartiromo, 2017, June 14

서 한 남자가 파키스탄 여성을 차로 들이받고는 자신은 국가를 위해서 그렇게 했다고 소리쳤다. 캘리포니아주 새크라멘토에서 사는 어떤 파키스탄인은 누군가 그가 사는 집에 불을 질러 졸지에 집을 잃었다. 뉴욕의 이슬람 기관에서는 이슬람 학교 아이들의 피로 길거리를 붉게 물들이겠다는 협박전화를 받았으며, 인디아나주 게리에 있는 예멘계 미국인 집은 21발의 총알세례를 받았다. 시크인들도 많은 피해를 입었다. 애리조나주 메사에서는 시크인이 주유소에서 피살당하였고, 나이든 시크인이 야구방망이로 얻어맞은 사고도 있었다. 시크인은 무슬림과 전혀 관련이 없다. 그럼에도 불구하고 이들이 공격을 당한 이유는 단 하나였다. 오사마 빈 라덴(Osama bin Laden)[17]처럼 머리에 터번을 썼기 때문이었다.[18]

이처럼 미국인들이 보여준 행태는 평상시의 미국인에 대하여 생각할 수 있는 행동 반경을 크게 넘어서는 것이었다. 그것은 매우 비합리적이고 비이성적인 데다가 과격하였다. 내면에 숨어 있어 평상시에는 알기 어려운 잠재된 국인주의가 드러나는 순간이었다.

미국인은 미국을 공격하거나 건드렸다고 생각하면 심각하게 받아들이고 이에 대하여 조금도 양보 없이 공격적으로 반응하는 경향이 있다. 집단이 외부로부터 위협을 받을 때 보통 두 가지 형태로 반응한다. 하나는 집단이 결속하여 힘이 강해지는 것이고, 다른 하나는 집단 내부에 균열이 일어나면서 급격하게 힘이 약화되는 것이다. 첫 번째의 경우는 집단이 강할 때 그리고 구성원이 냉정하고 합리적일 때이고, 후자의 경우는 그 반대일 때이다. 미국의 경우는 구성원이 냉정

---

17 911테러의 주동자이다.
18 Puri, 2004, p. 6

하고 합리적으로 잘 대처하는 편이다. 그런데다 미국은 강한 나라이 므로 나라 구성원이 당황하여 분열하고 갈팡질팡하게 될 만큼의 큰 위협은 많지 않다. 그래서 미국은 보통 외부의 위협이 있을 때 정치 지 도자를 중심으로 뭉친다. 인기가 없는 지도자도 대외적인 위협이 발생 하면 인기가 올라간다. 그러다 보니 인기가 없는 대통령은 자신의 인 기를 만회하기 위하여 일부러 대외적인 갈등을 만들어 내기도 한다. 1998년 르윈스키 성추문(Monica Lewinsky scandal)으로 탄핵의 위기에 몰린 빌 클린턴(Bill Clinton) 대통령이 느닷없이 이라크에 포 탄을 퍼부었을 때 많은 사람들은 클린턴의 저의를 의심하기도 하였 다. 어쨌든 미국이 전쟁과 같은 위기 상황에 있을 때 미국 국민의 지 도자인 대통령은 높은 지지를 받는다. 조지 부시(George W. Bush) 대통령의 재임과정에서도 이러한 모습을 발견할 수 있다.

911 이후 미국이 테러 집단과 그 배후 세력을 응징하기 위해서는 먼저 국민들의 지지와 동의를 받아야만 했다. 그런데 부시 대통령이 미국 국민들의 지지를 이끌어 내는 것은 그렇게 어렵지 않았다. 신문, 방송과 같은 여러 대중 매체를 통하거나 국기나 국가와 같은 상징을 통하여 미국인들의 애국심과 국인주의를 자극하는 것으로 충분하였 다.

부시는 미국 역사상 매우 어렵게 대통령이 된 사람 중의 하나이 다. 2000년 선거에서 선거인단 수에서는 부시 271, 고어 266으로 부 시가 앞섰지만, 전체득표에서는 고어 50,999,897표 (48.4%), 부시 50,456,002표 (47.9%)로 고어가 앞섰고,[19] 투표 판정을 위하여 법원 에 재판까지 가지 않으면 안 되었다. 이렇게 어렵사리 당선된 대통령

---

19 United States presidential election, 2000, n.d.

이었지만 2001년 911사태가 발생하였을 때 그의 지지율은 급상승하게 된다. 갤럽조사에 의하면 부시 대통령의 업무수행 지지율이 911 이전에는 51%였는데, 9월 20일 테러와의 전쟁을 선언하자 지지율은 90%로 뛰었다. 이는 갤럽이 조사를 한 이래 사상 최고의 기록이었다.[20] 이러한 상황에 힘입어 부시는 2004년 재선에서는 쉽게 당선될 수 있었다. 미국에서는 국가 전체의 이해가 걸려 있을 때 국가 내부적인 것은 별 의미를 갖지 못하는 것이다.

미국인들은 미국적인 생활양식을 침해 받았다고 생각되는 상황을 매우 싫어한다. 미국에서는 미국사람들의 방식이 되어야 한다는 것이다. 미국에서는 외국인이라고 해서 다르게 대해주거나 그의 방식을 존중해주는 것을 좋아하지 않는다. 외국인이 줄을 서지 않는다거나 외국말로 떠든다거나 하면서 미국식의 예절에 맞지 않는 모습을 보면 그냥 넘어가지 않고 불쾌감을 표시하거나 주인행세를 하고 나서는 사람도 많다. 여기에는 약간의 미국인 우월의식이 작용하고 있다. 미국인들의 생활양식이 좋은 방식이고, 다른 나라 사람들의 생활양식보다 더 나은 양식이기 때문에 국가와 사회를 위해서도 이들에 의해서 오염되도록 내버려 두어서는 안 된다고 하는 의식이 있는 것이다. 요즘 동양사람들이 개방과 함께 경제력이 나아지면서 구경차 미국에 와서 떼거리로 몰려 다니는 것을 보면서 이들에 대한 경계의 눈초리 또한 늦추지 않는다. 미국인들에게는 이들이 미국의 것을 훼손하지나 않을까 적잖이 신경이 쓰이는 것이다.

좀 오래 된 이야기이긴 하지만 미국으로 이민 간 한국가정이 있었다. 어느 날 아이가 말썽을 피워서 집 바깥에 세워놓고 반성하게 하

---

20 이전의 기록은 제2차 세계대전 직후의 트루만 대통령의 87%였다.

였다. 아이가 문밖을 나간 지 얼마 되지 않아서 경찰들이 들이닥쳤다. 이웃집에서 신고를 한 것이다. 부모는 아동학대죄로 체포되었다. 동시에 경찰들은 집안에 들어와서 집을 수색하기 시작하였다. 미국의 집들은 양탄자 바닥으로 되어 있고 사람들은 집안에서 신발을 신고 생활한다. 반면에 한국사람들은 미국에서도 보통 나무마루나 장판으로 바닥을 하고 신발을 벗고 생활한다. 경찰들이 집을 수색하면서 구둣발로 안방, 침실 할 것이 없이 온 데를 짓밟고 다니는 것을 보고 집주인은 한국인들은 집안에서 신발을 벗고 생활하니 그렇게 하지 말아달라고 사정했지만 입 닥치라는 대답과 함께 더욱 난폭하게 짓밟을 뿐이었다. 경찰서에 붙들려 가서는 아이들이 말을 듣지 않으면 교육목적으로 그렇게 하는 것이 한국에서는 일상적인 관습이라고 말하면서 설득하려 애썼지만 소용없었다. 결국 많은 벌금을 물고 풀려났지만 그 모멸감은 상처가 되기에 충분하였다.

　미국인들은 자신들의 삶의 방식이 다른 나라보다도 더 우월하다고 생각한다. 2002년 조사에 의하면 미국인의 64%는 자신들의 삶의 방식이 외국의 영향으로부터 보호될 필요가 있다고 생각하는 것으로 나타났다. 이는 51%를 보인 영국, 53%를 보인 프랑스 등 다른 선진국들에 비하여 크게 높은 수치였다.[21] 2016년 발표한 AP통신과 시카고대학 국가여론연구소의 공동조사 결과에 따르면 미국인의 71%가 미국의 정체성을 잃을까 하는 불안을 갖고 있는 것으로 조사되었다.[22] 미국인들은 미국의 문화와 미국인의 삶의 양식을 지켜야 한다는 생각이 강하다. 미국인들은 다양성도 존중하지만 그 이상으로 중요하다고

---

21 Lievan, 2012, p.9
22 Associated Press, 2017

생각하는 것이 미국의 정체성이다.

5 특별한 나라 미국

올림픽 개막식에서 각국의 참가 선수들이 자국의 국기를 앞세우고 입장한다. 이때 선수단이 본부석 앞을 지날 때 국기를 약간 아래로 기울이는 인사를 하게 된다. 주최국에 대한 예의 혹은 단상에 있는 각국에서 온 귀빈들에 대한 존경의 표시로 국기를 낮추는 인사를 하게 되는 것이다. 그런데 다른 나라들과 달리 국기를 조금도 숙이지 않고 꼿꼿이 세운 채 지나가는 팀이 있다. 바로 미국팀이다.

이를 보는 다른 국가 사람들의 시선이 고울 리 없다. 미국인들은 매너가 없다거나, 미국인들은 건방지다라고 말하는 이들이 많았다. 그래서 이 문제가 올림픽 조직위원회에서 논의가 된 적도 있었다. 올림픽 조직위원회는 미국에 대하여 주최측의 노고에 대한 경의의 표시로 국기를 숙이기를 권고하였다. 하지만 권고를 듣고도 이러한 것에 아랑곳하지 않고 미국팀은 여전히 그대로 꼿꼿이 지나갔다.

미국팀은 이것을 하나의 전통으로 삼고 있었다. 미국이 왜 다른 나라와 달리 이런 독자적인 전통을 갖게 되었는지에 대해서 정확하게 알려져 있지는 않다. 올림픽에 대해서 연구한 마크 다이레슨(Mark Dyreson) 펜스테이트(Penn State) 교수에 따르면 이러한 관행의 처음 시작은 1908년 런던 올림픽대회부터였다고 한다. 당시의 미국팀 기수는 포환던지기 선수 랠프 로즈(Ralph Rose)였는데, 그는 아일랜드계 미국인이었다. 런던 올림픽 당시 아일랜드는 영국의 지배 하에 있었으므로 영국 깃발 아래서 출전할 수밖에 없었다. 이에 아일랜드 선수들은 불만이었다. 이러한 상황에서 로즈가 다른 아일랜드계 미국 대표선수들과 상의하여 아일랜드 독립 문제에 대한 항의의 표시로 본부석 단상에 있던 당시 에드워드 영국 국왕에 대하여 국기를 숙이지 않았다는 것이다.

그 다음 올림픽인 1912년 스톡홀름 올림픽에서는 미국선수단이 국기를 숙였지만, 1920년 앤터워프 올림픽에서는 제1차 세계대전 직후여서 군인 선수들이 많았기 때문에 숙이지 않았고, 1924년 파리 올림픽에서는 숙였지만, 1928년 암스테르담 올림픽에서는 숙이지 않았다. 이때 숙이지 않은 것은 자존심 세기로 유명한 맥아더 장군이 선수단장을 하면서 기수에게 숙이지 말라고 했다는 설이 있다. 이후 1936년 베를린 올림픽에서는 히틀러에 대한 반감의 표시로 숙이지 않았다. 물론 이때에는 미국뿐만 아니라 불가리아, 아이슬란드, 인디아 등도 숙이지 않았다. 그리고 1940년 미국 국기 규칙이 제정되었는데 여기서 미국국기는 어떠한 사람이나 사물 앞에서 숙여서는 안 된다라고 못박았다. 이러한 과정을 거치면서 올림픽과 같은 행사에서 국기를 숙이지 않은 것이 미국의 전통으로 된 것이다.

이것은 미국과 미국국기 간의 문제가 아니라 미국과 외국 간의 문제다. 미국인들이 갖는 자국에 대한 자부심과 긍지를 다른 국가들 앞에서 보여주는 것이다. 올림픽과 같이 국가 간 경쟁의 장에서 이러한 심리는 더 강하게 나타날 수밖에 없다. 모든 선수들이 자국에 대한 긍지를 갖고 올림픽에 출전하지만 미국처럼 하지는 않는다. 다른 나라에 대한 예의가 있고, 안하무인 격으로 행동하기에는 다른 나라의 눈치가 보이기 때문이다. 그러나 미국은 다른 나라의 눈치를 보지 않는다. 눈치를 보지 않을 만큼 자신감이 있고 이러한 자신감을 뒷받침하는 힘이 있다는 것이다.

　미국의 이 같은 올림픽에서의 국기관행은 당연히 다른 나라도 국기를 기울이는 인사를 하지 않는 것으로 하고 싶게 만들었다. 때마침 엄숙한 분위기보다는 자유롭게, 즐겁고, 화기애애한 모습을 보이는 것으로 입장식 분위기가 바뀌면서 인사자체가 없어졌다. 그래서 최근에는 모든 국가가 그냥 자유롭게 자국의 국기를 휘저으면서 행진하는 모습을 보게 되었다.

　이것은 미국과 세계와의 관계에서 미국인의 태도를 보여주는 사소한 하나의 이야기일 뿐이다. 특별한 나라로서의 미국의 모습이 드러나는 사례는 한두 가지가 아니다. 2001년 911사태가 발생하자 다음 달 바로 미국은 「미국애국자법」(The USA Patriot Act)[23]을 시행하였다. 이 법은 미국의 안전을 위하여 외국인에 대한 신상정보를 요구하거나 정보수집을 위하여 광범위한 감시 도청을 포함하여 체포, 구금, 수색, 사찰과 같은 행정집행을 할 수 있도록 하고 있다.[24] 그리고 같은 해 11월, 부시 대통령은 테러혐의가 있는 외국인에 대해서 군사재판에 회부할 수 있는 명령을 발동하였다. 모두 인권침해의 논란을 갖고 있는 법규이고 외국에서 반발할 수도 있는 내용이어서 미국이 아닌 다른 나라라면 시행하기 어려운 조치였다. 미국은 다른 나라의 입장이나 외국인의 인권 같은 것은 크게 신경 쓰지 않는다. 미국이 하고

---

23 이 법의 정식명칭은 Uniting and Strengthening America by Providing Appropriate Tools Required to Intercept and Obstruct Terrorism Act of 2001 이다.
24 이 법이 만료되고 나서 2015년부터 「미국자유법」(USA Freedom Act)으로 완화되어 시행되고 있다.

자 하는데 감히 누가 막느냐는 식이다.

2017년 12월 6일, 미국 트럼프 대통령은 예루살렘을 이스라엘의 수도로 인정하며, 이스라엘 주재 미국대사관을 텔아비브에서 예루살렘으로 이전할 것이라고 밝혔다. 지금까지 예루살렘의 문제는 유엔에서 개입해 왔고, 여기서는 이스라엘과 팔레스타인간에 합의가 될 때까지 중립에 두기로 해왔다. 1947년 11월, 유엔 총회에서 팔레스타인 지역을 분할하여 아랍 국가와 유대인 국가를 함께 수립하는「유엔결의안 181」이 채택되고, 1948년 5월 이스라엘이 건국되었다. 이때 예루살렘은 이스라엘령과 시리아령으로로 동서로 분할되었다. 1967년 중동전쟁에서 동예루살렘을 점령한 이스라엘은 1980년 예루살렘을 이스라엘의 수도로 하는「예루살렘법」을 선포하였다. 이에 유엔은「유엔결의안 478」로 이 법이 무효이며, 각국에 대하여 그 대사관을 예루살렘에 두지 말 것을 요청하였다. 그래서 지금까지 대부분의 국가는 텔아비브에 대사관을 두고 있다. 이번 트럼프 대통령의 조치는 유엔의 결의에 완전히 배치되는 것이었다. 실제로 미국 대사관을 예루살렘으로 옮기겠다고 한 것은 트럼프가 처음이 아니다. 미국 대통령 선거 때만 되면 대부분의 후보들은 미국내 유대인들의 지지를 의식하여 미국 대사관을 예루살렘으로 옮기겠다고 공약한다. 그러나 막상 대통령이 되고 나면 이 공약을 이행하지 않았던 것이다.

트럼프 대통령의 이 결정에 대하여 2017년 12월 18일, 유엔은 안전보장이사회에서 이를 반대하는 결의를 채택하려고 하였으나 미국의 거부권행사로 무산되었다. 그래서 12월 22일, 유엔총회에서 의결하게 되었다. 유엔총회의 예루살렘결의안 표결을 앞두고 미국은 적극 나서서 각국을 상대로 이 결의에 찬성하지 말도록 설득하고 나섰는데 그 방법이 상당히 고압적이었고 거칠었다. 트럼프 대통령은 "미국에 반대하는 표를 던지고도 수억 불을 지원받던 시대는 지나갔으며, 미국국민은 이런 나라에 이용당하는데 지쳤다"고 하면서 약소국가들에게 찬성투표를 하면 원조하지 않겠다고 엄포를 놓았다. 그리고 니키 헤일리 유엔 주재 미국대사도 "우리의 결정을 비난하는 국가들의 이름을 적어둘 것"이라며 엄포를 놓았다.[25] 결국 미국의 예루살렘의 지위를 바꾸는 어떠한 결정도 무효라는 유엔의 예루살렘 결의안은 128개국 찬성, 9개국 반대, 35개국 기권, 21개국 표결 불참으로 통과되었다. 그러나 이러한 결과에 상관없이 2018년 5월 4일, 미국은 이스라엘 주재 미국대사관을 예루살렘으로 옮겼다.

유엔에서의 이 같은 미국의 행동은 다른 국제기구에서도 마찬가지다. 오늘날 국제무역에서 국제무역기구 무역규범(WTO법)은 무역에 대한 세계 공통의 법이라고 할 수 있다. 그래서 한국의 대학에서는 국제무역기구 무역규범을 열심히 공부하지만 미국의 대학에서는 이것을 별로 공부하지 않는다. 한국인들은 WTO법을 반드시 지켜야 하는 것으로 생각하지만 미국인들은 그렇게 생각하지 않는 것이다. 이것은 국가 간에 법의식의 차이가 있어서 그런 것이 아니라 국제법이 갖고 있는 속성 때문이다. WTO법에는 어느 한 나라가 그 법을 지키지 않아 다른 나라가 피해를 입게 되었을 때 결국은 상대국에 보복권한을 주는 것으로 최종 해결하도록 되어 있다. 같은 회원국이지만 한국과 미국은 보복능력에서 완전히 다르므로 같은 법이 국가마다 다르게 다가오는 것이다. 단일국가로서 세계 최대의 시장을 갖고 있는 미국

---

25 "예루살렘 선언' 반대 국가에 트럼프 '지원금 삭감' 엄포," 2017

과 무역전쟁을 하고 싶은 나라는 없다. 미국은 이러한 자국의 힘을 알고 있고 이를 활용하고 싶어한다. 그래서 미국은 기본적으로 당사국 간에 통상문제를 해결하려고 하지 세계무역기구 같은 것에 큰 의미를 두지 않는다.

이렇듯 국제사회에서 미국은 여러 국가들 중의 일원으로서가 아니라 세계의 일반국가들과는 다른 특별한 국가로서 처신한다. 미국의 파리기후협약의 탈퇴에서 보듯이 인류 공통의 문제 해결을 위한 국제적인 협력에서도 미국은 다른 나라의 요구나 기대에 별 신경쓰지 않는다. 미국이 다른 나라의 눈에 난다고 하더라도 미국을 직접적으로 제재할 나라는 없다. 미국은 자국이 하고 싶으면 하고, 하고 싶지 않으면 안 하면 그만인 것이다.

6 위대한 나라 미국

"지구상에서 가장 위대한 나라" - 미국사람들은 스스럼없이 미국을 이렇게 말한다. 미국의 지도자들은 대중들 앞에서 이 말을 하는 것이 일상화되어 있다. 위대한 나라가 어떤 나라인지 객관화하기는 어렵지만 일단 미국은 크고 힘이 센 국가라는 사실을 부정할 사람은 많지 않다.

먼저 미국은 물리적인 측면으로 볼 때 여러 면에서 우위에 있는 나라이다. 광대한 영토, 풍부한 천연 자원, 막강한 군사력, 부자의 나라, 최고의 지식과 기술을 가진 선진국 등 미국이 내세울 수 있는 것은 끝없이 많다. 특히 군사력을 앞세운 힘에서는 다른 나라의 추종을 불허

한다. 군부와 산업이 결합한 군산복합체는 과학기술에 접목된 첨단무기를 끊임없이 생산해내면서 세계 첨단무기 시장에서 생산과 판매를 거의 독점하고 있다. 이러한 가운데 미국은 세계에 많은 동맹국을 거느리고 이들에게 안보와 무기를 공급하면서 우월적인 지위를 누리고 있다.

그런데 미국인들이 자국을 위대한 나라로서 내세우고 싶어하는 것은 이러한 물리적인 측면에서의 우월성에 그치지 않는다. 정작 미국인들이 더 내세우고 싶어하는 것은 미국이 가진 정신적, 도덕적 측면에서의 우월성이다.

다음은 2001년 9월 21일 부시 대통령이 테러와의 전쟁을 한 이후 행한 대국민 연설의 한 구절이다.

"미국사람들은 그들은 왜 우리를 미워하는가? 라고 묻습니다. 그들이 우리를 미워하는 이유는 그들의 지도자는 스스로 자기를 지도자로 임명한 데 반하여 우리는 민주적으로 선출된 정부이기 때문입니다. 그들이 우리를 미워하는 이유는 우리가 자유를 누리고 있기 때문입니다. 우리는 동의하지 않을 수 있는 자유, 모일 수 있는 자유, 투표할 수 있는 자유, 언론의 자유, 그리고 종교의 자유를 누리고 있습니다."

미국은 다른 나라들이 시기하고 미워할 정도로 민주적인 나라이고, 적국은 이를 시기하여 미국을 미워할 정도로 정신적, 도덕적으로 미국보다 아래에 있는 나라라는 것을 말하고 있다. 이렇게 미국인들이 갖고 있는 하나의 확고한 생각은 미국이 추구하는 가치와 미국의 방식이 다른 나라보다 우월하다는 것이다. 그리고 미국은 현실적으로 세계의 크고 작은 문제에 개입하면서 세계를 이끌어 가는 패권국가이다. 세계를 이끌어 가기 위해서는 다른 나라를 압도하는 힘이 있어야 한다. 그래서 미국은 세계 각지에 자국군의 진지를 두고 있으며 지금도 세계 곳곳에서 군사적인 임무를 수행하고 있다. 강한 군대가 되기 위해서는 병사들의 전의가 불타올라야 한다. 이는 자신이 적을 죽이는 일이 정당한 일, 반드시 해야 할 일, 좋은 일이라는 믿음이 있을 때 가능하다. 우리는 선이고 적은 악이며, 우리는 항상 정의롭고 적은 불의이므로 우리가 반드시 이겨야 한다고 생각하도록 하는 것이 무엇보다 중요한 것이다.

그래서 조지 부시(George W. Bush) 대통령은 2002년 1월 육군 사관학교 졸업식 연설에서 "미국의 국기는 우리의 힘의 상징일 뿐만 아니라 자유의 상징이다. 우리는 자유와 평화를 위하여 싸운다"라고 하였다. 병사들이 자국이 위대한 나라라고 생각한다면 그 군대는 그만큼 강한 힘을 가질 수밖에 없다. 위대한 나라로서의 사명을 가진 나라라는 생각은 나라를 위하여 싸우러 나가는 용사들에게나 이들을 전장에 내보내는 국민들에게 큰 위안이 된다. 그래서 국민들이 평상시에도 항상 자국이 위대한 나라라고 생각하도록 해야 하는 것이다.

미국사람들은 자신들 집단으로서의 미국이라는 국가에 대한 자부심이 강하다. 자신들의 질서, 자신들의 공민의식, 자신들의 사회 규범이 다른 나라 사람들의 그것과 다르며, 다른 나라에 비하여 우수하다고 생각한다. 미국인 스스로 미국은 정치체제가 가장 잘 되어 있는 나라이고, 미국이야 말로 가장 좋은 나라라는 의식을 갖고 있는 것이다. 미국인이 이러한 의식을 갖는 것은 미국이라는 국가가 시작할 때부터 이미 있어온 일로서 그 시작부터 다른 국가와 다른 역사성을 갖고 있다. 모든 나라가 국왕의 권력 독점 하에서 진부하고 비이성적인 정치체제를 유지하고 있던 시절에 미국은 이러한 체제를 벗어나서 민주주의 이념 하에 건국되었다는 것이다. 미국의 민주주의 체제로의 국가건립은 실제 프랑스, 독일, 스페인과 같은 유럽국가에도 민주주의 혁명을 불러왔으며, 라틴 아메리카 지역의 식민지 독립에도 지대한 영향을 주었다.

낡은 정치체제에서 탈피하여 세워진 새로운 형태의 국가이기 때문에 그만큼 미국은 더 진보적이다. 그래서 자유주의, 민주주의, 입헌주의, 법치주의, 개인주의, 평등주의와 같은 가치를 실현하는 데에 있어서 미국은 세계 어떤 나라보다도 더 앞서 있다고 생각한다. 또한 미국은 이민자의 나라이다. 미국인은 원래 대부분 스스로의 의지에 의해서 살던 나라를 버리고 미국이 좋아서 온 사람들이다. 그러므로 당연히 미국이 좋은 나라라는 의식이 강할 수밖에 없다.

미국이 다른 나라보다 높은 수준에 있다는 생각은 외국과의 관계에서 미국이 다른 나라와 다르게 행동하도록 한다. 먼저 높은 수준에 있는 미국이 더 낮은 수준에 있는 외국에 의하여 나쁜 영향을 받거나 오염될 수 있다는 생각을 한다. 예를 들면 미국의 법과 제도가 다른 나라와의 관계 때문에 간섭받거나 오염되어서는 안 된다는 것이다. 또한 미국이 우위에 있기 때문에 다른 나라와 함께 하는 경우에는 다른 나라와 동등한 입장에서 상호주의적인 정신이 아니라 미국의 일방적인 우위에서 다른 나라를 이끌거나 시혜를 베푸는 존재로서 나아가려고 한다.

1917년 우드로우 윌슨(Thomas Woodrow Wilson) 대통령은 제1차 세계대전의 참전에 즈음하여 "미국은 세계를 구원해야 하는 운명을 완수해야 하는 무한한 특권을 지니고 있다"라고 하였다. 이러한 말은 자신들이 세상을 구원할 수 있다고 생각하는 미국인의 사고를 그대로 드러내고 있는 것이다. 이렇게 우월적인 존재로서 자국을 설정하고 다른 나라로 다가가기 때문에 미국이 생각하는 미국과 다른 나라가 생각하는 미국 사이에는 괴리가 클 수밖에 없다.

대부분의 미국국민들은 세계에서 미국이 원조를 가장 많이 해주는 나라로 알고 있다. 2017년 미국인들의 여론조사에서 미국이 해외원조를 줄여야 한다고 응답한 사람이 전체의 57%였고, 늘여야 한다고 응답한 사람은 6%에 불과하였다.[26] 많은 미국인들은 자국 예산의 20%이상을 외국 원조에 사용하고 있는 것으로 생각하고 있다.[27] 하지만 경제협력개발기구(OECD)의 통계에 따르면 2015년 기준 미국의 국민총소득(GNI)에 대비한 순공적개발원조는 0.17%이다. 이는 다른 선진국들과 비교해 보면 상위에 있는 스웨덴 1.4% 노르웨이 1.05% 등과는 비교할 수 없을 정도로 작을 뿐 아니라 OECD국가들 중에서도 하위그룹에 속한다.

이와 같이 미국인들에게 있어서 자국이 다른 나라에 도움을 준다는 인식을 갖는 것은 미국의 이념과도 연관된다. 정치인을 비롯한 많은 미국인들은 민주주의와 자본주의 체제를 지키고 이에 더 나아가서 이를 확산시키는 것이 자신들의 임무라고 생각한다.[28] 2010년에 시행된 유에스에이투데이(USA Today)와 갤럽(Gallup)의 공동 여론조사에 의하면 미국인의 80%가 미국이 세계에서 가장 위대한 나라로서의 특성을 갖고 있다고 답하였다. 그리고 미국인의 2/3가 미국이 세계를 이끌어가는 나라로서 특별한 책무를 갖고 있다고 생각한다라고

26 United States foreign aid, n.d.
27 Lieven, 2012, p. 5
28 Brewer, 2009, p. 4

답하였다.[29]

미국이 외국에 대하여 군사력을 사용하고 세계를 무대로 군사 활동을 하는 것에 대하여 다른 나라 사람들은 이것이 미국을 위해서 하는 행동이라고 생각하지만 미국인들은 순수하게 세계를 위하여 하는 행동으로 인식하고 있다. 그래서 미국인들은 다른 나라 사람들이 생각하는 것과 상관없이 자신들은 매우 관대하며 미국은 위대하다고 생각하는 것이다.

7 미국의 감추어진 국인주의

미국사람들은 자국의 국인주의라를 부인하며, 내셔널리즘이라는 말조차 잘 사용하지 않는다. 미국에서 국인주의는 부정적인 뉘앙스를 가진 말이다. 국인주의는 편협하고, 비관용적이며, 인종주의적이고, 광적이고, 비합리적이고, 비타협적이고, 케케묵은 이념이다. 국인주의는 주로 문명적으로 발전이 덜된 비서구국가들에 해당되는 것이라고 생각한다. 물론 이것은 미국인들만의 생각이 아니고 세계 도처에 국인주의가 팽배하다고 하면서도 자신들이 사는 곳은 그런 것이 없다고 하는 서구국가들의 일반적인 태도이기도 하다.[30]

2001년 부시(George W. Bush)는 대통령 취임 연설에서 "미국은 결코 피나 출생이나 땅에 의해서 뭉쳐본 적이 없으며 이상으로 뭉쳐졌다" 라고 하였다. 이 말은 미국의 국인주의에 대한 미국인들의 인식을

---

29 Jones, 2010
30 Billig, 1995, p. 15

잘 나타내고 있다. 먼저 혈연이나 지연으로 뭉치지 않았다고 한 것은 미국은 민족 국인주의가 없다는 것이다. 다음으로 미국은 이념을 함께하는 사람들로 뭉쳐진 집단이라고 하였으므로 공민 국인주의는 어떤가? 그것도 마찬가지로 부정된다. 왜냐하면 자신들의 이념은 세계 보편적인 것이라는 것이다. 그렇기 때문에 단순히 자신들만을 구분하여 생각하는 사람들의 공동체가 갖는 감정으로서 국인주의가 있을 수 없다는 것이다. 이렇게 볼 때 미국사람들의 인식에서 국인주의가 있는 곳은 주로 개발도상국에 해당되는 것이지만 유럽의 다른 선진국들도 해당된다. 미국인들의 이러한 인식은 미국 내에서도 비판을 받고 있다. 같은 공동체 사람들이라는 것에 근거한 국인주의가 미국에는 없다는 것은 완전히 허구라는 것이다.[31] 예를 들어 미국의 잭슨주의도 인종, 지역, 종교 등을 바탕에 두고 있다.

이와 유사한 형태로 미국인들이 말하는 미국에 국인주의가 없다는 주장은 다양하다. 어떤 사람은 민족으로서의 공농체가 아닌 미국은 국민들이 국가에 대한 애착이 있지만 감정적으로 깊은 애착이 아니며 비이성적인 것이 아니기 때문에 국인주의라고 할 수 없다고 주장한다. 어떤 사람은 미국인의 국가에 대한 애착은 민족의식과 같이 무한정의 광적인 희생을 불러일으킨다거나 비이성적 심리에 기인한 것이 아니기 때문에 국인주의가 아니라 애국심이라고 강변한다.[32] 또 어떤 사람은 미국은 과열된 국인주의가 아니고 따뜻한 애국심인 동시에 애국적인 국민의식이라고 주장한다. 그리고 미국사람들은 나쁜 국인주의와 좋은 국인주의를 구분하고 싶어한다. 나쁜 국인주의는 인종주의

---

31 Gallagher, 2016
32 Conner, 1993, p. 374

적인 민족 국인주의를 지칭하고, 좋은 국인주의는 공민 국인주의라는 것이다. 미국에 국인주의의 존재를 인정한다고 하더라도 미국은 좋은 국인주의인 것이다

이렇게 미국이 국인주의에 대하여 부정적인 태도를 취하는 것은 원래 국인주의가 갖는 부정적인 면 외에도 미국의 상황이 그렇게 하도록 하는 면이 크다. 먼저 미국 국내의 여건이다. 국인주의의 정의는 다양하다. 국인주의를 민족주의와 같은 개념으로 그 의미를 축소시킨다면 미국에 국인주의는 없다는 주장도 가능하다. 실제 워커 코너 (Walker Connor)처럼 국인주의를 주로 민족의 혈연적인 결속에 기초하여 자국민 또는 자민족에 대한 비이성적이고, 원초적이고, 감정적 애착이라고 정의하는 학자도 있다.[33] 미국에서 사람들을 민족 단위로 나누는 것은 금기사항이다. 수많은 민족으로 구성된 미국에 각 민족별로 민족주의적으로 나가게 된다면 이는 곧 미국이 분해됨을 의미한다. 앞의 국기에 대한 맹세에서도 나왔듯이 "하나의 국인인 공화국"을 철저히 강조하는 것은 그만큼 민족 간에 분열될 위험이 있고 그래서 이를 철저히 경계하는 것이다.

다음으로 미국의 세계에서의 입장이다. 양차 세계대전 이후 미국은 세계의 주도국이 되면서 세계주의를 추구해왔다. 내셔널리즘은 세계주의에 반대 방향이며 이를 방해하는 요소이다. 만약 개별국가들이 국인주의를 추구한다면 미국이 맞게 되는 저항은 그만큼 더 크게 되고 미국이 원하는 방향으로 이들을 이끌어 나가는데 더 많은 어려움을 안게 된다. 세계가 국인주의적인 분위기로 가서는 미국에 이익이 될 것이 없기 때문에 미국이 국인주의적인 태도를 보여서는 안 된

33 Conner, 1993, p. 387

다. 그래서 미국은 국인주의를 부정적으로 대하고, 세계주의를 표방함과 동시에 자국에서의 국인주의 존재 자체를 부정하는 것이다. 외국의 국인주의에 대해서는 가차없이 비난하여 세계주의로 이끄는 한편에 자국은 다른 나라가 의식하지 못하게 국인주의를 추구함으로써 국익을 극대화시킬 수 있는 것이다. 그래서 미국은 겉으로는 국인주의를 금기시하고 없는 것처럼 보이게 하고 속으로는 드러나지 않게 체계적이고도 과학적으로 국민으로 하여금 나라를 위하는 마음이 생기도록 만든다. 미국의 학교에서 시행하는 나라를 사랑하는 마음을 갖도록 하기 위한 교육은 그 과정이나 내용에서 매우 철저하다. 그리고 교육과 문화를 비롯한 여러 정신적인 영역에서 나라 사랑 의식과 미국인의 정체성을 위한 교육은 드러나지 않게 이루어지고 있는 것이다.

그런데 미국이 지금까지 추구해온 세계주의 정책에 한계를 느끼게 되면서 최근에는 보다 직접적으로 자국의 이익을 챙기고 있다. 2016년 트럼프 후보가 미국 우선을 주장하면서 대통령에 당선되었다. 그는 미국 대통령이 된 이후 상대국의 의사에 상관없이 일방적으로 자의적인 무역관리를 하면서 보호무역주의와 자국중심주의적인 조치들을 취해오고 있다. 외국으로부터 수입을 제한하고, 외국에 나가있는 기업을 불러들여 국내에서 생산활동을 하게 하고, 자유무역협정을 파기하고, 국제기구에서 탈퇴하는 등 미국의 국익에 부합하기만 한다면 어떤 조치도 스스럼없이 밀어 붙이고 있다. 미국의 이러한 조치에 따라 세계는 적지 않은 영향을 받고 있다. 이러한 가운데 트럼프는 자신이 추구하는 정책은 공정무역이지 보호무역주의가 아니라고 하였다. 미국이 이렇게 적극적으로 자국이 이익만을 위한 행동을 하는데도 내셔널리즘이라는 표현은 잘 등장하지 않는다.

세계가 흔들리는 것은 미국이 이렇게 보호주의로 나갈 때만이 아니다. 과거 미국이 국제주의로 나갈 때도 마찬가지였다. 미국의 국제 경쟁력이 강할 때는 무역이 자유롭게 되도록 세계를 이끌었다. 다른 나라들에 미국의 상품이 쉽게 들어갈 수 있도록 무역을 개방시키고, 미국의 자본이 들어갈 수 있도록 자본시장을 개방시키며, 미국의 다국적 기업들이 외국에서 활동하기 좋도록 압력을 가했었다. 이때도 이것을 미국의 국인주의라고 말하지 않았다. 미국이 자유무역으로 나갈 때나 보호무역으로 나갈 때나 모두 자국의 이익에 맞추어 정책을 다르게 선택했을 뿐, 모두가 국인주의인 것은 마찬가지이다. 하지만 국인주의는 주로 다른 나라를 비난할 때 사용하는 부정적인 의미의 말이다. 그래서 강대국인 미국에 도전하고 싶은 나라는 없으므로 미국에 내셔널리즘이라는 말이 다가갈 수 있는 여지는 적었다.

미국은 1776년 독립선언 이후부터 2015년 사이 239년 중에서 전쟁이 있었던 해가 222년이고, 전쟁이 없었던 해는 17년에 불과하였다. 10년 중에 전쟁을 하지 않는 해가 한 해가 채 되지 않는 셈이다. 이런 나라가 국인주의가 없다는 것이 말이 되는가? 미국은 끊임없이 전쟁을 치르는 나라이고 언제든지 힘을 행사하면서 세계를 이끌어 가는 주도국이다. 세계의 주도국이 되기 위해서는 자국의 젊은이들이 나라 바깥으로 나가서 피를 흘리며 싸울 수 있어야 한다. 나라를 위하는 마음이 없다면 어느 누가 나라를 위해서 피를 흘리겠는가? 주도국가의 국민은 자국을 위하는 애국심, 자국에 대한 긍지, 그리고 자국이 타국보다 우월하고 타국을 이끌 수 있다는 자신감이 있어야 한다. 국인주의 없이 애국심만 갖게 한다는 것은 말장난에 불과하다. 당연히 국인주의가 강할 수밖에 없는 것이다.

미국은 외국에 대해서는 위험하고, 비이성적이고, 불필요한 내셔널리즘(nationalism)이라고 가차 없이 비난하지만, 자국에 대해서는 유익하고, 필요하고, 힘이 되는 애국심(patriotism)이라고 한다.[34] 타국이 할 때는 내셔널리즘, 자국이 할 때는 애국심, 이른바 내로남불의 전형이다. 미국이 국인주의가 없다고 하는 것은 일종의 자기합리화이자 자기최면이다. 미국이 자국에는 국인주의가 없다고 하는 것은 자기 나라를 좋게만 말하려 하는 것이며, 그 자체가 국인주의이다. 이는 다른 나라에서 보기 어려운 국인주의의 모습을 하나 더 보여주는 것에 불과하다.

---

34 Billig, 1995, p. 15

제 3 장
미 국 인

제3장 미국인

근대사에서 미국이야 말로 가장 성공적으로 수행한
국민주의 과업(nationalism project)이었다.

— 데이비드 홀링거(David Hollinger)-

1 미국인

오늘의 미국은 50개의 주와 1개의 특별구로 구성된 연방제 공화국으로, 2016년 기준으로 영토는 $9,826,675km^2$ 에, 인구는 322,667,000명에 이르고 있다. 미국은 영토와 인구 모두에서 세계 세 번째 가는 대국이다. 하지만 영토가 더 넓은 러시아와 캐나다가 극지에 불모지가 많은 점을 고려하면 사람의 거주가능 면적으로 보았을 때 미국은 세계에서 가장 넓은 영토를 가진 나라이다. 또 인구 면에서도 미국보다 앞서는 중국과 인도가 대다수 국민들이 빈곤 속에서 살아가는데 비해 미국은 높은 국민소득을 구가하는 나라이다. 그리고 군사력, 경제력, 과학기술력, 세계에서의 영향력 등 여러 면에서 미국은 다른 나라들을 압도한다. 미국인들이 자기 나라에 대한 자부심을 갖기에 충분한 것이다.

현재 미국인은 백인이 다수를 차지하고 있다. 2015년 조사에 의하면 백인 61.6%, 히스패닉인 17.6%, 흑인 12.4%, 아시아계 5.4%, 본토 및 알래스카의 원주민 0.7%, 하와이 및 태평양 도서지역 주민 0.2%, 기타 2.1 % 등을 이루고 있다.

[표 3-1]

미국의 인종별 인구 분포

인종	비중(%)	비고
백인	61.6	
흑인	12.4	
히스패닉	17.6	
아시아인	5.4	
본토 및 알래스카 원주민	0.7	
하와이 및 태평양 도서민	0.2	
기타	2.1	

기준연도: 2015년

미국은 독립 전인 1770년에 인구가 2,148,076명이었고, 이 중 백인이 1,688,254명, 흑인이 459,822명이었다. 독립 후인 1780년에는 인구가 2,780,369명이었고, 이 중 백인이 2,204,949명, 흑인이 575,420 명이었다.[1] 그래서 1776년 건국될 당시의 미국의 추정 인구는 원주민을 제외하고 약 260만 명으로서 미국 인구는 영국의 1/3 수준이었다.

미국인의 범주는 역사와 함께 달라져 왔다. 현재의 인구를 건국 때와 비교해 보면 240년 동안 약 124배 증가했음을 알 수 있는데, 이는

---

1 United States Census Bureau, 2004, p. 1168

건국 후 얼마나 많은 사람들이 외부로부터 유입되었는가를 짐작케 해준다. 나라사람을 자체 생산하는 다른 나라와 달리 수입에 의존한 미국에서는 누가 미국인인가는 매우 동태적인 것이었다. 또한 같은 영토 내에 살았던 흑인과 원주민들은 처음에는 동등한 국가 구성원으로 인정받지 못하다가 나중에야 미국인에 편입되었다.

　　초기에 앵글로 색슨족(Anglo-Saxon)과 스코츠 아일랜드족(Scots-Irish)계통의 영국인과 네덜란드인이 많이 들어와 있었고, 이후에 독일인, 이탈리아인, 슬라브인, 유대인들이 들어오게 된다. 식민지 시대부터 넓은 땅에 비하여 적은 인구로 노동력이 절대적으로 부족하였기 때문에 아프리카인들을 노예로 들여오면서 흑인인구가 늘어나게 되었다. 단순노동력을 많이 필요로 하는 농업의 특성상 흑인들은 주로 농업생산에 동원되었다. 독립 이후 미국 북부는 상공업이 발달하였기 때문에 흑인은 전체인구의 2~5%에 불과하였으나 농업위주의 남부는 흑인이 전체인구의 30~40%를 점하였다. 흑인 노예가 많지 않았던 북부는 19세기 초에 대부분의 주에서 노예금지법이 통과되었고, 미국 전체로는 남북전쟁을 거쳐 1866년에 흑인도 미국 국민으로 편입되었다. 그리고 원래 멕시코의 영토였던 서부지역이 미국에 병합되면서 이 지역에 살던 히스패닉인이 미국인으로 흡수되었고, 20세기 이후 중남미 지역의 사람들이 유입되면서 히스패닉 인구가 급속히 늘어나게 되었다. 동양으로부터는 19세기 말 이후 중국인, 한국인, 일본인들이 들어오게 되었다. 그리고 미국이 알래스카와 태평양상의 여러 섬들을 자국 영토로 편입시키면서 이들 지역의 주민들이 미국인으로 되었고, 원래 미국땅의 주인이었던 원주민 인디언은 1924년에 가서야 비로소 미국 국민으로 편입되었다.

이와 같이 미국은 세계 각지에서 이주해 온 사람들로 구성된 다민족국가이다. 하지만 문화에 있어서는 영국 문화를 기반으로 하는 영미문화의 나라이다. 영국의 사람들이 개척한 식민지가 정치적으로 독립하면서 국가로 되었기 때문에 영국 문화의 토대 위에 미국 고유의 정치적 이념과 국가 체제를 세워서 오늘에 이르고 있는 것이다. 건국 이후 세계 각지에서 유입된 이민들이 부분적으로는 미국의 문화에 영향을 주었지만 그 영향은 사람들 숫자만큼이나 크지 않았다. 미국에서 영어를 사용하는 데서 짐작할 수 있듯이 미국의 많은 전통과 관습이 영국의 그것과 밀접하게 연결되어 있다. 이것은 영국계통의 사람이 절대적으로 많아서 그런 것이 아니다.

[표 3-2]

미국의 인종별 인구 분포		
혈통	추계인구	비중
독일계	46,403,053	14.7%
아일랜드계	33,526,444	10.6%
잉글랜드계	24,787,018	7.8%
이탈리아계	17,285,619	5.5%
폴란드계	9,385,766	3.0%
프랑스계	8,272,538	2.6%
스코틀랜드계	5,409,343	1.7%
노르웨이계	4,445,030	1.4%
네덜란드계	4,289,116	1.4%

자료: *United States Census*, 2010
　　　American Community Survey, 2010-2015

미국의 백인들을 혈통에 따라 나누어 보면 독일계가 약 14.7%로 가장 많고, 그 다음은 아일랜드계가 약 10.6%를 차지하고 있으며, 잉글랜드계는 7.8%에 불과하다. 영어권의 잉글랜드계, 아일랜드계, 그리고 스코틀랜드계를 모두 합쳐도 약 20%밖에 되지 않는다. 다양한 나라에서 많은 사람들이 들어왔지만 이들은 이미 형성된 미국의 이념과 문화에 적응함으로써 미국인이 되었고, 그래서 미국은 건국 초기의 전통과 문화 그리고 국민적 정체성을 계속 유지하면서 내려오고 있는 것이다.

2 미국인의 탄생

영국의 식민지 건설

원래 북아메리카 대륙에는 원주민들이 살고 있었다. 유럽사람들이 인디언이라고 부른 그들은 지금부터 약 15,000년전 홍적세 때 아시아에서 건너간 것으로 알려져 있다.[2] 그리고 1492년 콜럼버스가 신대륙에 도착한 이후 유럽인들이 이곳에 이주하기 시작하였다. 현재의 미국땅에 유럽인이 들어오기 시작한 것은 1513년 스페인 정복자 후안 폰세 데 레온(Juan Ponce de Leon)이 플로리다에 도착하면서부터였고, 그 이후 뉴멕시코와 플로리다 지역에 스페인 사람들이 정착하기 시작하였다.

영국이 이곳에 식민지 건설에 나선 것은 17세기 초이다. 영국은 스

---

2 처음 유럽인들이 신대륙을 인도사람인줄 알고 인디언이라고 부르기 시작하여 계속 인디언으로 불러왔으나 요즘은 이 말을 잘 사용하지 않는다. 지금은 진짜 인도 사람들을 인디언이라고 한다.

페인에 비하여 신대륙에서의 식민지 개척이 늦었지만 당시 급속히 발전하는 해상력을 바탕으로 아메리카 대륙 북동부의 대서양연안을 중심으로 집중적으로 식민지 건설을 하게 된다. 당시 아메리카 대륙에는 영국 외에 프랑스, 스페인, 네덜란드, 스웨덴 등과 같은 유럽의 다른 국가들도 진출하고 있었다. 네덜란드는 서인도회사를 앞세워 1624년 지금의 뉴욕주에 뉴네덜란드를 건설하였으며, 프랑스인들은 1673년 미시시피강 유역에 진출하고, 러시아인들은 1741년 알래스카에 진출하였다.

영국 최초의 식민지 정착지는 1607년에 건설한 제임스타운(Jamestown)이다. 런던 버지니아회사(Virginia Company of London)는 북미 지역에 식민지를 만들기 위하여 104명의 영국인을 지금의 미국 버지니아주 제임스타운에 정착시켰다.[3] 이후 이 정착지는 점차 발전하였고, 1619년에는 미국 최초의 민주적인 의회로서 버지니아 의회가 구성되었다.

그리고 1620년 영국에서 102명의 청교도들이 메이플라워(Mayflower)호를 타고 플리머스(Plymouth)에 도착하였다. 이후 플리머스 식민지(Plymouth Colony)[4]는 북아메리카에 개척된 영국 식민지의 선구 지역으로서 미국 역사에서 중요한 한 부분이 된다. 플리머스는 버지니아 정부의 관할권 밖에 있었으므로 여기의 사람들은 독자적으로 자신들만의 자치정부를 구성하게 된다. 메이플라워호에 승선한 사람들은 대부분 유럽에서 종교적인 박해를 받아 자유를 찾아 나선

---

3 104명의 사람들은 수전 콘스턴트,(Susan Constant), 갓스피드(Godspeed), 디스커버리(Discovery)호의 3척의 배를 타고 갔다.
4 플리머스는 New Plymouth, The Old Colony라고도 불리며, 지금의 메사추세츠주 보스톤 인근에 위치하고 있다.

사람들이었다. 이 사람들은 플리머스 땅을 딛기 전에 자신들이 타고 온 배의 선상에서 모두 함께 규약을 맺게 되는 데, 이것이 유명한 메이플라워 서약(Mayflower Compact)이다. 앞으로 함께 살아갈 사람들 간에 자신들의 뜻에 기초한 규약을 맺음으로써 자율적인 사회를 형성하게 된 것이다.

이러한 민주적인 식민지의회의 설치와 자치체의 수립은 그 뒤에 건설된 다른 지역 식민지들에도 도입되었다. 그리고 이 플리머스 식민지에서의 메이플라워 서약에 대한 이야기 외에도 미국인 선조들의 정착 과정에는 많은 이야기들이 있다. 메이 플라워호를 타고 온 청교도들이 기아와 추위와 같은 온갖 역경과 고난을 이겨내고 정착지에서 처음으로 가을 수확을 하여 감사의 예배를 드렸다는 이야기도 그 중의 하나이다. 이러한 이야기들은 추수감사절 같은 미국의 명절로서 자리 잡게 되는 한편 미국의 정신을 나타내는 상징으로서 미국의 신화가 되었다.

북아메리카 지역에 초기의 식민지 사업이 어느 정도 성공을 거두자 영국은 보다 적극적으로 식민지 건설에 나서게 된다. 식민지로 사람들을 계속 이주시켜 인구를 늘리고 다른 나라의 세력을 밀어내면서 식민지 영토를 확장해 나갔다. 대부분 영국 왕의 설립 특허를 받아 영주나 회사가 투자하여 유럽 사람들을 데리고 가서 새로운 식민지를 건설하는 형태였지만, 코네티컷이나 로드 아일랜드와 같이 식민지 주민이 이주하여 개척한 곳도 있었다. 또 다른 나라로부터 할양받은 곳도 있었다. 1667년 제2차 영란전쟁의 결과로 네덜란드가 그동안 북미 지역에 개척하였던 영토를 할양받았다. 네덜란드가 개척한 뉴네덜란드주는 뉴욕주로 개칭되고, 뉴암스테르담시는 뉴욕시로 개칭되었다. 이렇게 하여 북아메리카 대륙 대서양연안을 따라서 북에서 남으로, 메사추세츠, 뉴햄프셔, 로드아일랜드, 코네티컷, 뉴욕, 뉴저지, 펜실베이니아, 델라웨어, 메릴랜드, 버지니아, 노스캐롤라이나, 사우스캐롤라이나, 그리고 1732년에 가장 남쪽이자 13번째 식민지인 조지아가 개척되었다.

이곳으로 이주해 온 사람들은 영국의 청교도, 프랑스와 스위스위그노(Huguenot),[5] 아프리카 흑인 노예, 영국의 죄수 등이었다. 식민지는 영국의 군사적인 힘에 기초하여 정착한 것이니만큼 그 땅은 영국의 식민지였고, 그 주인은 당연히 영국 국왕이었다.

미국의 독립

17세기 초 영국이 북아메리카 지역에 식민지 건설에 나설 즈음 프랑스도 식민지 건설에 나서게 된다. 영국이 아메리카 대륙 대서양 연안에 식민지를 건설하는 동안 프랑스는 북쪽의 퀘벡 지역에서 남쪽으로 오대호와 미시시피강을 거쳐 루이지애나에 이르기까지의 내륙 지역에 식민지를 개척해 나갔다. 결국 양국 간의 식민지 확보를 위한 경쟁은 치열한 식민지 쟁탈전으로 발전하였다. 식민지 쟁탈전은 근 백년간 계속되었으며 결국 영국이 승리하게 된다. 1763년 유럽의 7년 전쟁의 종전과 함께 맺어진 파리조약에 따라 프랑스는 북아메리카에서의 모든 지배권을 영국에 양도하였다.

기나긴 투쟁에서 프랑스의 도전을 뿌리친 영국은 이제부터는 식민지를 여유있게 관리하면서 보다 적극적으로 경제적 수익을 거두어

---

5 프랑스어로 프랑스와 스위스의 개신교도를 뜻한다.

들일 것을 계획하고 있었다. 그동안 전쟁을 치르느라 많은 비용을 지출하면서 영국의 재정상황이 좋지 않았다. 그래서 1764년 설탕세법, 1765년 인지세법, 1767년 타운센트법을 연이어 제정하면서 식민지에 세금을 부과하였다. 이렇게 세금을 부과하게 되자 현지 식민지 주민들은 반발하였다. 당시 영국의회는 식민지를 대표하는 의석은 없었으므로 식민지 주민들은 자신들의 정치의사도 반영하지 못하면서 세금만 내는 것은 부당하다고 생각하였다. 식민지 주민들은 "대표 없는 곳에 세금 없다" 면서 영국정부에 대항하고 나섰다.

이렇게 시작된 영국정부와 식민지 사람들 간의 대립은 1773년의 보스턴 차사건이 발화선이 되어 미국 독립전쟁으로 발전하게 된다. 1775년 6월 14일, 필라델피아에서 열린 대륙회의에서 대륙군이 창설되었고, 사령관으로 조지 워싱턴(George Washington)이 임명되었다. 그리고 1776년 7월 4일에 대륙회의에서 토마스 제퍼슨(Thomas Jefferson)이 초안한 독립선언서를 채택하게 되는데, 이 날이 바로 미국 독립기념일이다. 이렇게 시작된 미국의 독립전쟁은 1781년에 식민지 사람들의 승리로 끝나고, 1783년 파리조약으로 미국은 영국으로부터 독립국가로 인정을 받게 된다.

국인의 탄생

독립을 선언하기 전까지는 이곳에 살던 사람은 모두 영국인이었다. 그들은 영국에 대하여 애착을 갖고 있었고, 영국인으로서의 긍지와 자부심을 갖고 있었다. 그들이 영국에 대해서 애착을 갖고 있었음은 지명에서도 나타난다. 뉴욕(New York)은 요크(York)에서 나온 이름이고, 뉴잉글랜드(New England)는 잉글랜드에서 나온 이름이다. 보스톤(Boston), 케임브리지(Cambridge)는 영국에 있는 지명을 그대로 가져왔고, 버지니아(Virginia), 조지아(Georgia)는 영국여왕과 영국국왕에서 연유한 이름이다. 그들은 영국의 언어, 관습, 법, 문화를 그대로 갖고 있었다. 여기에 또 한 가지, 그들은 기독교 신앙인으로서 자존심과 자부심을 갖고 있었다. 사람들은 성경의 내용에 맞추어 자신들이 사는 곳을 아메리칸 예루살렘(American Jerusalem), 신의 아메리칸 예루살렘(God's American Jerusalem), 아메리칸 가나안(American Canaan)이라고 부르기도 하였다.

당시 북미의 동부연안 지역은 뉴잉글랜드 지역을 중심으로 상당히 발전되어 있었다. 1636년에 하버드 대학교, 1701년에 예일대학교가 설립되었고, 1704년에 「보스톤 뉴스레터」라는 신문이 창간되었다. 18세기 초반 경에는 이미 출판업의 발전으로 많은 책이 발간되는 등 교육, 언론, 문화 측면에서 상당히 발전하고 있었다. 또한 해안도시를 중심으로 무역업과 해운업이 발전하였고, 조선업을 비롯한 공업도 상당히 발전되어 있었다. 전통 촌락을 중심으로 오랜 세월 터잡아 사는 사람들이 많은 유럽대륙과 달리 외지에서 들어온 사람들로 이루어진 식민지 사회는 매우 역동적이었다. 1700년대 초 메사추세츠베이 주지사를 지낸 조셉 더들리(Joseph Dudley)는 당시의 뉴잉글랜드 지역의 사람에 대하여 10세의 나이에 읽을 줄 모르는 아이가 없고, 20세의 나이에 쓸 줄 모르는 사람이 없다고 하였다.[6] 문맹률과 같은 부분에서는 유럽보다 오히려 더 앞서 있었던 것이다.

이곳에 거주하는 사람들은 영국 본토에 사는 사람에 비하여 전혀

6 Greenfeld, 1992, p. 461

부족함이 없는 영국인들이었고, 영국에 대하여 국인의식을 갖고 있었다. 그들이 독립을 요구할 때도 영국인인 것 자체가 싫어서 그런 것이 아니었다. 그들로 하여금 영국인이라는 의식을 벗어 던지게 한 것은 식민지민으로서의 좌절감 때문이었다. 본토의 영국인들과 차별을 받는 식민지민으로서 자신들의 처지를 생각하고 자신들만의 세계를 찾아야겠다는 생각을 하게 된 것이다.

식민지와 본국 간에 갈등이 불거지기 시작하면서 식민지 사람들은 점점 더 영국과 거리가 멀어지기 시작한다. 독립선언 직전 토마스 페인(Thomas Paine)은 그의 글 『상식』(Common Sense)에서 자신들은 영국사람들이 아니라면서 영국사람들과의 차별성을 주장하였다. 미국은 영국에서 온 사람들만의 나라가 아니라 유럽 각지에서 자유를 찾아 온 사람들의 땅이라는 것이다. 자신이 살고 있는 펜실베이니아만 하더라도 영국계의 사람은 1/3도 되지 않는다고 하였다. 그래서 자신들의 모국은 영국이 아니고 유럽이라고 하였다. 자신들이 누려야 할 자유는 영국에서 주는 자유가 아니라 인간으로서 천부적으로 타고난 자유이며, 자치정부를 세우는 권리는 영국이 부여하는 권리가 아니라 인간으로서 타고 난 권리라고 하였다.

미국이 영국으로부터 독립을 하면서 더 이상 영국 국인(English nation)이 아닌 것으로 되었지만, 그대로 바로 미국 국인(American nation)이 된 것은 아니었다. 1776년 영국으로부터 독립을 선포한 것은 하나의 정치체가 아니라 13개로 나누어진 식민지였고, 독립전쟁을 한 것도 이들 13개의 공화국이었다. 그래서 독립할 당시는 하나의 나라로 독립한 것이 아니라 13개의 나라로 독립한 형태였다. 이는 지금과 같은 미국인이 아니라 버지니아인, 메사추세츠인과 같이 13개의 국인으로 나뉘어질 수도 있었던 것을 의미한다.

식민지 시절 영국인들은 미국 식민지 사람들을 잉글리쉬 아메리칸 (English American), 브리티쉬 아메리칸(British American), 혹은 이를 줄여서 아메리칸(American)이라고 불렀다. 당시 영국에서는 북미 식민지 13개의 이름도 제대로 모르는 사람들이 대부분이었으므로, 이들을 통틀어 그냥 아메리칸이라고 하였던 것이다. 식민지 사람들도 자신에 대하여 아메리칸이라고 의식하고 있었고 이러한 것이 부분적으로나마 미국인으로서 하나의 정체성을 형성하는 데 기여하였다. 그래서 각 식민지로 나누어져 있었지만 공동의 운명 속에 식민지 사람으로서의 동질성과 공동체 의식이 있었던 것이다. 이와 같은 상황이 이들이 여러 공화국으로 독립하면서도 하나의 국인으로 인식되는데 유리하게 작용하였다.

그리고 독립 당시에 식민지의 지도자들은 식민지역에 여러 나라가 들어서게 될 가능성에 대하여 많은 염려를 하였다. 그래서 이들은 그 같은 상황이 일어나지 않도록 하는데 많은 주의를 기울였다. 버지니아의 패트릭 헨리(Patrick Henry)는 1774년 자신은 버지니아인(Virginian)이 아니며 미국인(American)이라고 하였다. 그리고 존 디킨슨(John Dickinson) 같은 이는 13개의 국가로 나누어진 상태로 독립을 해서는 안 된다고 하여 13개 주체로 나뉘어서 서명하기로 되어 있는 미국 독립선언서에 서명하기를 거부하였다. 제퍼슨(Thomas Jefferson)은 미국이 분할되면 유럽의 세력에 놀아나게 될 것이고, 이러한 와중에서 미국의 국가들 간에 전쟁을 하는 일도 일어나게 될 것이라고 우려하였다.[7] 하지만 이와 반대의 측면에서 하나로 된 큰 국

---

7 Greenfeld, 1992, p. 426

가의 강력한 중앙정부에서는 유럽의 왕권 아래에서처럼 독재나 권력의 전횡이 일어날 수 있다는 우려를 하는 사람들도 많았다. 그래서 이들은 하나의 국가로 가는 것을 내켜 하지 않았다.

여기서 초기 미국은 연방주의(federalism)와 연합주의(confederalism) 간에 심한 갈등을 겪게 된다. 독립전쟁 막바지인 1781년, 각각 하나의 공화국으로서의 13개 주는 연합헌장(Articles of Confederation)을 채택하여 연합을 결성하게 된다. 이 연합체는 거의 힘을 갖지 못하였다. 전쟁을 수행하느라 많은 채무를 지고 있었지만 재정수입은 각 주의 기부금에 의존하고 있었고, 주 사이의 이해를 조정할 수 있는 힘도 없었다.

그런데 독립 하자마자 각 주들은 크고 작은 도전들에 직면하게 되는데, 작은 국가의 힘이 약한 상태에서는 해결하기 어려운 일들이 많았다. 영국은 여전히 북미 대륙에 군대를 주둔시키고 있었고, 남쪽에는 스페인이 세력을 펼치고 있었지만 개별 주들의 힘으로서는 이에 적극적으로 대처할 수 없었다. 게다가 독립 이후 각 주 간에 서서히 틈이 생기고 서로 멀어지는 조짐까지 나타나기 시작하였다. 이러한 상황에서 크고 강한 국가의 필요성을 절감하게 되고, 각 주가 보다 강하게 결속됨으로써 전체로서 하나의 국가와 같이 기능할 수 있도록 주 간의 관계를 재정립해야 한다는 요구가 일어나게 된다. 그래서 각 주의 대표들이 1787년 필라델피아에 다시 모여 논의를 한 끝에 연방제 국가로 가기로 하고 연방헌법을 제정하게 된다. 그리고 1789년 초대 대통령으로 조지 워싱턴(George Washington)이 추대된다. 이렇게 하나의 국인(nation)으로서 미국인(American)이 탄생하게 된 것이다.

3 국기와 국가

국기

미국 국기는 별과 줄로 이루어져 있기 때문에 성조기(Stars and Stripes)라고 불린다. 13개 줄의 바탕 위에 좌상단에 50개의 별들이 그려진 형태이다. 13개의 줄은 붉은 줄7개와 그 사이의 흰 줄 6개로 이루어지며, 별은 푸른 바탕 위의 흰 별이다. 13개 줄은 독립 당시의 주를 나타내며, 50개의 별은 현재의 주를 나타낸다.

미국 국기는 1775년 12월, 필라델피아를 출항하는 전함 알프레드 호가 최초로 단 것으로 알려져 있다.[8] 해상을 통행하는 선박은 그 국가가 식별되어야 하므로 항상 국기를 달게 된다. 이러한 사정으로 미국 국기는 해상에서 가장 먼저 사용된 것이다. 독립을 앞둔 시기 식민 지역을 대륙으로 불렀으므로 이 국기를 대륙기(Continental Colors)라고 부르는데, 모양은 영국 서인도회사가 1707년부터 사용해 온 깃발과 거의 같았다. 대륙기는 13개의 줄 위에 좌상단에 영국국기가 있는 형태였다.

이후 성조기는 1777년 대륙의회에서 공식 제정되는데, 좌상단에 영국국기 대신 13개의 별을 넣은 것이었다. 그리고 미국의 영토가 확대되어 주가 늘어나면서 국기가 개정되어야 했는데 대부분 별을 추가하는 형태였다. 1959년 하와이가 미국의 50번째 주로 편입됨에 따라 1960년에 26번째 개정을 하게 되었고, 이것이 현재의 미국국기이다.

미국 사람들은 국기에 대한 애착이 강하다. 앞에서 언급하였듯이

---

8 Teachout, 2009, p. 29

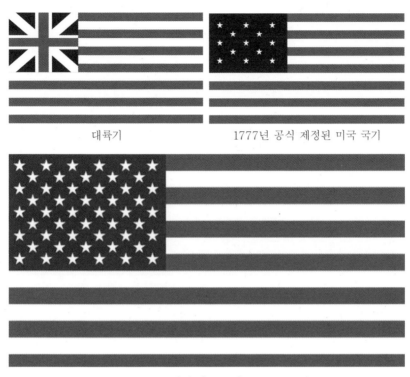

대륙기   1777년 공식 제정된 미국 국기

현행 미국 국기

미국의 초등학교에서는 매일 국기에 대한 맹세를 한다. 미국에서 이 국기에 대한 맹세가 시작된 것은 1880년대로,[9] 1887년 조지 발크(George Beall Balch)가 학교에서 국기에 대한 맹세문을 낭송하는 것을 창안한 것으로 알려져 있다. 육군사관학교 출신에다 목사였던 그는 뉴욕시 학교 감사관으로 학교수업을 참관하면서 국기의 교육적인 효과를 생각해내었다고 한다.[10] 이후 1892년, 목사였던 프란시스 벨라미(Francis Bellamy)가 발크의 국기에 대한 맹세를 수정하

---

9 Billig, 1995, p. 50
10 Teachout, 2009, p. 113

20세기 초 미국의 국기에 대한 경례

여 보급하면서 확산되었고, 그때의 맹세문이 지금까지 내려오고 있는 것으로 알려져 있다. 그리고 맹세의식은 1942년 미국의회에서 공식적으로 채택되었다.

성조기에 대한 경례의식은 지금은 오른손을 왼쪽 가슴에 올려놓는 것이지만 과거에는 달랐다. 원래 성조기에 대한 경례 방식은 지금보다 훨씬 더 열성적이었다. 먼저 국기에 대한 충성의 맹세를 외기 시작하면서 오른손을 가슴 왼쪽에 얹고 외다가 국기(flag)라는 문구가 나오는 시점에 오른손을 국기를 향하여 쭉 뻗는다. 그리고 선서가 끝나면 손을 내려 놓는다. 히틀러의 경례방식과 상당이 비슷했던 이 국기에 대한 경례는 이후 오늘날 우리가 하는 것과 같은 형태로 바뀌었다.

19세기말은 세계적으로 국인주의가 밀려오던 시기였다. 미국에서도 국기에 대한 것을 비롯하여 국인주의적인 의식이 크게 증가하였다.

이러한 가운데 국기에 대한 맹세를 만들고 국기를 극진히 모시는 관례가 생겨나게 된 것이다. 미국이 국기에 얼마나 큰 의미를 부여하는지, 어떻게 해서 그렇게 되었는지, 그리고 이와 관련하여 어떤 일들이 있었는지 한번 살펴보자.

1970년 미국은 베트남 전쟁을 하는 과정에서 캄보디아를 공격하게 된다. 이 소식을 들은 미국의 많은 젊은이들은 정부의 행위를 규탄하면서 미국 전역에 걸쳐 반전시위가 일어나게 된다. 이 시위의 진압과정에서 켄트주에서 4명의 학생이 국가방위대가 쏜 총에 맞아 죽는 사태가 발생하였고, 이에 시위는 더욱 격렬하게 번지게 되었다. 이 시점 뉴욕의 중심지인 맨해튼에서 시위대 학생들이 건물신축 공사장 옆을 지나가게 되었다. 당시 맨해튼에는 고층건물 건축 붐이 일고 있었다.[11] 미국의 대부분의 건설공사장이 그렇듯이 건물공사장 울타리에는 성조기가 꽂혀 있었다.

그런데 시위대 중의 한 학생이 이 성조기를 잡아채서 찢어 버렸다. 이것을 본 공사장 인부들이 격분하였다. 이 사실이 주변에 일하고 있던 건설노동자들에 알려지면서 이들이 행동에 나서기 시작하였다. 건설노동자들이 학생들이 시위하는 중심가에 나가 시위에 대한 대항시위를 하게 된 것이다. 이들은 건설현장 노동자 작업복에 안전모를 쓰고 손에는 성조기를 들었다. 이러한 일이 계속되던 어느 날 시내 한복판에서 학생들과 노동자들이 서로 대치하여 시위하는 도중에 학생들 편에서 어느 한 사람이 국기에 침을 뱉었다. 이를 본 노동자들은 분노를 참지 못하고 학생들을 공격하기 시작하였다. 노동자들은 공사장에

---

11 911 사태로 무너진 무역센터 쌍둥이빌딩을 비롯한 많은 빌딩들이 이 시기에 지어졌다.

서 쓰는 연장과 쇠파이프 등으로 학생들을 마구 패기 시작하였다. 70명 이상의 학생들이 병원에 실려가고, 노동자의 학생들에 대한 폭력행사는 이 정도에서 마무리되었다. 하지만 여기서 학생들은 육체적인 면뿐만 아니라 정신적인 면에서도 상당한 타격을 입었다. 이 문제에 대한 여론조사에서 국민 중 53%가 폭력적 행위에 대하여 반대를 한다고 하였지만, 학생들과 노동자들 중 누구와 공감하느냐의 질문에 노동자들 40% 대 학생들 24%로 노동자들에 공감한다는 사람들이 월등히 많았다.[12]

미국에서 국기에 대항해서는 누구든 이길 수 없다. 그래서 미국 정치에서 국기는 매우 중요한 도구가 된다. 정치하는 사람치고 국기의 중요성을 모르는 사람이 없다. 정치적 이벤트마다 성조기가 등장하고 매 순간마다 필요한 때에 국기를 활용한다.

2017년 한국에 정치적 변혁이 일어나면서 박근혜 전대통령을 지지하는 사람들이 태극기를 들고 시위에 나서게 된다. 소위 태극기 부대다. 이들이 거리에 나오기 전에 이미 촛불을 든 사람들이 시위를 하고 있었으므로 시위는 태극기를 든 사람들과 촛불을 든 사람들간의 대결이 되었다. 결국 촛불을 든 사람편인 문재인 대통령이 집권을 하게 되었다. 미국사람들이 성조기를 들고 시위하는 것과 한국사람들이 태극기를 들고 시위하는 것의 위력은 확실이 달랐다. 한국의 태극기 부대는 큰 위력을 보이지 못했다. 대세는 이미 결정된 상황에서 수세에 몰린 집단에서 태극기를 들었다는 점도 있다. 하지만 그 이전에 보다 근본적인 다른 점이 있다. 국기를 두고 가슴으로 느끼는 감동이 한국사람들에게 있어서는 미국사람들처럼 그렇게 강력하지 못하다는

12 Teachout, 2009, pp.173~205

점이다. 국기를 두고 미국사람들은 한국사람들이 느끼지 못하는 것을 느낀다. 그래서 미국에서는 미국 국기를 드는 편이 항상 이긴다.

1984년 8월 미국 텍사스주 달라스에서 혁명공산당원들의 시위가 있었다. 그들은 핵무기개발 반대를 외치면서 백화점이나 은행 같은 곳에 들어가서 집기를 부수거나 바닥에 붉은 페인트 칠을 하거나 드러누워 농성을 하기도 하였다. 이들이 시위를 하며 지나가다가 어느 한 빌딩에서 국기대에 게양되어 있는 국기를 내려 이를 들고 계속 행진을 하였다. 그들은 국기를 들고 "미국, 빨강, 하양, 파랑, 우리는 너에게 침을 뱉는다[13]" 라고 외쳤다. 그리고 국기는 시가행진하는 시위대원들 간에 이 사람 저 사람 손에 건네졌다. 시위대가 시청 앞에 도달했을 때 시위대 중의 한 사람인 존슨(Gregory Lee Johnson)이 국기에 석유를 붓고 불을 질렀다. 존슨은 신성한 국기를 훼손한 혐의로 즉각 기소되었다. 그는 하급심에서 유죄선고를 받았지만 결국 이 사건은 연방대법원까지 가게 되었다. 대법원은 재판관 5:4로 무죄를 선고하였다. 여기서 아주 재미있는 판결문이 나온다. 다수의견에 기초한 판결의 취지는 이랬다.

"우리는 국기 모독을 벌한다고 해서 국기를 신성하게 할 수 없다. 우리가 국기모독을 벌하게 되면 국기가 상징으로 간직하고 있는 자유를 약화시키기 때문이다."

대법관 앤서니 케네디(Anthony Kennedy)는 "국기를 모욕하는 사람들이 그 국기에 의해서 보호받는다는 사실, 이것이 아프지만 원칙이다" 라고 말하였다.[14] 즉 국기를 훼손하는 행위도 하나의 표현이니

---

13 여기서 빨강, 하양, 파랑은 미국 국기를 의미한다.
14 Teachout, 2009, pp.202~203

만큼 표현의 자유로서 허용되어야 한다는 것이다. 이것이 유명한 텍사스 대 존슨(Texas vs Johnson) 사례이다.

이 판결이 나오자 미국사람들이 받은 충격은 엄청났다. 여론조사에서 65%의 사람들이 이 판결에 반대하였다. 그리고 150만의 사람들이 다시는 이러한 판결이 나오지 않도록 하기 위해 입법을 촉구하는 청원을 하였다. 그래서 의회는 국기를 모욕하는 행위를 처벌하는 「국기보호법」을 만들었고, 이 법은 1989년 10월에 발효되었다. 물론 이 법이 발효될 때 미국 전역 대도시들에서는 이 법에 반대하는 시위가 열렸다. 이들은 국기를 불태웠다.

국기가 중요한가? 아니면 국기가 나타내고 있는 표현의 자유가 중요한가? 미국에서 이 문제는 그 이후에도 해결되지 않는 논란거리로 남아있다. 그런데 아이러니한 것은 어느 쪽 손을 들어주더라도 국기는 항상 중요하다는 점이다.

국가

미국의 국가는 다음과 같다.

제1절

오, 그대 보이는가, 이른 새벽 여명 속에,
황혼의 미광 속에서 우리가 그토록 자랑스럽게 환호했던,
격렬한 전투 속에 나타난 넓은 띠와 빛나는 별들이 새겨진 저 깃발
저 성벽 위에서 당당히 펄럭이는 것을.
포탄의 붉은 섬광과 창공에서 작렬하는 폭탄을 통해
우리의 깃발이 아직 그 자리에 있음을 알 수 있었네.

오, 성조기는 지금도 휘날리고 있는가?
자유의 땅, 용맹스런 자의 고향에서!

제2절

저 깊은 안개 사이로 희미하게 보이는 해안,
오만한 적군도 공포의 적막 속에서 숨어 있는 그 곳에서
드높이 치솟은 절벽 위로 산들바람 따라
반쯤 가려지고 반쯤 드러나는 저것이 무엇인가?
이제 아침 첫 햇살의 빛을 받아
충만한 영광에 반사되어 이제 강물 위로 빛나누나.
그것은 바로 성조기! 오, 영원토록 휘날려라.
자유의 땅, 용맹스런 자의 고향에서!

제3절

그리고 그토록 건방지게 큰소리 치던 그 무리는 어디 있느냐?
전쟁의 파괴와 전투의 혼란에서도
우리는 집과 조국을 떠나지 않으리라!
그들의 피로 그들의 더러운 발자국의 오염을 씻어냈도다.
그 어떤 피난처도 그 아랫것들과 노예들을
패주의 공포와 무덤의 암흑으로부터 구해주지 못하리라.
그리고 승리의 성조기는 휘날리누나.
자유의 땅, 용맹스런 자의 고향에서!

제4절

오! 그리하여 자유로운 사람들은 반드시 일어나리라
그들의 사랑하는 고향과 전쟁 폐허 사이에서!
축복받은 승리와 평화, 하늘이 구해준 이 땅
우리에게 나라를 만들어 주고 지켜 준 그 힘을 찬양하라.

우리가 정당할 때 우리는 반드시 이긴다.
우리의 좌우명은 '하느님 안에 우리의 믿음이 있다.'
그리고 승리의 성조기는 휘날릴리니.
자유의 땅, 용맹스런 자의 고향에서!

위에 보듯이 미국 국가는 가사가 매우 길다. 게다가 음은 몇 옥타브에 걸쳐 있고 박자도 어렵다. 가수들도 대중들 앞에 노래하면서 목이 갈라져 쉰 소리를 내거나, 박자가 틀리기도 하며, 가사를 잊어먹기도 한다. 그래서 가수들이 립싱크를 많이 하는 노래 중의 하나가 미국 국가이다. 가수들이 이럴진대 일반 국민들은 어떨까? 일반 국민들에게 불러보게 한다면 아마도 제대로 부르는 사람은 몇 명도 안 될 것이다. 그럼에도 불구하고 미국인들은 이 노래를 최고로 좋아한다.

그런데, 우선 가사를 보면 국가라고 하기엔 무언가 어수선하다. 세상에 무슨 이런 국가가 있나 싶을 정도이다. 도무지 국가기관에 의해서 공식적으로 제정되었다는 느낌이 들지 않는다. 가사뿐만 아니라 선율도 흥미롭다. 선율은 다른 노래에서 차용해 왔는데 그 원곡은 음주와 성애를 찬양하는 노래였다.

미국 국가는 1814년 볼티모어의 무명시인 프랜시스 키(Francis Scott Key)가 작사하였다. 이때는 미국과 영국간에 전쟁 중이었다. 1814년 윌리엄 빈이스(William Beanes)라는 사람이 영국군에 포로로 잡혀 갔는데 그의 친구인 프랜시스가 빈이스를 데려오기 위한 포로교환 협상차 영국 함대로 가게 되었다. 프랜시스가 영국군의 함상에 머무는 동안 영국은 미국의 맥헨리 요새(Fort M'Henry)를 공격하고 있었다. 플랜시스의 마음은 온통 이 전투에 가 있었고, 그래서 끊임없이 요새를 쳐다 보았다. 요새위에는 성조기가 펄럭이고 있었다. 해가 지자 요새는 더 이상 볼 수 없었고, 밤새 포성만 들을 수 있을 뿐이었다. 그는 전황이 너무 궁금하였다. 다음날 날이 밝으면서 멀리 요새가 희미하게 보이기 시작하였다. 그는 시선을 모아 요새 위에 성조기가 있는지 찾아보았다. 저 멀리 미명 속에 펄럭이고 있는 성조기가 보였다. 그는 너무도 기뻤고, 그 감동을 억제할 수 없었다. 그는 종이와 연필을 찾았고 자신의 호주머니에 있던 편지 뒷면에 그 감동을 휘갈겨 쓰기 시작하였다. 이렇게 적은 것을 완성하여 「맥헨리의 방어」(Defence of Fort M' Henry)라는 제목으로 시를 발표하였다.

이 시가 볼티모어 지역의 사람들에게 알려지면서 다른 노래의 선율에 맞춰 노래로 부르기 시작하였다. 사람들이 사용한 선율은 「하늘나라에 있는 아나크레온」이라는 노래였다. 「하늘나라에 있는 아나크레온」은 영국인 존 스미스(John Stafford Smith)가 작곡하여 영국에서 나온 노래지만 당시 미국에서도 유행하였다. 이 노래는 음주와 성적인 사랑을 찬양하는 내용으로 주로 술 마실 때 부르는 노래였다. 당시 영국 런던에는 아나크레온회라는 아마추어 음악가들이 많이 모이는 남성 클럽이 있었는데, 술과 여자에 대한 사랑을 노래한 그리스 서정시인인 아나크레온을 따르려는 사람들의 모임이었다. "하늘나라에 있는 아나크레온"은 이 아나크레온회의 공식가요였고, 이 노래는 유럽과 미국 등지에 널리 유행하였던 것이다. 결론적으로, 미국국가의 선율은 원래 음주와 성애를 찬양하는 노래의 음률로 만들어진 것이다.

이 노래가 많은 사람들에 의하여 국가로서 널리 불려지자 1916년 윌슨(Woodrow Wilson) 대통령이 대통령령으로 국가로 지정하였고, 1931년 의회의 승인으로 미국의 공식국가로 지정되었다. 2005년에 국가 프로젝트(The National Anthem Project)가 착수되어 국가를 보급하기 위한 각종 사업이 진행되고 있다.

미국 국가는 어느 한 사람이 나라를 생각하는 마음을 담아 시를 지었고, 이 시를 본 몇몇 사람들이 자신들이 좋아하는 노래의 선율에 맞춰서 노래를 불렀고, 이것이 많은 사람들에 의해 국가처럼 불려지면서 국가가 된 것이다. 이 대목에서도 자유를 앞세우는 미국인의 자율성이 드러나고 있다. 그래서 미국인들은 미국 국가를 더 좋아하는지 모른다.

4 미국인의 신조

미국은 이념에 의해 세워진 나라이다. 영국의 작가 길버트 체스터톤(Gilbert K. Chesterton)은 미국은 세상에서 신조 위에 설립된 유일한 나라라고 하였다. 미국의 이념은 미국 건국의 아버지들이나 여러 지도자들이나 사상가들에 의하여 만들어지고 다듬어져 왔다. 미국의 이념은 대체로 자유주의, 평등주의, 개인주의, 민주주의, 자유방임, 헌법을 기초한 국가의 권력체계, 법에 의한 지배, 민의에 기초한 정치적 질서 등과 같은 것을 요소로 하고 있다. 이 미국의 이념을 가장 잘 나타내고 있는 것 중의 하나가 미국인의 신조(American's Creed)이다. 미국인의 신조의 내용은 다음과 같다.

나는 미국의 애국자들이 생명과 재산을 바친 자유, 평등, 정의, 인간애 원칙들 위에 세워진, 다스려지는 사람의 동의에 의하여 정당한 힘이 나오고, 공화제 민주국가이며, 여러 주권주(sovereign state)로 이루어진 주권국가이며, 분할할 수 없는 하나로서 완전한 연합인, 인민의 인민에 의한 인민을 위한 정부로서의 미합중국을 믿습니다.[15]

그리하여 나는 미국을 사랑하고, 미국의 헌법을 지지하며, 미국의 법을 준수하며, 미국의 국기를 존중하며, 모든 적들로부터 미국을 방어하는 것이 내 나라에 대한 나의 의무임을 믿습니다.

이 미국인의 신조는 윌리엄 페이지(William Tyler Page)가 쓴 것으로서 미국인에 있어서 중요한 정신적인 지표이다. 미국이 1917년에 제1차 세계대전에 참전하면서 국민적인 단합과 애국심을 고취시키기 위해서 만들어진 행사로서 미국의 신조에 대한 글 경연대회가 있었다. 미국인의 신조는 이 대회에서 응모한 3,000여 작품 중에서 선정된 우승작이다. 윌리엄 페이지는 13살에 미국의회의 사환으로 들어가 의회에서 평생을 보낸 의회직원이었다. 그는 미국의 독립선언서, 미국 헌법전문, 링컨 대통령의 게티스버그 연설 등 다양한 역사적인 문서와 기록을 참고로 하여 이 글을 썼다고 한다. 그러므로 이 글은 미국 역사와 함께 내려온 미국의 이념을 담고 있다고 할 수 있다. 그는 이 경연대회의 우승으로 받게 된 상금 1,000달러를 제1차 세계대전 전쟁기금 마련을 위한 채권인 자유채권을 사서 자신이 다니는 교회에 기부하였다. 그리고 1918년 4월, 이 미국인의 신조는 미국 하원 결의로 채택되었다.

미국인의 신조의 마지막 문구에서도 나타나고 있듯이 미국사람들은 이 이념 위에 선 국가로서의 미국에 충성을 다한다. 토마스 제퍼슨(Thomas Jefferson)의 미국 독립선언서는 존 로크(John Locke)의 사상에 기초하고 있다. 그리고 3권 분립의 국가조직은 몽테스퀴외

---

15 문장전체의 이해를 돕기 위하여 일부 영역에서 단어 사이에 쉼표를 생략함.

(Montesquieu)의 사상에 따른 것이다. 이와같이 미국의 건국이념은 로크, 몽테스퀴외, 루소(Jean-Jacques Rousseau)와 같은 17-18세기 유럽 계몽주의 사상에 영향을 받았다. 미국의 헌법과 정치이념이 만들어진 것이 벌써 250년이 되었고, 그 동안 물질적 정신적으로 세계가 많이 변화하고 발전하였다. 그래서 미국의 헌법과 민주주의 체제는 더 이상 진보적이지도 않고 현대사회에 가장 적합하다고 할 수도 없다. 또 미국이 더 이상 다른 나라보다 더 자유롭거나 평등하다고 말하기도 어렵게 되었다. 그렇지만 미국의 이념과 체제에 대한 미국인의 충성심은 변함없이 강하다.

오늘날 미국에는 수시로 대형 총기사고가 일어나고 있다. 총기사용금지가 가장 확실한 해결방법이지만 총기사용금지를 하지 않는 주요 이유 중의 하나는 미국 헌법 때문이다. 1791년 채택된 수정헌법 제2조에서 "자유로운 주정부의 안보를 위해서는 규율을 잘 갖춘 민병이 있어야 하므로, 무기를 소유하고 휴대할 수 있는 국민적 권리는 침해되어서는 아니 된다"라고 규정하고 있다. 당시의 총기에 비하여 지금은 총기는 성능이 얼마나 많이 좋아졌는가? 그리고 사회가 얼마나 많이 달라졌는가? 그럼에도 불구하고 지금도 총기사용규제책이 논의될 때마다 이 헌법조문은 빠지지 않고 등장하여 총기규제 반대론자의 버팀목이 되고 있는 것이다.

이렇듯 미국사람들은 모든 것을 헌법에 맞추려고 한다. 총기사용금지가 합헌인가 위헌인가? 미국의 캄보디아 공격이 합헌인가 위헌인가? 동성간의 결혼이 합헌인가 위헌인가? 등등. 그러니 헌법의 토대 위에 서 있는 나라이고, 이념의 토대 위에 서 있는 나라이다. 미국인들은 사회적으로 중요한 문제가 있을 때마다 국가의 이념에 맞추려고 끊임없이 논쟁하면서 옳은 답을 찾아내고 좋은 방안을 찾아내려 한다. 이것이 바로 미국의 강점이다.

미국은 그 이념과 그 가치를 공유하는 사람들의 공동체이다. 대부분의 국가가 문화적 공통성에 기초하여 국인을 형성하고 국인주의를 갖게 되는 것에 반하여 미국은 정치적인 신념을 기초로 한다. 미국은 이러한 이념으로 뭉친 사람들 또한 피로서 맺어진 사람들 이상으로 형제애를 가질 수 있고 강한 결속력을 가질 수 있음을 보여주고 있다. 미국은 혈연이나 지연에 의하지 아니하고 이념과 가치의 공유를 기초로 하는 공민 국인주의(civic nationalism)이다. 이 공민 국인주의는 인종간의 갈등을 제거하고 차별 없는 세상을 건설하는 데 있어서 민주주의나 자유주의와 마찬가지로 인류집단을 발전시킬 또 하나의 고귀한 가치가 되고 있다.

역사학자 데이비드 홀링거(David Hollinger)는 근대사에서 미국이야말로 가장 성공적으로 수행한 국인주의 과업(nationalism project)이라고 하였다.[16] 미국은 사람들끼리 계약으로 나라를 만들어 21세기의 오늘날도 18세기에 씌어진 헌법에 기초하여 국가가 운영되고 있을 뿐만 아니라 세계 최고의 강대국이 되었다. 미국은 군주와 같은 개인이나 왕가와 같은 가족집단에 의하여 세워지지 않았고, 국인들이 같이 살아온 것도 아니고, 서로간에 무슨 연고가 있는 것도 아니다. 사람들이 오로지 이념을 향해 집단을 이루고, 이념체로서의 국가를 중심으로 뭉쳐서 살아가고 있는 나라, 이것이 미국인 것이다.

---

16 Hollinger, 2006, p. 60

제 4 장

내셔널리즘의 형성과 전개

제4장 내셔널리즘의 형성과 전개

부인, 아이를 미국정부를 미워하도록 키우지 마십시오. 이제 우리는 한 나라라는 것을 생각하시고, 모든 지역적인 적개심은 버리시고 당신의 아이를 미국인으로 키우십시오.

- 로버트 리(Robert E. Lee) 장군 -

1 국인국가의 정립

미국인이 하나의 국인이 되는 과정은 결코 순탄하지만은 않았다. 영국의 불합리하고 강압적인 통치를 벗어나기 위하여 독립전쟁을 벌여 승리했지만 이 전쟁에서 승리했다고 해서 바로 새로운 국인이 형성되는 것은 아니었다. 영국으로부터 독립을 주장하는 사람들의 마음속에는 억압하는 정부가 없는 세상을 그리고 있었다. 그런데 자신이 사는 땅에 영국과 같이 사람들을 억압하는 정부가 들어선다면 이제 겨우 속박에서 벗어났는데, 이는 국가의 이름만 바뀌었을 뿐 또다시 국가의 속박을 받게 된다는 것이고, 이는 정말 내키지 않는 길이었다.

정부가 비대해지고 권력이 강해지면 결국 일반 국민들이 권력에 속박당할 위험이 커지게 된다. 이런 면에서 볼 때 무정부 상태로 살면 좋겠지만, 그러기는 현실적으로 가능하지 않은 일이라면 가급적 작은 자치적인 집단이 더 바람직하다. 또 당시 모든 국가가 군주제였으므로 새 정부에 권력이 집중되면 결국 유럽과 같이 전제군주제로 가게 될 수 있다는 우려 또한 적지 않았다. 이러한 맥락에서 하나의 큰 국가에 의한 중앙집권적인 국가체제보다는 주정부를 중심으로 권력이 분산된 정치체제를 원하는 사람들이 많았다.

이에 반해서 새로 독립한 국가가 권력이 주정부에 분산되어서는 안 되고 가급적 중앙정부에 집중되어야 한다고 생각하는 사람들도 있었다. 신생국가로서 안정된 국가로 발전해 나가기 위해서는 국가 전체로서의 자원과 힘을 모을 필요가 있었다. 또한 유럽 강국들의 외압에 대항하기 위해서도 강한 힘을 발휘할 수 있는 국가가 되어야 하는데, 이를 위해서는 강한 중앙정부가 필요하다는 것이었다.

전자를 개인을 중심으로 생각하는 자유주의자들이라고 한다면, 후자는 국가의 구성원이 국가를 중심으로 뭉쳐야 한다는 국인주의자들(nationalists)이라고 할 수 있다. 국인주의자들은 미국이 독립할 당시 이미 주로 나누어진 상태에 있었으므로 연방헌법을 통하여 주들을 강하게 통합함으로써 하나의 국가로 갈 수 있다고 생각하였고, 그래서 이들은 대부분 연방주의자들(federalists)이었다. 반면에 자유주의자들은 주에 더 많은 권한이 주어져야 한다는 분권주의자들로서 반연방주의자들(anti-federalists)이었다.

이러한 국가 체제에 있어서 소위 건국의 아버지(Founding Fathers of the United States)들의 생각들도 나누어져 있었다. 조지 메이슨(George Mason)이나 패트릭 헨리(Patrick Henry) 같은 사람은 개인의 자유와 권리에 대한 침해를 우려하여 연방헌법에 서명하지 않았다. 반면에 조지 워싱턴(George Washington), 알렉산더 해밀턴(Alexander Hamilton), 존 아담스(John Adams), 벤자민 프랭클린(Benjamin Franklin), 제임스 매디슨(James Madison)과 같은 사람들은 크고 강한 정부가 바람직하다고 생각하였다.

미국에 초대 대통령이 선출된 것은 1789년이었다. 독립을 선언한 지 13년, 영국으로부터 독립을 인정받은지 6년이 지난 때였다. 그 동안 하나의 국가로서 기능을 제대로 하지 않았던 것이다. 이제 대통령이 그러한 기능을 만들어야만 했다. 초대 대통령 워싱턴은 행정 경험이 전혀 없는 사람이었다. 그는 독립전쟁에서 총사령관으로 추대되었고, 독립전쟁 이후 고향으로 돌아가 있다가 다시 대통령으로 추대된 것이다. 새 국가의 기틀을 세우고 그것도 기존 유럽국가들과 다른 새로운 형태의 국가를 만들어나가야 하는 자신의 임무를 생각할 때 그의 심적 부담은 작지 않았다. 그는 미국이라는 나라가 과연 하나의 주권국가로서 존속해 나갈 수 있을지에 대한 불안감이 없지 않았고, 그리고 계속 존속하기 위해서는 어떠한 체제를 갖추어나가야 할지에 대하여 고민하지 않을 수 없었다. 이는 워싱턴뿐만 아니라 당시 미국인 모두의 불안이었고, 모두의 고민이었다.

초대 워싱턴정부에서 국무장관 토마스 제퍼슨(Thomas Jefferson)은 분권적인 국가로 가길 원한 반면에, 재무장관이었던 알렉산더 해밀턴(Alexander Hamilton)은 연방정부로의 권력집중이 필요하다고 생각하였다. 해밀턴은 연방정부의 재정적인 능력을 확충하기 위하여 연방은행을 설립하고, 조세와 관세에 대한 제도를 만드는 등 연방정부의 권한을 강화하는 많은 정책을 추진하였다. 이러한 해밀턴에 대하여 민주주의자인 제퍼슨은 그를 군주제를 갈망하는 자이며, 공화정부의 적이라고 비난하고 그가 추진하는 많은 정책들에 제동을 걸었

미국 재무성에 있는 해밀턴(Alexander Hamilton)의 동상

다. 하지만 워싱턴은 강한 연방정부체제를 만들어 가려는 해밀턴을 밀어주었다.

캐롤 버킨(Carol Berkin)은 미국인이라는 하나의 국인으로 정착되기까지 많은 위기가 있었고, 특히 건국 초기인 1790년대에 네 번의 큰 위기가 있었다고 하고 있다.[1]

첫 번째는 위스키반란이었다. 1792년에서 1794년 사이에 펜실베이니아에서 연방정부에 저항하는 반란이 있었다. 연방정부에서 술에 대하여 소비세를 부과하자 펜실베이니아 농민과 주류업자들이 반란을 일으킨 것이다. 독립전쟁도 영국정부의 세금부과에 대한 식민지 주민들의 반발에서 비롯되었듯이, 새로운 국가에 있어서도 세금징수에 대한 저항은 작은 문제가 아니었다. 연방정부의 세금징수를 영국정부에 의한 세금징수와 같은 것으로 생각하는 사람들이 많았다. 무장한 농민들은 세무관리들을 공격하였고, 연방정부의 국가 공권력을 인정하려 하지 않았다. 워싱턴은 주변의 4개의 주로부터 민병대를 동원하여 이들을 진압하였다. 이때 주정부들이 연방정부를 지지함으로써 결국 이 사건은 연방정부의 권위를 확인하고 위상을 공고히 하는 계기가 되었다.

1 Berkin, 2017, pp. 1~6

두 번째는 제네사건이었다. 1793년 프랑스는 에드몽 제네(Edmond Charles Genet) 대사를 미국에 보내어 프랑스가 독립전쟁 과정에서 미국을 도와주었으므로 독립전쟁 당시에 프랑스와 미국이 맺었던 동맹조약을 유지할 것을 요구하였다. 그러면서 프랑스가 영국과 해상에서 전쟁을 수행하는데 프랑스 군함이 미국의 항구를 이용할 수 있도록 해줄 것을 요청하였다. 또 북아메리카에 있던 영국과 스페인 영지를 프랑스와 미국이 함께 쳐들어 갈 것을 제안하기도 하였다. 프랑스의 이러한 요구에 미국의 입장은 난처하였다. 미국은 이미 유럽전쟁에서 중립을 선언한 상태였다. 그럼에도 불구하고 프랑스는 미국을 강하게 압박하였지만 결국 미국은 프랑스의 요구를 거절하였다. 당시 미국 내에서도 독립전쟁에서의 프랑스의 지원과 프랑스의 자유혁명을 호의적으로 생각하여 프랑스와 우호적인 관계유지를 주장하는 사람이 많았기 때문에 프랑스의 요구를 들어줄 수도 있었다. 만약에 그랬더라면 이후 미국은 주권국가가 아니라 프랑스의 위성국가로 전락했을 수도 있었다는 것이다.

세 번째는 XYZ사건이었다. 제네사건 이후에 미국과 프랑스 간의 관계가 소원해질 수밖에 없게 되었다. 조지 워싱턴의 뒤를 이어 대통령이 된 존 아담스는 1797년 프랑스와의 관계개선을 하고자 하였으나, 프랑스는 미국 대사의 신임장 접수를 거부하였다. 이에 아담스는 세 명의 사절을 보내게 된다. 세 명의 사절이 프랑스에 도착하여 협상을 요청하였으나 프랑스 외무장관은 만나주지 않았다. 대신에 세 명의 사절을 보내어 협상을 하려면, 먼저 5만 파운드의 뇌물을 가져오고, 지금 전쟁 중인 프랑스에 차관을 제공하라고 하였다. 이 일이 알려지자 미국의회는 대통령에게 진상공개를 요구하게 되고 대통령은 의회에 프랑스 사절 세 명으로부터 받은 편지를 의회에 제출하였다. 이후 미국 사람들은 프랑스가 주권국가인 미국을 완전히 무시하였다 하여 격분하였고, 미국과 프랑스는 바로 준전시상태에 들어가게 된다. 의회에 편지를 제출할 때 아담스는 프랑스 사절 세 명을 본명 대신에 X,Y,Z로 표시하였고, 그래서 이 일을 XYZ사건으로 불리게 되었다.

네 번째는 「외국인과 선동에 대한 법」(Alien and Sedition Acts)과 관련된 위기였다. XYZ사건 이후 미국은 프랑스와 선전포고 없는 전시상태였다. 유럽의 많은 국가들 중에는 나폴레옹이 침입해올 때 자국의 군주와 사회체제에 불만인 사람들이 나폴레옹을 돕는 이 적행위를 하는 일들이 있었다. 미국도 이러한 점을 고려하여 내부단속을 서두르게 된다. 그래서 1798년 연방의회는 외국인과 선동에 대한 법(Alien and Sedition Acts)을 만들게 된다. 이 법은 외국인의 국적획득 자격을 갖기 위한 거주기간을 5년에서 14년으로 늘려 미국 국민이 되는 것을 어렵게 하고(Naturalization Act of 1798), 대통령은 위험한 비국민을 추방하거나 수감할 수 있게 하고(Alien Friends Act of 1798), 적성국가의 국민을 추방하거나 수감할 수 있게 하였으며(Alien Enemy Act of 1798), 그리고 연방정부에 대하여 허위로 비방하여 선동하는 행위를 금지하는 내용을 담고 있었다(Sedition Act of 1798).

그런데 많은 사람들이 이 법에 반대하였다. 우선 언론의 자유를 제한하고 있을 뿐만 아니라 외국이민유입을 제한하게 되면 불이익을 받는 사람들이 많았기 때문이다. 연방주의자들이 주동이 되어 만든 이 법에 대하여 각 주는 반발하였다. 켄터키와 버지니아에서는 연방정부에 반기를 들고 이 법을 무효화하는 결의를 하였다. 이후 아담스에 이어 분권주의자이자 자유를 중시하는 토마스 제퍼슨이 대통령이 되어 네 개의 법 중 적성외국인법을 제외한 세 개의 법을 폐기하면서 문제는 해소되었다.

이러한 과정을 거치면서 사람들은 미국이라는 국가의 역할과 중요성을 더욱 크게 느끼게 되는 한편, 여러 국내 문제와 대외 관계를 고려할 때 연방정부가 좋은 체제라는 것을 인식하게 된다. 그리고 그들은 점점 더 자신이 각 주의 주민이기보다는 주권국가인 미국이라는 나라의 국인으로 생각하게 된다. 비록 국가체제에 대한 생각은 다르다고 할지라도 처음부터 자신들의 사회와 나라를 위하는 마음만큼은 모두 하나같이 강했다. 유럽 사회의 모순과 억압에서 벗어나 새로운 세계를 찾아온 사람들이기에 자신들의 사회와 국가를 잘 만들어 지켜나가려는 의식이 있었다. 또 독립의 긴 투쟁과정을 거쳐서 미국이 탄생할 수 있었으므로 식민지 주민에서 독립된 국가의 국인으로 승격된 사람들의 자국에 대한 마음은 각별할 수밖에 없었다. 목숨을 걸고 싸워 갖게 된 국가를 자신들이 지켜야 한다는 생각을 갖는 것이 당연하였다. 독립 후 미국은 하나의 국가로서 인정은 받게 되었지만 유럽의 국가들에 비하면 힘은 약하고 체제는 불완전한 신생국가에 불과하였다. 그리고 대륙의 서부와 남부 쪽으로는 영국, 프랑스, 스페인 등 유럽 세력이 자리하고 있었다. 유럽 국가들의 위협으로부터 벗어나기 위해서는 빨리 국력을 키우지 않으면 안되었다. 이러한 상황에서 미국인들의 국인주의는 강해질 수밖에 없었다.

미국의 성장과 발전에는 이러한 자신들만의 세계로서의 자국의식과 함께 이에 기초한 애국심이 있었다. 이렇게 건국 이후 미국은 자주독립 국가로서의 위상을 갖게 되고 정치적으로 독립하였지만 경제적으로는 여전히 유럽에 의존하고 있었다. 원래 본국이 필요로 하는 작물을 재배하여 조달하는 것이 중요한 역할이었던 식민지였으므로 독립 이후에도 주요 생산은 농작물이었고, 공산품은 유럽에서 들여와서 소비하지 않으면 안 되었다. 주권국가로서 독립성을 확보하기 위해서는 경제적으로 자립능력을 갖추는 것이 시급하였다.

이 같은 상황에서 알렉산더 해밀턴(Alexander Hamilton)은 미국의 경제적인 성장 발전을 위하여 정부의 적극적인 정책이 필요하다고 주장하고 나섰다. 그는 1791년 의회에 제출한 『제조업 보고서』(manufacturer's report)에서 보호무역을 통하여 국내 제조업을 육성할 것을 주장하였다. 그는 농업국인 미국의 입장에서는 공업을 발전시켜야만 제조업과 농업에서의 산업분화를 통하여 자립경제를 달성할 수 있다고 하였다. 그리고 안정적인 농업의 발전을 위해서도 비농업 소비자 계층이 필요하고 이를 위해서는 제조업을 육성해야만 한다는 것이다. 그런데 미국의 제조업은 유럽에 비하여 낙후된 상태에 있어서 그대로 두어서는 유럽의 수입상품에 밀려서 성장할 수 없기 때문에 국가가 정책적으로 공산품의 수입을 어렵게 하고 국내생산을 지원해야 한다고 하였다.[2] 이것이 유명한 해밀턴의 보호무역 논리이다.

해밀턴의 정책들을 좋아하지 않았던 제퍼슨도 그가 제3대 대통령이 되었을 때 보호무역주의 정책만큼은 바꾸지 않았다.[3] 그리고 이후 나폴레옹전쟁으로 유럽으로부터 공산품 수입을 못하게 되었고, 전쟁이후에도 수입을 제한하는 보호조치들이 계속되었다. 이러한 과정을

---

2 Hamilton, 1791
3 Greenfeld, 1992, pp. 441~2

거치면서 미국은 국내생산의 증가와 함께 산업이 크게 발전되는 계기를 맞게 된다.

뉴잉글랜드 지역의 공업발전은 이 지역에서의 공산품을 남서부에 공급할 수 있게 되었고, 남서부에서는 면화와 같은 농업생산품을 뉴잉글랜드 지역에 공업원자재로 공급할 수 있게 되었다. 점차 국가 내 국인들 간에 상호 분업구조로 되면서 국가 안에서 하나의 독립적이고 완전한 경제적인 틀을 이루는 국인경제(national economy)가 형성되어 갔다. 해밀턴 주장의 타당성이 현실적으로 입증된 것이다. 이후에도 이러한 미국의 보호주의적인 정책기조는 오랫동안 유지되었다. 19세기 중반 유럽국가들에 자유무역 기조가 강하게 밀려왔을 때에도 미국은 계속 보호무역을 고수하였다. 그러다가 산업 경쟁력에서 미국이 다른 국가들보다 확실하게 앞서게 된 1930년대에 와서야 비로소 자유무역주의 정책으로 그 기조를 바꾸게 된다.[4] 이와 같이 미국의 경제발전 뒤에는 경제 국인주의(economic nationalism)가 있었다. 흔히들 링컨, 워싱턴, 루즈벨트, 해밀턴, 잭슨 등과 같이 미국 지폐에 등장하는 인물들은 모두 국인주의자라고 말하듯이 그만큼 미국에서 존경받는 대통령이나 정치가 중에는 국인주의가 강한 사람들이 많았던 것이다.

1812년 영국과 미국간에 전쟁을 하게 된다. 전쟁의 발단은 유럽에서 나폴레옹 전쟁이 발발하면서 1807년 영국은 프랑스에 대하여 무역통제조치를 취하게 되고, 이 조치를 위반하여 프랑스와 교역을 한 미국 선박들을 영국이 나포했기 때문이다. 당시 미국의 군사력은 영국의 그것에 비교할 바 못되었으나 다른 나라의 도움 없이 패배하지 않

---

4 1934년 상호통상협정법(Reciprocal Trade Agreement Act)을 시행하면서 보호주의적인 통상정책에서 벗어나 개방주의적인 통상정책으로 전환하게 된다.

고 전쟁을 마무리하게 되었다. 초기에는 군사력의 열세로 어려움이 많았으나 전쟁을 하는 도중에 미국인들의 국인주의가 강화되면서 전력을 극대화할 수 있었던 것이다. 전쟁이 끝나고 나서 미국인들은 자신들이 영국에 지지 않았다는 사실에 크게 고무되었다. 그리고 영미전쟁 이후에도 몇 차례의 크고 작은 전쟁에서 승리함으로써 유럽 국가들로부터도 미국의 힘과 능력을 인정받게 되었다. 이러한 결과로 미국은 유럽의 국가들과의 관계에서 자신감을 갖게 되고, 미국인들은 미국이라는 나라에 대하여 더 큰 자부심을 갖게 되었다.

한편 경제적인 발전과 함께 서부내륙으로 철도와 도로 건설에 의한 교통망의 확충과, 모스기호(Morse code)와 같은 통신기술발전에 의한 통신망의 확충은 국가의 통합에 긍정적인 영향을 주었다. 미국은 땅이 매우 넓기 때문에 통합에서 문제가 될 수도 있었지만 이런 교통 통신 기술의 발달은 국가적 통합의 문제를 크게 완화시켜 주었고, 이에 따라 하나된 미국인으로서의 정체성이 강화되어 갔다.

그리고 문화 예술적인 측면에서도 많은 발전이 있었다. 독립 이후 에머슨(Ralph Waldo Emerson), 호오손(Nathaneil Hawthorne), 홈즈(Oliver Wendell Holmes)를 비롯하여 여러 문인들이 미국의 독자적인 문학세계를 개척하였다. 그리고 마운트(William Sidney Mount), 콜(Thomas Cole), 퀴도(John Quidor), 이네스(George Inness)와 같은 예술가들에 의해 미국 고유의 예술이 발전되어 나갔다. 이러한 가운데 문화적 측면에서도 미국인의 정체성이 점차 뚜렷해지게 되었다.

그러다가 미국은 19세기 중반에 와서 최대의 위기를 맞게 된다. 노예제도의 폐지를 주장하는 북부와 노예제도의 존속을 주장하는 남부의 대립은 결국 내전으로 가게 된다. 노예 문제와 관련하여 남부는 흑인을 노예로 사용하는 것이 허용되어야 한다는 입장인 반면, 북부는 모든 사람은 평등하게 창조되었다라고 하는 미국 헌법에 명시된 가치는 반드시 지켜져야 한다는 입장이었다. 남부는 노예제 허용이 안 되면 연합은 파기되어야 한다는 입장인 반면, 북부는 어떠한 대가를 치르더라도 연합은 유지되어야 한다는 입장이었다.

1861년 4월, 남부의 주들이 미합중국으로부터의 분리를 선언하고 그들만으로 미국연합국(Confederate States of America)을 수립하면서 전쟁은 시작되었다. 남부의 주들은 당시 연방체제 하에서 각 주는 독립적이며 충분히 스스로 분리되어 나갈 권리가 있다고 생각하였던 것이다. 여기서 미국 국인이 둘로 나누어질 수도 있는 상황이었다. 남부가 이겼다면 그렇게 되었을 것이다. 그런데 북부가 승리함으로써 국인이 나누어지지 않았다. 그리고 건국 당시에 가졌던 헌법적 가치를 지킬 수 있게 되었다. 만약 남부가 승리했더라면 오늘날의 미국인과 같은 국인은 존재하지 않게 되었을 것이다. 이 전쟁을 계기로 미국 국인은 하나이며 나뉘어질 수 없다는 것을 재확인하게 되고, 미국이라는 국가의 정체성을 재정립하는 계기를 맞게 된다. 그리고 이러한 가운데 미국의 국인의식은 더욱 강화된다.

2 미국의 영토확장

미국은 독립 이후 대륙 서부로의 영토확장과 이민유치로 급속하게 국가규모를 확대해 나갔다. 미국이 영국으로부터 독립을 선언한 때는 아메리카대륙 동부의 13개 주였으나 독립전쟁이 끝나고 1783년 영국으로부터 독립을 인정받을 당시에는 미시시피강 유역까지 내륙의 땅도 함께 할양받았다. 원래 독립을 요구했던 것보다 두 배의 큰 영토로 독립하게 된 것이다.

그리고 1803년 프랑스로부터 더 내륙에 있는 루이지애나 땅을 사들임으로써 미국의 영토는 또다시 거의 두 배로 된다. 이 루이지애나 땅은 미시시피강과 록키산맥 사이의 대평원 지역으로 현재 미국의 13개 주가 자리잡고 있다. 원래 이 지역은 스페인의 지배 하에 있었으나 1800년에 프랑스의 나폴레옹이 샀다. 그런데 나폴레옹이 유럽에서 전쟁을 치르느라 자금이 필요하게 되자 1803년 미국에 1,500만불을 받고 넘겨준 것이다.[5] 이 루이지애나 땅은 약 214만 km² 인데, 이는 남한 면적의 20배도 넘는다. 지금 1,500만불이면 미국에 최고가 주택 한 채를 사기도 어려운 액수이다. 그동안 화폐가치가 많이 변동되어 지금의 가격으로 판단하기는 어렵지만, 어쨌든 이는 싼 부동산 거래로 역사적으로도 널리 알려져 있다.

그런데 사실 그 땅의 주인은 따로 있었다. 주인은 스페인도 프랑스도 아닌 유럽사람들이 인디언이라고 불렀던 원주민이었다. 콜럼버스가 발견한 땅은 이미 사람들이 살고 있는 땅이었다. 이렇게 사람들이 살고 있는 땅에 유럽인들이 그들의 의사와 상관없이 그곳에 살겠다고 몰려가기 시작했을 때 원주민으로서는 엄청난 불행의 시작이었다.

1620년 9월에 영국을 출발한 메이플라워호가 66일간의 항해 끝에 미국대륙에 도착했을 때 겨울을 앞두고 있었다. 낯선 땅의 겨울은 혹독했다. 추위와 질병으로 많은 사람들이 죽었다. 겨울이 지났을

5 Dorf et al., 2004, p.540

때 원래 승선한 인원 102명 중 53명만이 살아 남았다. 그나마 이들이 살아서 정착할 수 있었던 것은 원주민들의 도움이 있었기 때문이다. 하지만 이들이 정착에 성공한 이후 유럽에서 사람들이 계속 들어와 정착민들의 숫자가 불어나면서 원주민과 정착민 간에 마찰이 일어날 수밖에 없었다.

원주민과 정착민 모두 같은 사람이었지만 서로가 이해하고 함께 살아갈 수 있는 사이는 아니었다. 그들은 서로 다른 문명을 갖고 있었다. 처음에 정착민들은 물건을 주고 원주민의 땅을 받는 교환거래를 시도하기도 하였다. 거래 후 정착민은 대가를 주고 샀으니 이제 자신의 것이라고 생각했지만 상대방은 그 땅에서 물러날 기미를 보이지 않았다. 원주민들에게는 소유권 개념이 없었던 것이다. 그들에게 있어서 자연과 사물은 하늘이 준 혜택으로서 어느 누가 소유할 수 있는 성질의 것이 아니고 모두가 함께 누려야 하는 대상이었다.

또 정착민들은 추장이라고 생각되는 사람과 약속을 하거나 다짐을 받기도 하였다. 그런에 곧 이러한 일이 무위하다는 것을 알게 되었다. 부족민들은 추장이 한 약속과는 전혀 무관하게 행동하였기 때문이다. 그들에게는 조직을 기초로 하는 상하관계가 없었다. 추장이라는 사람은 유럽인의 사고방식으로 우두머리로서 추장이라고 그렇게 생각하였을 뿐이고, 사실은 여러 평등한 사람들 사이에 있는 중재자에 불과하였다. 진정으로 평등사회였던 것이다. 현재에도 미국에 확인된 원주민 민족 수는 562개나 된다. 원주민들은 각 지역 지역마다 평등한 사람들의 집단으로서 민족들로 나뉘어져 살았던 것이다.

그래서 영국 식민지 정부나 미국은 원주민들을 국가의 백성으로 삼을 수 없었다. 국인은 국가 내 사람들 상호 간에 서로가 권리 의무를 다하면서 살아가는 사람들 공동체이다. 정착민들과 원주민은 서로 권리와 의무를 교환하는 가운데 하나의 공동체로 살아가기에는 너무 이질적이었던 것이다. 그래서 원주민에 대한 미국의 기본 입장은 이들을 제거하는 것이었다.

초기에는 미국은 원주민들을 외국인으로 간주하였다. 미국인들이 살아가는 범위 내에서 원주민들이 들어오지 못하도록 무력으로 제어하거나 원주민들과의 협정을 통하여 서로 격리된 상태를 유지하면서 가급적 외교적으로 문제를 해결하고 평화적인 관계를 유지하면서 살아가려 하였다. 이러한 가운데서도 미국인들은 기회가 있을 때마다 이전의 협정을 파기하고 원주민을 더 멀리 밀어내고 다시금 협정을 맺는 일을 반복하면서 자신들의 영역을 넓혀 나가게 된다.

그러다가 미국의 인구가 많아지고 국력이 커지자 원주민들을 무력으로 강압적으로 제어해 나가게 된다. 1829년 앤드류 잭슨(Andrew Jackson)이 대통령이 된 이후「인디언 제거법」(Indian Removal Act)을 만들어 원주민들을 모두 미시시피강 서쪽으로 이주시키게 된다. 그리고 인디언 보호구역(Indian Reservation)이라 하여 원주민들을 제한된 지역에 격리시키면서 이들이 살던 땅을 모조리 자신들이 차지하게 된다. 그리고 다시금 미국인들이 미시시피강 서쪽으로 정착해 나가게 되고, 이어서 더 서쪽으로 진출해 나가면서 원주민들을 다시 밀어내고 또 밀어내면서 결국 미국인이 대륙전체를 다 차지하는 동안 원주민은 거의 소멸하게 된다.

한편, 루이지애나 땅의 구매는 미국 입장에서 국토를 크게 확장했을 뿐만 아니라 강대국 프랑스 세력이 미국대륙에서 떠나게 했다는 점에서도 매우 좋은 일이었다. 이렇게 미대륙 중부지역까지 진출하였지만 그 서쪽으로 서남부 지역은 멕시코와 경계하고 있었고, 서북부는 영국이 관리하고 있었다. 미국인들은 록키산맥을 넘어 대륙 서부와 서남부의 영토를 확보함으로써 더 큰 국가를 건설하고 싶었다. 그러기 위해서는 전쟁도 불사하고 영토확보에 나서지 않으면 안 되었는데, 이때 미국인들이 생각한 것이 미국의 명백한 사명(manifest destiny)이었다.

이것은 그 땅을 통치하는 데 있어서 다른 나라보다 미국이 더 좋은 나라이어서 더 잘 통치할 수 있기 때문에 미국이 통치하는 것은 거역할 수 없는 하나의 운명과 같은 것이라는 것이다. 이러한 명분을 갖고 전쟁과 완력을 동원하여 멕시코로부터 텍사스에서 캘리포니아에 이르는 광대한 지역을 가져오게 된다. 그리고 서북부의 오레곤지역을 영국으로부터 할양받음으로써 대서양연안에서부터 태평양연안에 이르는 거대한 대륙국가를 만들게 된다.

원래 미국인은 북미대륙 동부 대서양 연안에 건설된 식민지민으로서 자신들이 거주하던 대륙 동부의 애팔래치아산맥 동쪽의 대서양 해안가 지역에서 독립하여 살기만 원했던 사람들이었다. 그런데 독립 후 애팔래치아 산맥을 넘어 서쪽으로 미시시피강까지 이르고, 다시 서쪽으로 대륙 중서부의 록키산맥에 이르고, 그리고 드디어 대륙전체를 가로질러 광대한 땅을 자국의 영토로 삼은 것이다.

그리고 이렇게 영토를 확장한 이후에도 계속 서쪽으로 그 영토와 세력을 확장해 나가게 된다. 1867년 러시아로부터 알래스카를 매입하고, 1898년 하와이를 미국 내 편입시키고, 같은 해 전쟁으로 스페인을 굴복시켜 괌과 필리핀을 병합하면서 많은 태평양상의 섬들을 미국의 영토로 삼게 된다.

3 잭슨주의 내셔널리즘

앤드류 잭슨(Andrew Jackson)은 1829년에서 1837년 사이 미국 제7대 대통령이었다. 미국의 정치사를 논할 때 그를 빼놓고 논하기는 어렵다. 그로부터 민주당이 시작되었고, 잭슨 민주주의라는 용어가 생겼을 만큼 미국 정치에 큰 변화를 가져다 준 사람이다. 그는 이전의 대통령들과 확연히 달랐다. 초대 대통령 조지 워싱턴은 부유한 농장주의 아들로 태어나 부잣집 규수를 아내로 맞아 버지니아에서 몇째 가는 부자였고, 독립군 총사령관과 대통령까지 지냈다. 가발에다 좋은 옷차림으로 품위 넘치는 그의 모습에서도 나타나고 있듯이 그는 비록 식민지 사람이지만 유럽의 귀족에 못지 않았다. 여기에 마음까지 깨끗해서 많은 사람들이 그가 대통령을 더 해주기를 바랐음에도 불구하고 흔쾌히 권좌에서 물러났다. 조지 워싱턴에 이어 그 자리를 물려받은 사람들노 워싱턴과 같은 부류의 사람들이었다. 미국 정가의 중심지역인 북동부지역에서 명망을 누리면서 정계에서 활동한 귀족풍의 금수저들이 국가원수가 되는 것이 당연하다고 생각하였던 것이다.

그런데 잭슨은 이전의 대통령들과는 전혀 다른 출신배경을 가진 미국 최초의 서민 대통령이었다. 그는 북동부지역이 아닌 남서부지역에서 배출된 최초의 대통령이었고, 또한 공직생활 경력이 거의 없고 대외관계 활동을 하거나 정책을 입안한 경험이 전혀 없었다. 잭슨은 하층민에서 시작하여 대통령까지 오른 입지전적인 인물이다.

그는 1767년 이민자의 아들로 태어났다. 그의 부모는 북아일랜드에 살다가 그가 태어나기 2년 전 미국으로 이민을 와서 캐롤라이나

에 정착하였고, 그의 아버지는 그가 태어나기 2주전 벌목일을 하다가 사고로 죽었다. 그는 영국과의 독립전쟁 과정에서 형들과 어머니를 잃고 14살에 고아가 되었다. 그는 얼굴과 왼손에 칼자국 흉터가 있었고, 이혼도 하지 않은 유부녀와 결혼했으며, 생애 13번의 결투를 하고, 결투과정에서 가슴에 총을 맞아 평생 총알을 몸에 지니고 사는 등 매우 험악한 삶을 살았다.

이러한 독특한 배경을 가진 잭슨은 미국의 정치에 새로운 문화를 가져왔을 뿐만 아니라, 그로 인하여 이후 어떤 사람이 미국의 대통령이 되어야 하는가에 대해서도 큰 영향을 주었다. 링컨뿐만 아니라 최근의 클린턴, 오바마, 트럼프에서도 보는 바와 같이 미국식의 소탈한 대통령이 등장할 수 있도록 해준 것이다.

잭슨은 영미전쟁 중 가장 큰 전투에서 압도적인 승리를 거두고,[6] 인디언들과의 전쟁에서 혁혁한 공을 세운 전쟁영웅이었다. 그는 거칠고 격정적이었으며, 자신의 목적을 달성하기 위해서 폭력을 사용하는데 망설임이 없었다. 그는 자기 부인에게 험담을 한 사람과의 결투과정에서 비신사적으로 상대방을 쏘아 죽인 사건으로 세간에 나쁜 평도 있었고, 도덕적으로나 인품적으로 그렇게 내세울 만한 것이 없었음에도 불구하고 대통령이 되었다. 대통령이 되기까지 뿐만 아니라 대통령을 물러나서도 그는 높은 인기를 누렸다. 미국을 위한 그의 공헌에 사람들은 인기로서 보답한 것이다.

잭슨은 대통령이 되기 이전 미국인이 아닌 사람들과 싸우는데 삶

---

6 뉴올리언스 전투는 영미 전쟁 중 가장 치열한 전투 중의 하나였다. 여기서 앤드루 잭슨 지휘 하에 미국군은 대승을 거둔다. 영국군 2,037명이 전사한 반면, 미국군 전사자는 단 21명이었다.

앤드류 잭슨(Andrew Jackson)

의 대부분을 보냈다. 잭슨은 불과 13살의 나이에 형을 따라 미국 독립전쟁에 참가하였고, 형들과 어머니를 잃은 것도 전쟁 과정에서였다. 얼굴과 손에 흉터가 생긴 것은 그가 영국군의 칼에 맞아서였다. 그가 포로가 되었을 때 자신의 구두를 닦으라는 영국군인의 명령을 거부함으로써 그 영국군인으로부터 칼을 맞은 것이다. 그가 살아온 길을 보면 세상에 그보다 더 영국인을 싫어할 사람은 없을 정도이고, 그래서 그는 그만큼 더 미국과 미국인을 사랑했을 것이다. 그가 미국 사람들을 위하는 만큼 미국인 외의 사람들은 철저히 배격하였다. 이러한 그로 인해 가장 처참한 운명을 맞은 사람들은 원주민 인디언들이었다.

처음부터 미국인들은 인디언을 같은 나라의 사람이 될 수 있다고 생각하지는 않았지만 함께 살아가야 할 사람들이라고 생각하는 사람들도 많았다. 건국초기 조지 워싱턴만 하더라도 그는 원주민과 공존하기를 바랐다. 그는 원주민과의 관계에 있어서 타협을 하는 것을 좋아하였고 무력사용은 최후의 수단으로 생각하였다. 또 그는 원주민을 개화시켜 미국의 문화에 동화시키고 미국국민에 편입시키는 방안을 제시하기도 하였다. 원주민으로 하여금 기독교를 믿게 하고, 영어로 말하게 하며, 개인소유권과 같은 서양식 경제제도를 도입하도록 한다는 것이었다. 제퍼슨도 이러한 워싱턴의 정책을 이어서 원주민들 지역에서의 그들의 권리를 존중해 주었다. 그래서 전반적으로 미국 정부는 원주민 인디언들과 협정을 맺는 한편 미국 내의 법으로 그들의 지위를 보장하였다.

그러나 잭슨의 원주민에 대한 태도는 분명하고도 과격하였다. 그는 원주민들을 미국인 바깥의 영역으로 확실하게 금을 긋고 공존 가능성을 배제하였다. 그는 미국의 법이나 정부에서 보장하고 있는 원주민에 대한 지위나 원주민과 맺고 있는 협정과 같은 것은 무시하고, 이에 상관없이 원주민들을 제거해 나갔다.[7]

그는 스코츠 아일랜드인의 후예이다. 스코츠 아일랜드인은 브리턴섬의 스코틀랜드 사람이 아일랜드섬에 들어가서 원주민인 아일랜드인을 밀쳐내고 그곳에 자리잡고 살던 사람들이다.[8] 그는 과거 아일랜드섬에서 활약하던 선조들 이상으로 원주민들을 제거하는데 철저하였다. 그가 대통령이던 1830년, 「인디언 제거법」(Indian Removal Act)으로 인디언들을 미시시피 서쪽으로 몰아내었다. 이 과정에서 인디언들은 삶의 터전을 잃고 질병과 기근으로 죽어 나갔고, 이후 인디언 인구는 급감하게 된다.

잭슨의 원주민 제거정책에 남서부지역의 사람들은 대환영이었다. 잭슨과 같이 미국의 영역을 개척한 사람들은 미국과 미국인만을 생각하였기 때문에 그들과 다른 집단에 대해서는 철저히 배척하고 파괴해 나가는 것이 전혀 이상한 것이 될 수 없었다. 새로운 세계에 대한 탐험가인 동시에 원주민들을 제압하는 정복자이기도 한 서부개척자들에게 있어서 이러한 의식은 오히려 당연하였다고 할 수 있을 것이다.

---

7 Lieven, 2012, p. 91
8 Lieven, 2012, p. 95

잭슨은 서민을 중심으로 인기에 영합하는 정치로 잭슨 민주주의라는 미국의 독특한 정치문화를 창출하였다. 노동자 하층민 할 것 없이 모든 백인 남성에게 보통선거권을 부여하여 국민을 통합하였고, 국민을 존중하는 인기영합의 민주주의 문화를 열었다. 이와 함께 그는 외국인들을 몰아내고 원주민들을 제거하여 백인중심의 살기 좋은 미국사회를 만들었다.

잭슨은 나라 밖의 사람과 나라 안의 사람을 확실하게 구분하였다. 그는 미국 남부지역 백인으로서 독실한 개신교도였다. 넓은 농장을 갖고 있었던 그는 일생동안 약 300여명의 흑인노예를 두었다. 잭슨은 외국인 백인들을 물리치고 인디언은 제거하는데 어느 누구보다 열성적이었으며, 그리고 누구 못지 않게 많은 흑인 노예를 거느리고 살았다. 미국의 구성원인 미국 내의 백인들에게는 뜨거운 동포애를 발휘하는 한편, 미국 바깥의 사람들에게는 철저히 적대적이었던 그는 자국중심주의자이자 인종차별주의자였던 것이다.

잭슨의 정책과 잭슨주의는 주로 남서부 사람들의 이해관계와 정서를 반영하고 있었다. 미국은 남부는 토지가 비옥한 반면에 북부는 토지가 척박해서 남부는 농업이 발달하고 북부는 일찌기 형성된 도시를 중심으로 유럽과의 교역중심지로서 상공업이 발달하였다. 그래서 지역에 따라 이해관계가 달랐다. 남서부의 시골 문화 속에서 사는 백인들은 북동부의 도시문화 속에 사는 백인들을 별로 좋아하지 않았고, 북동부 엘리트들에 대한 반감도 컸다. 반면에 북동부사람들은 정보나 교육 면에서 뒤떨어지고 촌티 나는 남서부의 사람들을 좋아하지 않았다. 북동부는 사회개혁운동이나 교육도 활발한 데다 외국과의 교류도 많아 국제성을 갖고 있었고 인종적인 편견도 작았던 반면, 남부는 인구의 유동성이 작고 자신들끼리만 살았기 때문에 인종적으로 더 순혈주의에 가까울 수밖에 없었다. 그래서 동북부의 엘리트들은 국제적인 생각을 하고 있었지만 잭슨주의는 오로지 미국의 이익만을 생각하였다. 이러한 가운데 잭슨주의는 호전적이고 저돌적이어서 동북부의 사람들은 잭슨주의자들에 의하여 나라가 폭력이 난무하는 무법천지가 되지는 않을까 두려워하였다.

잭슨은 미국의 정체성과 미국의 문화형성에 큰 영향을 미쳤다. 잭슨이 대통령에서 물러난 이후에도 그의 영향은 계속되었다. 1845년 명백한 사명(manifest destiny)을 처음 주장한 존 오슬리반(John O'Sullivan)은 잭슨 민주주의의 열렬한 옹호자였고, 멕시코와의 전쟁을 통하여 텍사스로부터 미국의 서부해안에 이르는 광대한 영토를 할양 받은 제임스 폴크(James Knox Polk) 대통령은 잭슨의 부하였다.

잭슨주의가 남부의 사람들과 북부의 사람들 간의 간격을 크게 벌려 놓았다는 점에서 남북전쟁 또한 이와 무관하지 않다. 남부 사람들은 남북전쟁에서 패배함으로써 그들이 원하던 자신들만의 세계를 건설하려는 의지는 좌절되었다. 하지만 남부 사람들은 독립의 꿈을 포기하고 미국의 국인주의에서 북동부의 양키들보다 더 앞서 가기로 마음먹는다. 미국에 더 애국적인 사람들이 됨으로써 미국에서의 주도권을 놓지 않으려는 것이었다.[9]

남북전쟁이 끝나고 나서 남군으로 출전하여 전사한 군인의 부인이 북부정부에 대하여 비난을 하는 것을 듣고, 남군의 총지휘관이었던 로버트 리(Robert E. Lee)장군이 이렇게 말했다고 한다.

---

9 Lieven, 2012, p.110

"부인, 아이를 미국정부를 미워하도록 키우지 마십시오. 이제 우리는 한 나라라는 것을 생각하시고, 모든 지역적인 적개심은 버리시고 당신의 아이를 미국인으로 키우십시오.[10]"

잭슨 국인주의는 미국 민중의 국인주의이다. 잭슨 국인주의는 19세기 미국 국인주의이지만 그 시기로 끝난 것이 아니고 지금도 계승되고 있다. 잭슨이 인기 있었던 이유는 그가 북동부지역의 귀족 같고, 학식 있고, 덕망 높은 엘리트가 아니라 서남부의 개척지 사람, 자신들처럼 정규교육을 받지 못한 평민, 영국과 싸운 사람, 인디언을 제거한 사람이었기 때문이다. 뿌리내릴 곳을 찾아 발버둥치는 뿌리 없는 사람들에게 절실했던 지도자는 자신들만의 터전을 만들어주고 더 안전하게 해준 사람이었다. 그는 미국인의 나라가 위협받거나 나라의 이익을 위해서 필요한 때에는 언제든지 싸울 준비가 되어 있었다

잭슨주의자는 전쟁을 자신들의 공동체를 지키기 위한 투쟁으로 보고 선과 악의 대결로 본다. 그래서 잭슨주의는 미국과 직접적인 이익이 관련되지 않는 해외개입을 반대한다. 미국의 민주주의 전파를 위한 제국주의적인 사명을 수행하는 데에도 반대한다. 잭슨주의는 평상시에는 조용하게 묻혀 있다가 나라에 변고가 있을 때 준동한다. 정치적인 타협이나 유화적인 방법 보다는 힘으로 결단을 내는 것을 선호하며 공격적이며 호전적인 성향을 갖고 있다. 이러한 성향 속에 미국인들이 흔히 하는 말이 있다. "미국은 항상 불한당(bad guy)과 싸울 준비가 되어 있다.[11]"

911 이후 미국의 테러와의 전쟁에서도 잭슨 국인주의를 엿볼 수

---

10 Simpson, 2014
11 Gallagher, 2016

있다. 911은 외부의 적에 의하여 미국인들이 본토에서 공격당한 사건이었다. 지금까지 이러한 일은 거의 없었으므로 미국인 모두가 위협을 느끼고 긴장하였다. 테러 세력을 응징하려는 부시에 대하여 미국인들이 그렇게 높은 지지를 보낸 것은 이러한 대응이 그 만큼 자신들의 생각과 일치하였기 때문이었다. 부시는 이라크에 대한 공격과 관련하여 국제적인 측면보다는 이라크의 화학무기 존재를 강조하면서 미국에 위협이 되는 측면을 부각시켰다. 미국을 방어하기 위한 합법적인 전쟁이라는 것이다. 잭슨시대의 원주민이 지금의 이슬람 무장단체(Islamic Jihadists)로 된 것이다. 미국인의 안전을 위하여 어떤 수를 써서라도 적들을 완전히 제거해야 한다는 것이다.

이라크 전쟁 도중 아부그레이브(Abu Ghraib) 가혹행위사건이 발생하였을 때 미국의 많은 정치인들은 미군의 행위를 두둔하고 나섰다. 미군이 죽어가는 상황에서 그 정도의 행위는 할 수 있는 문제라는 것이다. 2004년 워싱턴 포스트와 ABC 뉴스가 공동 수행한 여론조사에 의하면 "미국과 아프가니스탄의 미군에 대한 공격에 연루된 사람의 경우에는 고문을 해도 된다"라고 답한 사람이 34%였고, 고문을 해서는 안 된다고 답한 사람은 64%였다. 고문을 해서는 안 된다고 답한 사람이 월등히 많았지만 인권을 중시하는 시대적인 추세에 비추어 고문을 해도 된다고 한 34% 또한 결코 작지 않은 숫자이다.

미드(Walter Russell Mead)는 잭슨주의를 두고 평등주의이지만 자국인과 바깥사람을 확실하게 구분하는 점을 지적한다.[12] 그리고 그는 잭슨주의는 공동의 역사, 문화, 종교, 가치관을 가진 사람들 간에 이루어지는 동질성을 가진 사람들 공동체로서의 미국인이라는 의식

---

12 Gallagher, 2016

을 기초로 하고 있으며, 이는 하나의 가족애와 같은 감정이라고 주장한다.[13] 미드의 주장은 미국의 국인주의가 결코 이념을 공유하는 사람 간에 이루어지는 것만이 아니며, 이는 미국의 국인주의를 좋은 것으로 두둔할 수만은 없음을 의미한다. 잭슨 국인주의는 이념이나 도덕성 같은 것은 들어설 틈이 없으며, 그냥 미국인으로서의 자기집단에 대한 애착인 것이다.

미국인 모두가 잭슨주의인 것은 아니다. 하지만 잭슨 국인주의가 미국 국인주의의 중요한 한 부분임에는 틀림없다. 모든 나라는 국인주의를 갖고 있다. 국인주의가 문제시 되고 관심의 대상이 되는 것은 통상적인 국인주의를 벗어난 강한 국인주의로서의 모습을 보일 때이다. 잭슨주의도 이러한 범주에 속하는 국인주의인 것이다.

4 미국인 만들기

이민자 유입

■ 이민의 활용

국가는 그 땅의 크기에 상응하는 만큼 사람이 있어야 한다. 땅은 넓은 데 사람이 적으면 사방에서 다른 나라사람들이 쳐들어 올 때 그 영토를 지켜내기 어렵다. 그리고 그 영토의 규모에 상응하는 사람이 있어야 토지를 활용하여 경제적 생산을 늘리고 국력을 증가시킬 수 있다. 미국을 건국할 당시 미국의 영토는 영국섬의 약 11배에 달했

---

13 Mead, 2009, pp. 236~245 ; Lieven, 2012, p. 243

지만 인구는 1/3밖에 되지 않았다. 나라를 발전시키는 것은 물론이고 나라를 지키기 위해서도 인구의 증가가 절실하였다. 이후에도 미국은 그 영토를 대륙서부로 계속 확대해 나갔으므로 더더욱 사람이 필요하였다. 그래서 미국은 계속적으로 많은 이민을 받아들 수밖에 없었다.

1890년대 이전에는 아일랜드, 독일, 스칸디나비아국가 등 서유럽 및 북유럽의 백인들이 주로 유입되었다. 이들은 언어, 종교, 정치적 경험 등에서 기존의 주민들과 이질성이 상대적으로 작은 편이었다. 그런데 1890년대에부터 1930년대까지 헝가리, 이탈리아, 폴란드, 러시아, 포르투갈, 스페인 등지에서 많은 이민이 유입되었다. 또 20세기 이후에는 라틴아메리카, 아시아 등지에도 여러 다양한 민족들이 유입되었다. 시간이 갈수록 유입되는 이민들의 이질성과 다양성이 커지게 된 것이다. 국내에 너무 많은 이민이 유입되자 1924년 이후부터 미국은 국가에 따라 쿼터를 두어 이민유입을 제한하는 차별적인 이민정책을 시행하게 된다. 하지만 1965년 이민쿼터제가 폐지되고 세계 각지의 사람들에게 문호를 더 넓게 개방하면서 이전 보다 훨씬 더 다양한 사람들이 들어오게 되었다.

이민을 받아들이는 것은 기존에 살고 있는 사람들의 필요에 의해서이다. 새로 들어오는 사람들은 기존 주민들이 살아가는 데 도움이 되는 사람들이어야 한다. 그들의 상전 노릇할 사람이나 지배할 사람들은 필요치 않으며, 기존의 사람들을 힘들게 하는 사람들도 원치 않는다. 그리고 새로 들어오는 사람이 자신들의 문화에 동화되어서 사회 속에 잘 흡수되어야 한다. 나라 전체가 자신들의 문화로 되어야 나라 안 어딜 가더라도 불편 없이 편하게 살 수 있기 때문이다.

미국은 세계 어느 나라보다 이민을 많이 받고 있는 나라이다. 이민

유입을 통하여 많은 효익을 끌어 낼 수 있기 때문이다. 미국이 핵무기를 세계 최초로 개발할 수 있었던 것도 해외 이민자들의 역할이 컸었다. 원자탄 개발 사업인 맨해튼 계획(Manhattan Project)이 아인슈타인을 비롯한 수십 명의 유럽출신 망명 과학자들의 권유에 의하여 시작되었고, 이들의 참여 속에서 성공한 것은 널리 알려진 사실이다. 지금도 구글, 이베이, 야후, 선마이크로시스템, 테슬라, 아마존, 20세기 폭스, 소로스 펀드, 등 미국을 이끌어 가는 많은 기업들이 이민자들에 의하여 설립되었다. 애플 창업자 스티브 잡스는 이민자의 아들이며 오바마 대통령도 이민자의 아들이다.

지금도 미국은 매년 수십만 명의 이민을 받아들이고 있다. 미국은 이 이민제도를 통하여 전문인력과 숙련노동자를 확보하고 천재나 세계 최고수준의 지식인이나 전문가를 자국에 흡수한다.[14] 미국의 명문 대학들은 세계로부터 우수한 인재들을 받아들이고 이들 중 우수한 사람들은 자국 내에 주저앉힘으로써 미국사람의 지적수준 평균치를 끌어 올린다. 이를 돈으로 환산한다면 세기조차 어려운 엄청난 이득을 보고 있는 것이다. 그리고 투자이민제도를 활용하여 해외에 돈 있는 사람들이 그 돈을 미국에 가져와서 투자하도록 한다.

이러한 것들은 미국이 살기 좋은 나라라고 생각할 때 가능한 일이다. 그래서 미국이 좋은 나라임을 강조한다. 미국은 평등한 나라, 자유의 나라, 기회의 나라라는 문구가 상용화 되어 있다. 이러한 국가 선전활동의 결과로 미국사람이나 세계사람들 모두 미국의 이런 측면을 현실이상으로 높게 생각한다.

---

14 반대로 개발도상국에서는 고급의 인적자원이 고갈되는 두뇌유출(brain drain) 현상을 낳게 된다.

외국에서 온 이민자가 미국에 들어오고 나서 좌절감만 느끼게 된다면 이는 사회적인 문제만 유발할 수 있다. 또 이렇게 되면 더 이상 좋은 인력이 들어오지 않게 될 것이다. 그렇다면 이들이 미국에 잘 적응하고 애착심을 갖도록 하는 것이 무엇보다 중요하다. 그래서 미국은 이러한 측면을 고려하여 많은 제도적인 장치를 두고 있다. 하나의 예를 들면 군대 유지에 있어서 유입이민의 활용이다.

예나 지금이나 어느 사회에서나 군은 신분상승의 통로가 된다. 미국의 경우에도 소수민족 이민자들의 자녀가 군대에 입대하는 비율이 미국 평균에 비해서 높고 군에서 훈장을 받는 사람의 비율도 평균보다 높다. 미국을 위해서 희생할 기회를 주고 이에 따라 신분도 상승시켜줌으로써 애국 국민을 늘려나가는 것이다. 이와 같이 상하 간 유동성이 큰 미국의 사회신분 변동체제도 미국 국민으로 하여금 더 애국심을 갖게 하고 국인주의를 갖게 하는 요소로서 작용하고 있다.[15] 미국에 충성하는 자는 신분이나 성분에 관계 없이 성공하고 대우 받을 수 있도록 만들어 놓고 있는 것이다.

그런데 세계 각지에서 들어온 사람들이 모두 자신의 뿌리를 의식하지 않는다든가 고향 국가 또는 자기 민족과의 연계성을 전혀 갖지 않는 것은 아니다. 제1차 세계대전 때 미국의 참전을 극구 반대하면서 반전운동을 한 사람들 중에는 독일계 사람들이 많았고, 현재 미국의 대중동정책에서 미국 내 유대인들의 영향력은 매우 크다. 이들뿐만 아니라 다른 나라에서 미국에 온 사람들은 한국계는 한국계대로, 중국계는 중국계대로, 이디오피아계는 이디오피아계대로 자신의 뿌

---

15 Shaw & Wong, 1989, p.163

리 국가와 관련된 문제에 대하여 편향성을 갖게 마련이다. 다민족 국가인 미국은 전체 국민이 역사를 함께하며 살아온 것도 아니고, 서로가 같은 사람이라는 느낌도 없어서 이런 면에서는 유대감이 작다. 오히려 민족들 간에 대립하거나 나라가 균열될 위험조차 있다. 그렇다고 해서 일부의 민족이 독립을 선언하는 것 같은 민족적인 분규가 일어날 가능성은 작다. 다양한 민족이 살지만 이들 민족이 지역적으로 뭉쳐 있지 않고 전국 각지에 흩어져 있기 때문이다.

같은 민족으로 수천 년을 함께 살아온 경우는 서로가 생김새도 비슷하고 문화도 같아서 같은 민족이라는 그 자체만으로도 하나의 응집력이 작동한다. 미국은 이런 측면에서 볼 때 하나되는 응집력을 기대할 수 없다. 오히려 미국 내에 있는 각 민족들의 자신들끼리만의 응집력은 나라를 분열시키는 힘으로 작용할 수 있다. 그렇기 때문에 이에 상응할 만한 국가중심의 응집력을 다른 데서 창출해내지 않으면 안되고 미국 특유의 국인주의를 갖게 된다. 다양한 인종적인 배경을 갖고 있고 다문화라고 하더라도 최소한의 공통점과 구심점은 만들어 낼 수 있는 것이다. 이러한 공통점과 구심점이 다양성보다 더 큰 동질성을 만들어 내고, 차이에 대한 의식보다 더 강한 하나로 되고자 하는 의지를 만들어 낸다면 단합된 국가를 만들 수 있다. 그래서 미국은 민족이나 인종과 같은 요소는 최대한 그 의미를 제거하고 사람들이 함께 추구하는 이념이나 자랑할만한 문화 그리고 국가적인 특성을 내세워 미국인이라는 것 자체에 자부심과 긍지를 심어줌으로써 사람들을 결집시키고 단합시키는 것이다.

■ 동화정책

미국은 다민족 국가로서 그 구성원에서 복잡하지만 정체성에 있어서도 그런 것은 아니다. 미국은 뚜렷한 정체성을 갖고 있다. 미국의 정체성의 핵심은 와스프(WASP)라고 하여 백인(White), 앵글로 색슨(Anglo-Saxon), 개신교(Protestant)이다. 이는 미국 건국당시의 정체성 그대로이다.

앞에서 본대로 미국 독립선언 이후 240년 동안 인구가 124배로 늘었다. 유럽의 경우는 1750년의 추정인구는 12,500만이고, 1990년은 49,800만이었다. 240년간 3.98배 증가한 것이다.[16] 만약 미국이 유럽사람들과 동일한 인구증가율로 인구가 증가하였다면 미국독립 당시의 인구가 약 260만 명이었으니 지금은 약 1,040만 정도 되었을 것으로 추정할 수 있을 것이다.[17] 그런데 2018년 현재 미국의 인구는 약 32,800만 명이다. 이는 건국할 당시의 기존의 사람들보다 유입된 사람들의 수가 압도적으로 많았다는 것을 의미한다. 그럼에도 불구하고 건국 당시의 정체성을 그대로 유지해 왔다는 것에 주목할 필요가 있다. 이는 기존에 있던 소수의 사람들이 유입되어 들어온 다수의 사람들을 자신들의 문화로 동화시켰기 때문에 가능하였다.

미국은 나라를 창설한 앵글로 색슨 사람들의 건국정신과 문화를 기본으로 하고 있다. 이러한 바탕 위에 건국 이후에 들어오게 된 유입 이민들이 잘 적응하도록 하는 것이 중요하였다. 여기서 동화정책이 필요하였고 용광로(melting pot)라는 용어 또한 여기서 나오게 된다. 흔히들 우리는 미국을 인종의 용광로라고들 말한다. 용광로가 갖가지

---

16 Haines, 2002
17 물론 유럽은 전쟁과 이민유출과 같은 인구증가 억제요인이 많았지만 여기서는 이를 무시하기로 한다.

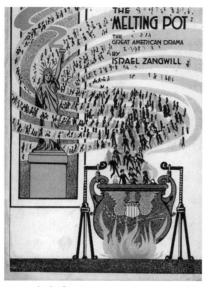

1908년 용광로(The Melting Pot) 연극 포스터

성분과 형태의 철광석을 녹여 균질의 광물을 만들어 내듯이 각양각색의 인종과 민족이 미국이라는 용광로 속에서 하나의 미국인으로 된다는 것이다. 이 용광로의 비유는 오래 전부터 내려오던 미국의 동화주의를 대변하는 말이다. 하나로 동화하는 사회로서의 이 은유적인 표현은 1880년대부터 사용되었는데, 용광로라는 용어가 그대로 사용된 것은 1908년 「용광로」(The Melting Pot)라는 연극이 등장하면서부터였다.

그런데 좀 더 생각해보면 이 용광로에 미국 내의 모든 사람들이 들어가서 개개인의 특성이 같은 비율로 반영되어 새로운 주물이 만들어진 것이 아니라는 것을 알 수 있다. 만약 그랬다면 미국의 정체성이 건국할 당시 그대로 유지되었을리가 없다. 사실대로 말하자면 유입된 이민자들만 용광로에 들어가 용해되어서 이전의 모습은 다 버리고 건국 당시의 사람들 모습의 틀에 맞추어 다시 나오게 된 것이라고 해야 할 것이다.

용광로에 녹여 미국인의 틀에 맞추는 일은 원래 건국주역이었던 영국인과 가까울 수록 쉬웠다. 아일랜드인 같은 경우는 유럽에서 영국인과 좋은 사이가 아니어서 미국에서도 좋은 관계의 유지가 쉽지 않았지만 그렇다고 하더라도 유럽의 백인들의 경우는 동화정책을 실행하는데 문제가 없었다. 그러나 20세기 이후 세계 각지에서 다양한 인종과 민족들이 들어오면서 동화의 용광로는 그 기능을 잘 수행해내지 못하였다. 용광로에 들어간 원광석이 워낙 이질적이어서 제대로 녹지 않아 미국인 틀의 모양으로 제대로 나오지 않았던 것이다.

동화가 잘되지 않는 상태에서 동화를 계속 고집하는 것이 어렵게 되어갔다. 어느 나라나 기존에 터잡아 살고 있던 주류민의 입장에서는 새로 합류한 사람들을 자신들의 삶의 방식대로 동화시키고 싶어 하지만 새로 합류하는 사람의 입장에서는 이것이 쉽지 않고 또 원하지 않을 수 있다. 동화되지 않는 비주류의 사람들이 많아지면서 주류의 입장만이 아니라 소수자의 입장도 고려되어야 한다는 주장이 커지게 된다. 동화주의가 결국 주류에 속한 사람들을 위한 것이고 소수자에게 고통을 안게 된다는 것이다.

그래서 1990년경 다문화주의가 들어서게 된다. 다문화주의가 되면서 용광로를 대신하여 등장한 용어가 샐러드 사발(salad bowl)이나 모자이크(mosaic)이다. 샐러드 사발이나 모자이크는 기존에 갖고 있던 문화를 녹여서 모두가 하나의 동질 문화로 되는 것이 아니고 각자의 문화를 유지하면서 함께 살아간다는 것이다. 이러한 다문화주의의 도입으로 다문화주의와 동화주의 사이에 혼선과 갈등이 일어나기도 한다. 최근에 와서 유럽국가를 비롯한 많은 국가들이 다문화정책의 실패를 선언하고 있다. 한때 세계적으로 다문화주의가 지지를 받았으나 이제 다시 도전을 받고 있는 것이다. 이러한 가운데 미국에서의 동화주의의 전통은 여전히 강한 힘을 발휘하고 있다.

지금도 미국은 건국자들의 건국 정신과 그 사람들의 문화를 잘 유지하고 있다. 외부로부터 유입된 사람이 워낙 많았으니 그 문화를 유지하기 어렵게 하는 압력 또한 강할 수밖에 없었다. 그럼에도 불구하고 이를 지켜온 것은 미국의 정체성이 대단히 견고하다는 것이고, 어떤 면에서는 앵글로 색슨족의 강인함을 엿볼 수 있는 부분이다. 기존의 사람들이 유입된 사람들을 미국인으로 만드는 작업은 순탄하지 않았고, 역으로 말하자면 유입된 사람들이 미국인으로 되는 과정 또한 쉽지 않았다. 이러한 과정을 이어서 보기로 하자.

먼저 온 자와 나중 온 자

■ 기존 주민과 이민 유입자 간의 갈등

초대 대통령 조지 워싱턴(George Washington), 제2대 존 아담스(John Adams), 제3대 토마스 제퍼슨(Thomas Jefferson) 등 미국의 설립자들은 미국에 이주민이 유입되는 것을 반대하였다. 그리고 벤자민 프랭클린(Benjamin Franklin)은 스페인인, 이탈리아인, 프랑스인, 독일인, 러시아인, 스웨덴인, 이들 모두 약간 가무잡잡한 피부색을 갖고 있어서 지구상에서 진짜 백인은 색슨족뿐이라고 하고, 그래서 색슨족의 숫자가 늘어났으면 좋겠다고 하였다.

이 같은 건국의 아버지들의 생각을 보건대 건국 당시의 미국사람들은 이민자 유입에 대하여 긍정적으로만 생각하지 않았고, 인종에 대한 차별의식 또한 없지 않았음을 엿볼 수 있다. 독립 당시에 많은 사람들은 자신들의 정체성과 이익을 지키기 위하여 외부로부터 이민이 유입되는 것을 내켜하지 않았다. 하지만 영토에 비해 턱없이 부족한 노동력으로 인하여 현실적으로 외부로부터 사람을 들여올 수밖에 없었고, 또 이 사람들을 자신의 동족으로만 채울 순 없었다.

미국을 건국한 민족은 앵글로 색슨(Anglo-Saxon)과 스코츠 아일랜드인(Scots-Irish)이었다. 이들은 외부에서 들어오는 다른 민족들을 자신들의 문화로 동화시켜서 수적으로 자신들 보다 훨씬 많은 외부 민족들을 받아들이면서도 미국이 자신들의 문화를 유지토록 하는데 성공하였다.

중국의 한족이 세계에서 가장 큰 민족덩어리가 된 것은 한나라의 철저한 이민족 차별정책 때문이었다. 비한족들은 차별 당하지 않으려고 한족의 말과 문화를 열심히 익혔다. 이민족으로 살아가기가 너무 힘들었으므로 모두가 스스로 한족이라고 한 것이다. 미국에서 동화정책이 성공적이었다면 미국도 분명 이러한 측면이 있을 것이다. 수많은 이민자들이 유입되어 모두가 미국인으로 되는 과정은 결코 단순하지만은 않았다. 이민자들이 미국사회에 적응하기 위하여 힘든 역정을 겪어야 했을 뿐만 아니라 미국인 전체가 많은 사회적 갈등을 이겨내지 않으면 안 되었다.

독립될 당시의 미국은 이들 주류 민족만 있는 것이 아니었고 뉴욕지역에는 네덜란드 사람들이 살았고, 펜실베이니아지역에는 독일사람들이 사는 등 지역에 따라 다른 유럽민족들도 많이 들어와 있었다. 그리고 독립 이후에 끊임없이 유럽으로부터 이민자들이 들어왔다.

외지로부터의 인구유입은 민족 간의 갈등과 긴장을 불러 왔다. 기존의 사람들은 외부에서부터 들어온 사람들에 의해서 자기 세계가 침해받지 않을까 하는 의구심과 두려움을 갖기 마련이다. 1840~1860년대 아일랜드, 독일로부터 이민들이 대거 유입된다. 아일랜드에서는 1845년에서 1849년 사이 감자농사의 흉년으로 대기근이 발생하여 많은 사람들이 굶어 죽는 사태가 일어났다. 이러한 사태를 맞아 많은 아일랜드 사람들이 미국으로 이주하게 된다. 이 시기 독일 또한 농업의 작황부진과 산업혁명으로 인한 노동일자리 감소로 많은 농민과 노동자들이 경제적인 어려움을 겪게 되고, 이를 피하여 많은 사람들이 미국으로 이주하게 된다.

그래서 1850년을 전후하여 약 10년 동안 약 3백만에 이르는 이민자가 미국에 들어왔고, 이에 의한 여파가 작지 않았다. 외부인들이 밀려옴에 따라 기존 주민들 사이에서는 반이민 정서가 강하게 일어났다. 전통적으로 가톨릭 국가인 아일랜드에서 이민 오는 사람들은 대부분 가톨릭 신자였고 독일에서 들어오는 사람들도 가톨릭 신자가 많았다. 이는 개신교 신자들을 긴장시키기에 충분하였다. 원래 미국의 개신교 선조들이 유럽에서 가톨릭교의 박해를 피해서 이곳에 오지 않았는가! 기존 주민들 사이에서는 미국 전통의 개신교와 미국의 정치적 가치를 지켜야 한다는 의식이 강하게 일어났다.

그리고 기존 주민과 유입 이주민 간 갈등에는 경제적인 측면도 있었다. 이민 노동자들이 들어옴으로써 기존 노동자들의 삶이 더 어려워졌기 때문이다. 유럽에서 이민이 계속 유입되는 상황에서 사업자는 노동자들의 임금을 올려 줄 생각이 없었다. 기존의 노동자들이 임금인상을 요구하거나 단체행동을 하면 사업자들은 이들을 해고시키고 그냥 부두에 나가기만 하면 되었다. 부두에 가서 배가 들어오는 대로 배에서 내리는 이민자들을 데려와서 이들에게 일을 시키면 그만이었던 것이다.[18]

이러한 상황에서 기존 주민의 유입 이민자에 대한 반감은 클 수밖

18 Teachout, 2009, p.68

에 없었다. 그래서 기존 주민과 유입 이민자 사이에 마찰이 자주 일어
나게 된다. 1844년 5월과 6월에 있었던 필라델피아 토박이(nativist)
들의 반란도 이러한 사건 중의 하나이다. 아일랜드 이민이 많이 들어
오면서 이들에 대하여 먼저 자리잡은 토박이 백인들의 경계심이 발동
하기 시작하였다. 아일랜드인은 대부분 독실한 가톨릭 교도였으므로
갈등은 종교에서부터 시작되었다. 기존 주민들 사이에서 반가톨릭운
동 단체나 이민자유입 반대운동 단체들이 생겨났다.

당시 필라델피아의 학교 수업은 성경을 읽는 것으로 시작되었다.
물론 개신교 성경이었다. 아일랜드계 아이들은 그들의 성경은 가톨릭
성경이므로 곤란할 수밖에 없었다. 그래서 1842년 11월 필라델피아
의 로마 가톨릭 주교 프란시스 켄릭(Francis Kenrick)은 교육감독청
에 가톨릭을 믿는 아이들은 가톨릭 성경을 읽게 해달라고 편지를 쓰
게 된다. 이 일이 알려지게 되면서 토박이들 간에는 가톨릭 교도들이
학교에서 개신교 성경을 없애려 한다는 소문이 돌게 되었다. 이런 분
위기 속에 아일랜드계 사람들에 대한 반감이 커지면서 기존 주민들은
아일랜드계 사람들이 사는 지역에 가서 아일랜드계 사람들을 몰아내
자고 시위를 하기 시작하였다. 그리고 아일랜드계 사람들을 공격하였
다. 기존 주민들은 가톨릭 성당이나 아일랜드계 주민지역의 집들을
불지르고 약탈하였다. 이에 아일랜드계 사람들도 대항하고 나서면서
급기야 양 진영간에 총격전이 벌어지는 등 격렬한 싸움이 벌어지게 되
었다.

폭동은 결국 군대가 투입되어 진압되었지만 20명 이상 사망하고
수백 명이 부상당하였다. 기존 주민들은 미국 성조기를 들고 시위를
하였다. 기존 주민들은 성조기가 있는 집은 공격하지 않았다. 그래서

아일랜드계 사람들은 집에 있는 천들을 모조리 꺼내어 허겁지겁 성조기를 만들어 집 앞에 내걸었고 이런 방법으로 화를 면할 수 있었다. 그래서 수많은 집들이 불에 타고 부서져 거의 폐허가 된 아일랜드계 마을에는 성조기만 펄럭였다고 한다.[19] 지금도 미국 어느 곳에 가더라도 성조기가 게양된 것을 볼 수 있는데 이 사건을 생각하면 고개를 끄덕이게 된다.

미국 사회에서 아일랜드계 사람들과 관련하여 유독 갈등이 심했는데 여기에는 다분히 역사성을 띠고 있다. 미국의 역사 이전에 유럽에서 영국사람들과 아일랜드 사람들간의 부정적인 인식이 미국땅에 와서도 그대로 답습되고 있었던 것이다. 영국과 아일랜드와의 관계는 나란히 있는 두 섬의 지정학적인 요인을 바탕으로 하고 있다. 두 섬 중 영국섬은 큰 섬이고 아일랜드섬은 작은 섬으로서 사람 수에서 적은 아일랜드 사람들은 영국사람들의 세력에 눌릴 수밖에 없었다.

그리고 이러한 전통이 미국에서도 이어져 영국계 사람들은 아일랜드계 사람들을 무시하였다. 영국계는 미국을 건국한 주축세력인 반면에 아일랜드인들은 이 땅에 늦게 들어와서 하층민으로서 막일을 하면서 살아야 했으므로 더더욱 천대 당할 수밖에 없는 입장이었다. 기존의 백인들은 아일랜드계 사람들을 하얀 깜둥이(white nigger)라고 불렀다. 그래서 기존의 백인들과 아일랜드계 백인 사이에 갈등은 적지 않았고 이로 인한 폭력시위나 폭동들도 자주 일어일어났다. 1850년대 중반에는 "모른다(Know Nothing)"라고[20] 불

---

19 Teachout, 2009, p.64
20 모른다(Know Nothing)라고 이름한 이유는 이 조직의 사람들에게 그 집단에 대하여 뭐든지 물으면 단원들은 한결같이 "모른다(Know Nothing)"라고 대답하였기 때문에 그렇게 이름하게 되었다.

리는 단체가 활약하기도 하였다. "모른다"는 개신교도가 주축이 되어 만든 단체로 반가톨릭과 이민자 유입을 반대하는 운동을 하였는데, 이들의 주요 공격대상은 아일랜드계 사람들이었다.

이러한 상황에서 억압당하는 자의 반발 또한 작지 않았다. 미국 뉴욕시 아일랜드계 사람들의 폭동은 이러한 반발의 대표적인 사례이다. 뉴욕의 아일랜드계 사람들은 도시 노동자로서 빈곤한 생활을 하고 있었다. 북부에서는 흑인들 또한 하층 노동자로서 일하고 있었으므로 아일랜드계 사람들과 흑인들은 같은 노동시장에서 경쟁자적인 입장에 있었다.

남북전쟁이 일어나면서 1863년 징집을 위한 법이 만들어져 남자들은 모두 군대에 가야만 했다. 그런데 대체자를 고용하는 비용으로 300불을 지불하면 징집에서 면제되었다. 돈 있는 사람은 면제되고 돈 없는 사람들만 전쟁터에 나가게 된 것이다. 대부분 하층민들이었던 아일랜드계 사람들은 이에 대해 불만이 많았다. 돈 없는 자에 대한 차별도 불만이거니와 흑인노예 해방을 위해서 전쟁에 나간다는 것 또한 불만일 수밖에 없었다. 노예해방이 되면 이들이 노동시장에 몰려올 것이고 결국 자신들만 손해를 보게 된다. 그래서 1983년 7월, 뉴욕 맨해튼에서 아일랜드계 이민자들을 중심으로 폭동이 일어나게 된다. 폭동자들은 흑인들을 공격하고 이와 함께 노예제 폐지주의자들을 공격하였다. 그들은 흑인들의 집과 고아원, 개신교 교회, 관공서들을 약탈하고 파괴하였다. 이 사건으로 120여명이 목숨을 잃고, 2,000여명이 부상을 입었다. 이후 흑인들이 이 지역을 떠나면서 흑인 거주자의 수가 급감하게 되었다.

한편 지역적으로 북동부의 백인들과 남서부의 백인들 간에도 서로 이질적인 정서가 있었다. 앞에서 말한 대로 남서부의 백인들은 북동부의 백인들을 별로 좋아하지 않았다. 이러한 구도 속에서 남서부의 백인들과 북동부의 아일랜드계 사람들간에 정치적으로 연대하는 일이 많아지게 된다. 남서부의 백인들과 아일랜드계 백인들은 두 가지 점에서 서로 공감하고 있었다. 하나는 북부의 백인들을 좋아하지 않는다는 점이고, 다른 하나는 흑인들을 멸시한다는 점이었다.

■ 외국계 미국인

어느 나라에 태어나 살다가 다른 나라로 이민을 가게 되면 현재의 나라와 과거의 나라, 두 나라에 대한 생각을 갖게 된다. 자신이 선택해서 왔다고 해서 갑자기 새 나라에 대하여 정을 붙일 수 있는 것은 아니다. 또 자신의 나라가 싫어서 그 나라를 떠났다 할지라도 막상 새 나라에 살다보면 옛 나라에 대한 그리움이 생겨나는 것이 인간의 마음이다. 대한민국에서 일어나고 있는 일만 보더라도 북한에서 목숨을 걸고 어렵사리 탈북해서 남한에 살게 된 사람이 다시 탈남해서 북한으로 되돌아가는 사례도 있다.

기존에 살던 사람은 그동안 살면서 국가에 대한 애착이 형성되어 있지만 새로 들어온 사람은 그런 것이 없다. 이민자가 갖는 이러한 특성 때문에 기존에 살던 사람은 이민을 온 사람에 대하여 정말 이 나라를 사랑하는지 의구심을 가질 수 있다. 이민자가 자신의 편의에 따라 왔지만 나라를 위하는 마음이 전혀 없는 사람일 수도 있다. 이런 사람이 많아지게 되면 애국심 없는 국민들로 채워진 나라가 될 수 있고, 이는 나라를 허약하게 하는 하나의 요인이 될 수 있다. 그래서 이민을 받아들이는 국가는 이민자가 자신의 과거 국가에 대한 생각을 버리고 현재의 국가에 충성해주기를 바란다. 미국의 경우는 이민자의 유입이 많다 보니 이러한 이민자의 미국에 대한 충성심의 문제가 중요하지 않을 수 없다. 그래서 미국은 이주민들에게 과거의 나라를 버리고 미국만 생각하는 완전한 미국인이 될 것을 요구한다. 하이픈 미국인(Hyphenated American)은 이러한 일의 한 사례이다.

하이픈 미국인이란 Irish-American(아일랜드계 미국인), German-American(독일계 미국인), French-American(프랑스계 미국인) 등과 같이 중간에 하이픈(-)이 들어가는 외국계 미국인들을 말한다. 19세기 말 서구에 고조된 내셔널리즘 영향으로 1890년대에서 1920년대 사이 미국 사회에는 이민 온 사람들에 대하여 과거의 나라를 버리고 미국에 충성할 것을 요구하는 분위기가 강하게 일어나게 된다. 이 시기에 미국에서는 하이픈 미국인이라는 말이 사람들 입에 오르내리게 되는데, 당시 미국에 들어온 이민자를 경멸하는 표현이었다.

1915년 테오도르 루즈벨트(Theodore Roosevelt) 대통령은 그의 연설에서 "독일계 미국인, 아일랜드계 미국인, 영국계 미국인, 프랑스계 미국인, 스칸디나비아계 미국인, 이탈리아계 미국인 등과 같이 이 나라에 하이픈 달린 미국주의가 자리할 공간은 없다"고 하였다. 그리고 1919년 우드로우 윌슨(Woodrow Wilson) 대통령은 그의 연설에서 하이픈 미국인에 대하여 "누구든 하이픈을 지니고 있는 사람은 그가 준비만 되면 언제든지 이 공화국 명줄을 끊으려고 비수를 들고 다니는 사람이다" 라고 하였다.

외국에서 미국으로 들어온 사람들에 대하여 미국만을 사랑하는 완전한 미국인이 될 것을 요구한 것이다. 대통령이 한 말을 보더라도 그 당시 기존주민들이 외국에서 온 신참자에 대하여 그들의 미국에 대한 애국심을 얼마나 많이 의심하고 있는지, 또 미국에 충성하는 완전한 미국인으로 될 것을 얼마나 강하게 압박했는지 느낄 수 있다.

나라 사이에 끼인 사람들

외국과 전쟁을 할 때 다른 나라와 달리 미국은 특별히 신경을 써야 하는 한 부분이 있다. 자국의 전쟁 상대국에 연고를 가진 자국 국민에 대한 것이다. 미국은 그 국민이 원래 세계 각지에서 들어온 사람들이기 때문에 어느 나라와 전쟁을 하든 간에 그 국가와 연고를 갖는 사람은 있을 수밖에 없다.

평상시에는 외국에서 이민온 사람에 대하여 미국을 사랑해 줄 것을 요구하는 수준이고 이와 관련하여 아주 심각한 문제가 일어날 일은 많지 않다. 하지만 전쟁을 하는 상황이라면 이야기는 달라진다. 그 사람이 미국보다 과거의 조국을 더 사랑하지는 않는지? 과거의 조국을 위해서 미국을 해하는 행위를 하지는 않을까하는 의구심이 생기는 것이다. 그래서 미국과 전쟁을 하는 나라에서 온 외국계 미국인은 과거의 조국과 현재의 조국 사이에서 뜻하지 않은 어려움을 겪기도 한다. 이러한 어려움을 당한 사람들은 프랑스계, 아일랜드계, 독일계, 일본계, 러시아계, 아랍계 등 다양하지만 특히 독일계 미국인들이 많은 고초를 겪었다.

제일 먼저 문제가 된 나라는 프랑스였다. 미국 건국 후 얼마 되지 않아 유럽에서는 나폴레옹 전쟁이 일어나고 미국도 프랑스와의 전쟁에 대비하지 않으면 안되었다. 나폴레옹이 유럽 국가들을 침략할 때 침략을 당한 나라에서는 자국에 불만이 있는 사람들이 나폴레옹을 돕거나 미리 나와서 환영하는 등 이적행위를 하는 사람들이 적지 않았다. 당시 미국에는 프랑스에서 온 사람도 많이 있었고 또 프랑스에 호의적인 사람도 많이 있었다. 그래서 미국 내에서 일어날 수 있는 프랑스 우호세력의 이적행위를 막기 위하여 존 아담스(John Adams) 대통령 시절인 1798년 외국인과 선동에 대한 법(Alien and Sedition Acts)을 만들게 되는데, 이 법에 대한 내용은 본장의 앞부분에서 이미 언급되었다. 존 아담스에 이어 대통령이 된 토마스 제퍼슨(Thomas Jefferson)은 귀화법이나, 외국인친구법, 선동법의 세 개의 법은 폐기하였지만, 적성외국인법(Alien Enemy Act)은 남겨 두었다. 이 법은 수정을 거쳐 지금도 그대로 남아있다.

미국이 독일과 전쟁을 치른 제1차 세계대전은 독일계 미국인들에게는 수난의 시기였다. 로버트 프레이저(Robert Paul Prager)는 1918년 나이 30세의 청년이었다. 그는 1888년 독일 드레스덴에서 태어나 17살 되던 해인 1905년에 미국에 이주해왔다. 미국이 독일에 선전포고를 한 1917년 그는 미국 해군에 지원하였으나 신체검사에서 떨어졌다. 그는 빵집에서 일을 하다가 그만두고 일리노이 매디슨 카운티의 메리빌 근처의 탄광에서 일을 하게 되었다. 직장에서 동료들과 약간 다툰 일이 있었지만 미국을 해롭게 한 적은 없었다.

어느 날 그의 집에 군중들이 몰려 왔다. 사람들은 그를 독일 스파이라며 집에서 끌어 내서 그를 끌고 시가지를 행진하였다. 이를 본 경찰이 군중들로부터 그를 구조하였고, 그를 보호하기 위하여 교도소에 넣었다. 시장이 나가 군중들을 진정시켰지만 독일 스파이가 교도소에 잡혀 들어갔다는 소식이 시내에 퍼지면서 수많은 군중들이 몰려 나왔다. 그리고 그들은 교도소로 몰려갔다. 군중들은 교도소 안으로 밀치고 들어가 지하실에 숨어있는 프레이저를 찾아내었다. 군중들은 그를 끌고 마을의 언덕을 향하여 행진하였고 경찰들은 아무런 행동을 취하지 않았다. 그 곳에서 200여명의 군중들은 그를 목매달아 죽였다. 그에게 마지막으로 유서를 남길 기회는 주어졌다. "사랑하는 부모님, 저는, 1918년 4월 4일, 죽습니다. 저를 위해 기도해 주세요. 나의 사랑하는 부모님."

4월 25일 이 사건에 대하여 11명이 살인죄로 기소되었다. 재판과정에서 아무도 누가 무엇을 했는지 말하려 하지 않았고, 피고인 절반은 자신은 그 자리에 없었다고 주장하고, 나머지 절반은 구경만 했다고 주장하였다. 심지어 기자들과 검시 배심원에게 자신의 행위를 자백했던 피고조차도 재판정에서는 구경만 했다고 발뺌하였다. 그리고 변호인은 프레이저를 죽인 행위는 불문법에 의하여 정당하다고 주장하였다. 재판결과 배심원들의 결정은 무죄였다. 이 때 배심원 중의 한 사람은 "자, 이제 누구도 우리보고 충성스럽지 않다고 말하지 못하겠지." 라고 말하였다.

재판의 결과에 대하여 콜린스빌 헤럴드(The Collinsville Herald) 신문은 "프레이저를 목 매달아 기소된 11명의 피고인이 무죄로 석방됨에 따라 온 시가 기뻐하고 있다" 라고 보도하였으며, 워싱턴 포스트(Washington Post)지는 "이번 린치가 다소 과한 면은 있지만 국가 내에 건강하고 유익한 일깨움을 주었다" 라고 보도하였다.[21] 모두가 미국이라는 나라를 위해 정신 없이 달려가고 있었던 것이다.

이 이야기는 일차대전 당시 미국에서 수 없이 많이 일어났던 여러

---

21 Robert Prager, n.d.

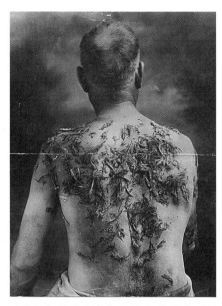

미네소타 루벤에서 농부였던 독일계 미국인 존 마인츠(John Meints)가 1918년 8월 19일 사람들에 의하여 공격당한 모습

비슷한 사건들 중의 하나일 뿐이다. 미국이 독일과 전쟁을 하게 되면서 미국 내의 각지에서 독일계 미국인들에 대한 공격이 있었다. 공격의 형태는 대체로 프레이저 사건과 비슷했다. 집에 있는 사람을 끌어 내어 시가지에 끌고 다니고, 미국국기에 키스하게 하고 충성을 맹세하라고 하거나, 대중이 모이는 장소에 옷을 벗기고 맨살 위에 타르를 칠한 다음 그 위에 깃털을 붙여 금수(禽獸)의 모습으로 만들거나, 옷을 다 벗긴 다음 차에 태워 수십 마일 멀리 다른 주나 다른 시에다 내려놓고 오거나, 집에다 총을 난사하기도 하고, 총이나 칼로 죽이는 등 그 방법이 매우 거칠고 야만적이었다. 그리고 또 이러한 사건들에 공통적으로 드러나는 점은 경찰이나 공권력은 방관하고, 법정에서는 가해자를 처벌하지 않았으며, 언론은 가해자에 동조하고 찬양하였다는 점이다.

1917년 미국이 독일에 대하여 선전포고를 하고 난 이후 미국 법무부는 약 48만 명에 이르는 독일계 거주민의 명단을 작성하였다. 그리고 이들 중 약 4,000명을 수감시켰다. 이들에게는 독일 스파이라든가 독일 지지자 등과 같은 죄목이 붙여졌다. 그리고 진정으로 미국에 충성한다면 행동으로 이를 보이라면서 미국의 전쟁채권을 살 것을 강요하였다. 전쟁반대의 선동을 하거나, 미국에 충성맹세를 거부하거나, 행동이 의심스러운 사람들은 모두 감방에 처넣었다. 사회적으로도 독일을 배척하는 일들이 이어졌다. 독일 작품을 공연하던 극장은 다른 작품으로 대체되고, 독일의 이름이 붙은 도시나 마을 이름, 거리 이름은 모두 다른 이름으로 바꾸었다. 학교에서 독일어 수업은 폐강되고, 공공도서관에서 독일어 책이나 독일에 대하여 호의적인 문구를 포함하고 있는 책들은 불태워졌다.

미국과 큰 전쟁을 치른 나라는 독일 외에 일본도 있다. 독일계 미국인들과 마찬가지로 일본계 미국인들도 아픈 경험을 갖고 있다. 1941년 일본이 진주만을 공격하자 루즈벨트 대통령은 1942년 2월, 행정명령 9066호를 발령하여 지역 군지휘관이 민간인을 통제할 수 있는 군사지역을 설정할 수 있도록 하였다. 이 조치에 따라 미국의 서부지역과 중부의 서쪽에 살던 일본계 미국인들은 정부수용소에 강제 억류당하게 된다. 이 때 수용된 사람의 수는 11만~12만 명이었으며 이중 62%는 미국 국적인이었다. 여기에는 일본의 피가 섞인 고아나 일본의 피가 1/16에 불과한 사람도 포함되었다. 이렇게 격리조치하게 된 것은 이들이 일본을 도와 미국에 대해서 이적행위를 할 수도 있다는 의구심 때문이었다. 미국 인구조사국은 비밀리에 일본계 미국인에 대한 정보를 제공하였다. 수용소에 있는 일본인들은 1943년 미국에 대한 충성서약도 해야만 했다. 80%이상의 사람들이 일본 천황에 대한 충성을 버리고 미국에 대하여 충성하겠다고 대답하였다.[22] 이때의 조치에 대하여 나중에 1980년 미국 내 일본계 미국인 국민연맹이

---

22 Shaw & Wong, 1989, p. 163

진상조사를 요구하였다. 이 요구에 따라 지미 카터(Jimmy Carter) 대통령은 「전시 민간인의 이주와 억류에 대한 위원회(Commission on Wartime Relocation and Internment of Civilians: CWRIC)」를 설치하여 미국정부에 의한 억류조치가 정당했는지에 대하여 조사토록 하였다. 여기서의 조사결과 이 조치는 인종차별에 근거한 것으로서 잘못되었음이 밝혀지게 된다. 이에 1988년 미국정부는 당사자들에게 사과하고 일인당 20,000불씩 배상하였다.

5 고립주의와 국제주의

전통적으로 미국은 대외정책에서 대립되는 방향의 두 가지 기조가 있다. 하나는 고립주의(isolationism)이고 다른 하나는 국제주의(internationalism)이다. 이를 불개입주의(non-interventionism)와 개입주의(interventionism)라고도 한다. 이 국제주의와 고립주의는 미국의 외교노선 이전에 미국과 미국 바깥 세계와의 관계에서 미국이 취하는 행태이다. 고립주의는 미국이 외부의 세계와 관계를 줄이는 방향으로 나아가는 것이고, 세계주의는 관계를 증가시키는 방향으로 나아가는 것이다. 고립주의와 국제주의의 상반되는 두 방향으로 하여 어떤 때는 이 방향으로 좀더 힘이 실리고 어떤 때는 저 방향으로 좀더 힘이 실린다.

미국의 국제주의와 고립주의는 다시 국제주의를 해밀턴주의(Hamiltonian)와 윌슨주의(Wilsonian)로 나누고, 고립주의는 제퍼슨주의(Jeffersonian)와 잭슨주의(Jacksonian)로 나누기도 한다. 해밀턴은 미국을 "요람 속의 헤라클레스", "거대 제국의 태아"라고 하였다.[23] 해밀턴은 연방정부의 적극적인 역할과 개입으로 강한 국가가 되어야 한다고 생각하고, 국제관계에서도 미국이 적극성을 갖고 대응해 나가야 한다고 생각하였다. 또 윌슨은 세계의 자유 민주주의의 확산과 인권의 신장에 미국의 역할을 강조하였다. 반면에 제퍼슨은 국제적인 개입을 하기 위해서는 미국이 강력한 국가이어야 하는데, 이는 국가 정부의 비대화를 가져오게 되어 결국 개인의 자유를 위축시키고 민주주의 발전에 장애가 된다는 점에서 국제문제에 적극 나서는 것을 바람직하지 않다고 생각하였다. 그리고 잭슨은 미국 주변에 있는 외부의 세력들을 제거하면서 미국 대륙 내에서의 미국의 확장과 발전, 그리고 안녕을 도모하는데 집중하였다.

미국은 유럽에서 억압받던 사람들이 자유를 찾아서 이주해 온 사람들이 세운 나라이다. 그들은 대부분 개신교도들로서 유럽의 기성 종교와 사회체제에서 소외되고 배척받는 사람들이었다. 그들에게 새로운 세계로의 이주는 목숨을 건 모험이었지만 그만큼 자신들이 살던 세계로부터 벗어나는 것이 절실하였기 때문에 그 길을 택하였던 것이다. 그들은 약자였고 그들이 찾아온 땅은 도피처였다. 미국이라는 나라가 이렇게 시작된 것을 감안하면 미국사람들이 유럽의 나라들과의 일로부터 가급적 벗어나서 고립주의를 택하고자 하는 것은 너무도 당연하다. 그리고 아메리카대륙은 지리적으로 유럽과 많이 떨어져 있었기 때문에 정치적으로도 유럽과 떨어져 있을 수 있었다. 또 미국이 독립국가로서 자립하게 된 이후에도 한참 동안 미국은 유럽국가들에 비하여 국력이 약하였고 유럽 강대국이 자국을 제약해올지도 모른다는

---

23 Talbott, 2009, p.129

조바심 속에서 지내야 하였다. 그래서 가급적 미국이 세계 주동적인 국가간 이해의 소용돌이에 말려드는 것을 경계하고 자국의 발전과 국력신장에만 매진하는 시기가 많았다. 여기에 미국은 국가 영토를 워낙 많이 확보하여 국내 땅도 모두 활용하지 못할 정도이다 보니 자국의 영토를 지키는 것만으로 충분하였고, 영토가 좁은 유럽 국가들처럼 외국에 눈을 돌릴 필요가 없었다.

독립을 하자마자 미국은 당장 유럽 강국의 압력을 받게 된다. 유럽에 나폴레옹전쟁이 일어나고 영국과 프랑스가 서로 미국을 자국의 영향권 아래에 두려고 하였고, 미국은 가까스로 중립을 유지할 수 있었다. 이후에도 상당 기간 약소국이었던 미국의 입장에서 강국들의 세력권에서 멀리 벗어나 있으려는 고립주의는 당연한 것이었다. 조지 워싱턴이 대통령에서 물러나는 퇴임사에서 미국의 앞날에 대한 지침으로서 외국과의 관계에 대해서 "통상 관계는 늘리되 정치적인 연계는 가급적 적게 가질 것"을 권고하였다. 여기서 외국이란 당시의 사정을 보면 유럽국가들이었다. 유럽국가들은 서로 복잡한 이해 관계에 얽혀 있고 분쟁도 잦은데 멀리 떨어져 있는 미국이 이러한 나라들과 긴밀한 정치적인 이해 관계를 가지면서 함께 휩쓸리게 된다면 득될 것이 없기 때문이었다. 제3대 대통령 제퍼슨(Thomas Jefferson)도 1801년 3월 취임사에서 "모든 국가와 평화, 통상, 정직한 우의를 갖겠지만, 어떤 나라와도 동맹관계에 들어가지는 않을 것"이라고 말하였다.

그리고 제5대 대통령 먼로(James Monroe)는 1823년 먼로주의(Monroe Doctrine)를 선언하게 된다. 그는 아메리카 대륙에서의 유럽 강대국의 개입을 견제하기 위하여 미국의 유럽에 대한 불간섭과 유럽의 아메리카대륙에 대한 불간섭을 원칙으로 천명하였다. 1800년

대 초반에 중남미에 많은 라틴 아메리카국가들이 스페인으로부터 독립을 선언하게 되는데 미국의 먼로선언은 이러한 신생독립국들을 지원하는 하는 의미를 갖고 있었다. 이와 같이 아메리카대륙을 유럽의 간섭으로부터 배제하는 것의 이면에는 아메리카대륙에서의 미국의 발언권을 강화하려는 의도 또한 있었다. 당시의 국력으로는 미국은 유럽의 국가들과 겨루기에는 힘이 약했기 때문에 이러한 선언이 당장 효력을 발생시킬 만큼 의미 있는 것이 아니었다. 하지만 미국은 이러한 원칙을 계속 추구해 나갔고 국력이 점점 더 강해지면서 이에 비례하여 그 의미도 커지게 되었다.

제1차, 제2차 세계대전에서 미국의 전쟁 개입과정에서도 미국의 불개입주의가 그대로 드러난다. 제1차 세계대전은 1914년 7월 28일에 시작되어 1918년 11월 11일에 끝나게 되는데, 미국이 이 전쟁에 참전하게 되는 것은 1917년 4월 6일이었다. 전쟁초기 미국은 불개입 원칙을 고수하였다. 그러다가 독일 잠수함의 국제항해선에 대한 무제한적 공격으로 미국의 상선들이 피해를 입는 일이 있었고, 또 독일의 미국에 대한 공격을 담고 있는 짐메르만(Zimmermann) 비밀전보 사건이 발생하면서 이를 계기로 미국은 참전하게 된다. 1915년 5월 7일, 영국 여객선 루시타니아(RMS Lusitania)호가 독일의 잠수함 유보트(U-boat) 공격에 의하여 침몰되면서 미국인 128명이 죽었다. 미국의 항의에 대하여 독일은 그와 같은 공격의 재발 방지를 약속하였지만, 1917년 1월 이후 독일은 다시 잠수함의 무제한 공격을 시작하였다. 그리고 독일 짐메르만 전보 사건이 일어나게 된다. 짐메르만은 독일 외무장관 이름이다. 전쟁 중이던 1917년 1월, 영국 정보부가 독일 외무성이 멕시코에 보낸 한 전문을 감청하게 된다. 그것은 멕시코,

일본에 대한 군사동맹제의였고, 그 내용에는 멕시코가 미국과 전쟁을 하면 과거 미국에 빼앗겼던 텍사스, 아리조나, 뉴멕시코를 되찾게 해주겠다는 제안을 담고 있었다.[24] 이것이 세상에 알려지자 국내에 반독일 여론이 들끓게 되면서 미국은 참전을 선언하게 된다.

다음으로 제2차 세계대전은 1939년 9월 1일에 발발하여 1945년 9월 2일에 끝나게 된다. 그런데 미국은 1941년 12월, 일본에 의하여 미국의 진주만이 공격 당하기까지 참전하지 않았다. 물론 미국은 영국에 대하여 물자지원을 하고 일본에 침략당한 중국에 대하여 간접적인 지원을 하였지만 공식적으로 중립을 지키고 있었던 것이다. 전쟁에 참전해야 한다는 여론도 있었고, 전쟁에 참전해서는 안된다는 여론도 있었다. 참전하지 말아야 한다는 비개입주의는 소수이지만 나름대로 힘을 갖고 있었다. 비개입주의자 중에는 특히 독일계통의 사람들이 많았다. 이들은 친독일, 반영국, 반유대인적인 경향을 갖고서 참전반대 여론을 적극적이고 조직적으로 조성하였다

미국의 세계에 대한 임무와 역할을 중시하는 것이 국제주의이다. 국제주의는 그냥 개방하는 것만을 의미하는 것이 아니라 세계에 대한 임무와 역할이라는 적극적인 내용을 갖는다. 세계에 나서서 자국의 이해를 관철하기 위해서는 힘이 뒷받침되어야 한다. 미국의 힘은 건국 후에 줄곧 확대되어 왔다. 그리고 양차대전을 거치면서 미국이 힘에서 유럽 국가들을 크게 앞서게 되었을 때 국제주의가 고립주의를 대체하게 된다. 건국 초기에 시작된 고립주의가 미국의 힘이 유럽의 국가들에 비하여 약했던 데에 연유했으므로 힘이 강해진 상태에서는 이전과 같은 고립주의가 지속될 수 없었다. 미국이 힘이 강해지

---

24 이들 주는 1836년 이전에는 멕시코의 땅이었다.

게 되자 세계의 여기저기에서 발생하는 이권과 이해관계를 도외시 할수 없게 되었다. 여기에 과학기술의 발전으로 시간거리에 있어서 세계의 범위는 점점 축소되면서 구대륙과 멀리 떨어져 있는 미국이 국제문제에 간여하기 쉽게 되었다. 뿐만 아니라 정신적인 측면에서도 미국인의 주류 종교인 기독교가 국제적인 성격을 갖고 있고, 정치적 이념 또한 개방적 국제적 성격을 갖고 있다.

그래서 현실적인 이해와 정신적인 이념들이 서로 연결되고 이러한 연결의 조합이 변화하면서 미국은 그 상황에 따라 어떤 때는 고립주의를 강하게 드러내고, 어떤 때는 국제주의를 강하게 드러내게 되는 것이다. 국인주의에 비추어 보면 미국의 고립주의나 국제주의나 모두 미국 국인주의인 것은 마찬가지이다. 고립주의를 선택하느냐 개입주의를 선택하느냐는 그때 그때마다 어느 정책이 미국의 국익에 더 부합하는가에 달려 있다. 워든 티치아웃(Woden Teachout)은 미국의 고립주의와 국제주의 기조를 국인주의자 애국주의(nationalist patriotism)와 인도주의자 애국주의(humanitarian patriotism)로 구분하기도 한다.[25] 티치아웃의 이 같은 구분은 미국인으로서 애국심이 다소 가미된 표현이고, 보다 객관적으로 보면 모두 다 국인주의로서 내향적 국인주의(inward nationalism)와 외향적 국인주의(outward nationalism)라고 하는 것이 더 합당하다.

미국의 고립주의와 국제주의는 단순히 폐쇄나 개방을 의미하는 것이 아니다. 고립주의는 미국 내부와 주변을 중심으로 외부 세력을 밀쳐 내고 미국의 힘을 축적해 나가는 것이고, 국제주의는 세계의 국가들과 적극적인 관계 속에서 세계의 문제에 개입하는 가운데 국익을

---

25 Teachout, 2009, p. 5

추구하는 것이다. 어느 것이나 목표는 미국의 이익이며, 상황변수는 미국의 힘이다. 전자는 미국의 힘을 키우고 축적하는데 역점을 두는 반면, 후자는 미국의 힘을 행사하는데 더 역점이 주어지게 되는 것이다.

6 민주당과 공화당

1789년 조지 워싱턴이 대통령이 되었을 때에는 미국에 정당이 없었다. 미국에 정당이 생긴 것은 1791년 알렉산더 해밀턴(Alexander Hamilton)이 연방당(Federalist Party)을 만들고, 이에 대항하여 토마스 제퍼슨(Thomas Jefferson)이 공화당(Republican Party)을 만들면서부터이다.[26]

워싱턴은 정당을 좋아하지 않았다. 그가 대통령으로서 두 번의 임기를 마치고 퇴임할 때, 퇴임사에서 당파심의 자제를 권고하는 것을 잊지 않았다. 정당체제 하에서는 어느 정당이 정권을 잡으면 상대 정당에 대하여 보복을 하게 되고, 집권당이 바뀔 때마다 정책이 바뀌어 나라 일이 일관성 없이 우왕좌왕하는 가운데 나라가 혼란스러워지기 때문이다.

연방당과 공화당은 그 이름에서 보듯이 연방정부의 역할과 위상에 있어서 극명하게 입장을 달리하고 있었다. 연방당은 국가체제가 연방정부 중심으로 되어야 한다는 반면에, 공화당은 주정부중심으로 되어야 한다는 것이다. 해밀턴의 강한 국가로 가기 위한 의지가 강했듯이

---

26 제퍼슨의 공화당(Republican Party)은 링컨의 공화당(Republican Party)과 구분하기 위하여 후세에 민주공화당(Democratic-Republican Party)으로 부르게 되었다.

제퍼슨의 민주주의로 가기 위한 의지 또한 강했다. 제퍼슨은 국가 권력이 집중되는 것을 극도로 경계하였다. 권력이 집중되면 부패하고 결국 전제군주체제로 가게 될 것을 염려하였기 때문이었다. 그는 군주체제인 영국을 싫어하고 민주주의 혁명을 이룩한 프랑스를 선호하였고, 상공인보다는 농업인을 기반으로하여 권력이 분산되는 공화주의체제로 가야 한다고 생각하였다.

연방당은 북부 상공인들의 지지를 받은 반면, 공화당은 남쪽의 농업인의 지지를 받았다. 그리고 연방당은 영국과 우호적인 관계를 가져야 한다고 생각한 반면에, 공화당은 왕정국가인 영국을 멀리하고, 민주주의 혁명을 이룩한 프랑스와 가까이 해야 한다고 생각하였다. 1820년에 이르러 연방당은 해체되고, 공화당은 1824년에 잭슨(Andrew Jackson) 지지파와 아담스(John Quincy Adams) 지지파로 나누어지면서 다음 해에 소멸하게 된다.

이후 1828년 잭슨의 주도 하에 민주당(Democratic party)이 창당되는데 이 민주당은 사실상 이전의 공화당을 계승한 것이다. 그리고 1854년 공화당(Republican party)이 창당되어 이때 구축된 양당체제가 오늘날까지 계속되고 있는 것이다.

남북전쟁에서 승리한 공화당은 노예제 폐지, 대륙횡단철도 건설, 서부지역의 주민 정착, 국가통화체제 구축, 보호관세 등 다양한 정책을 취하면서 연방의 역할과 기능을 강화해 나가게 된다. 이에 대하여 남북전쟁에서 패배한 남부의 백인들은 민주당 지지자가 되어 공화당의 정책에 반대하는 입장에 서게 된다. 공화당은 주로 동북부의 상공인들 그리고 흑인의 지지를 받았으며, 민주당은 주로 남부의 농업인 그리고 백인들의 지지가 많았다. 남북전쟁 승리의 기세를 몰아 19세기 후반은 공화당이 집권하는 시기가 월등히 많았고, 그동안 상공업이 급속히 발전하여 미국은 산업국가로 거듭나게 된다.

그런데 시간이 지나면서 정당의 강령이나 지지기반에서도 크게 바뀌게 되었다. 여러 사건들을 거치면서 양당은 크고 작은 변화를 겪게 되지만 그 중 큰 변화를 가져온 계기는 1936년 민주당 프랭클린 루즈벨트(Franklin Roosevelt) 대통령의 뉴딜 정책이었다. 민주당은 사회정책을 위해서 큰 정부로 가기 원했고 공화당은 이에 반대한 것이다. 그리고 제2차 세계대전 이후 민주당이 흑인들의 권리신장에 나서면서 백인들이 대거 민주당을 이탈하게 된다. 그래서 현재의 양당의 정책기조나 지지층의 구조는 과거와 완전히 달라지게 되었다. 오늘날 민주당의 지지자층은 주로 흑인, 소수민족, 카톨릭교도, 하층민, 여성, 젊은 사람 등이며, 공화당의 지지자층은 백인, 기독교도, 상류층, 중산층, 남성, 나이 든 사람 등이다. 그래서 지역적으로는 민주당은 대도시와 북동부 및 서부지역에서 많은 지지를 받고 있고, 공화당은 남부와 내륙지역에서 많은 지지를 받고 있다.

대도시는 국제적인 교류가 많고, 외국에서 유입된 이민자들도 대도시에 많이 산다. 그래서 대도시에 지지세력을 두고 있는 두고 있는 민주당은 상대적으로 국제적인 성향을 보이는 반면, 공화당은 더 고립적이고 더 강한 국인주의적인 성향을 보인다. 최근 수십 년간 대통령을 보더라도 민주당의 카터 대통령은 세계의 인권과 민주주의 발전에 많은 관심을 보였고, 클린턴 대통령은 세계화를 적극 추진하였으며, 오바마 대통령도 국제적인 협력관계를 중시하였다. 반면에 공화당의 레이건 대통령은 강한 미국을 내세웠고, 아버지 부시(George H. W. Bush) 대통령은 걸프전을 치렀으며, 아들 부시(George W. Bush)

대통령도 이라크 전쟁을 치렀고, 트럼프 대통령은 미국 우선주의를 내세우고 있다.

이러한 가운데 공화당이 국인주의에서 더 직접적이고 강한 면모를 보여주고 있다. 2010년 유에스에이투데이(USA Today)와 갤럽(Gallup)이 공동으로 행한 의식조사에서도 이러한 면면이 드러나고 있다. 미국이 세계에서 가장 위대한 나라로서의 특성을 갖고 있다고 생각하느냐의 물음에 그렇다고 대답한 사람은, 민주당 지지자는 73%, 무소속 사람들은 77%인 반면에, 공화당 지지자들은 무려 91%였다. 그리고 미국이 세계를 이끌어 가는 나라로서 특별한 책무를 가졌다고 생각하느냐의 물음에 그렇다고 대답한 사람은, 민주당 지지자는 61%, 무소속 사람들은 64%인 반면에, 공화당 지지자들은 73%였다.

2015년 대통령 선거 유세에서 트럼프는 불법이민자의 유입을 비난하면서 멕시코에서 범죄자, 마약상, 강간범들을 보내온다고 하였다. 그리고 대부분의 백인살해사건은 흑인들이 저지르는 것이라고 하였다. 그래서 트럼프는 인종차별주의자라는 논란도 있었는데, 이에 대하여 트럼프는 자신은 진실만을 말했을 뿐 인종차별주의자가 아니라고 반박하였다. 그가 인종차별주의자인지 아닌지는 알 수 없지만 그가 백인들의 표를 의식하여 이런 말을 한 것만은 확실하다. 공화당은 주류 백인들의 지지를 많이 받고 있는 가운데 공화당원들은 강한 국인주의적인 성향을 보인다. 최근에는 전통적으로 내려오던 남부 백인들의 미국 국인주의에 북부 지역의 백인들도 가세함으로써 백인 국인주의(white nationalism)라는 말도 나오고 있다.

[표 4-1]	유에스에이투데이와 갤럽의 의식조사

미국의 역사와 헌법 볼 때 미국이 세계에서 가장 위대한 나라로서의 특성을 갖고 있다고 생각합니까?

구분	그렇다(%)	아니다(%)
민주당	73	23
무소속	77	23
공화당	91	7
미국 전체	80	18

미국이 세계를 이끌어 가는 나라로서 특별한 책무를 가졌다고 생각합니까?

구분	그렇다(%)	아니다(%)
민주당	61	33
무소속	64	33
공화당	73	26
미국 전체	66	31

출처: Americans See U.S. as Exceptional; 37% Doubt Obama Does, by J. M. Jones, December 22, 2010, *Gallup*. Retrieved from http://news.gallup.com/poll/145358/americans-exceptional-doubt-obama.aspx

7 종교적 정체성

메이플라워호 이야기에서 보듯이 미국은 개신교 신자들이 세운 나라이다. 이후에 세계 각지에서 다양한 사람들이 유입되었고, 자유를 주요 이념으로 내세우는 나라로서, 그리고 다양한 종교가 있는 현재의 미국에 있어서 개신교는 건국 당시와 같을 수는 없다. 그럼에도

불구하고 미국에서 개신교는 그 영향을 무시할 수 없을 만큼 중요한
문화요소이다.

[표 4-2]

미국인의 종교

종교	비중(%)	비고
기독교	70.6	
개신교	46.5	
가톨릭	20.8	
기타	3.3	
유대교	1.9	
무슬림	0.9	
불교	0.7	
힌두교	0.7	
기타종교	1.8	
종교없음	22.8	

참고: 2014년 기준

미국인의 종교분포를 보면 개신교와 가톨릭을 합한 기독교 인구가
전체인구의 70.6%로 절대적인 비중을 차지하고 있다. 이는 기독교 인
구의 비중이 59.5%인 영국이나, 51.1%인 프랑스, 59.3%인 독일 등
다른 유럽국가에 비해서 훨씬 높은 수치임을 알 수 있다.

2002년 퓨연구소(Pew Research Center)의 조사에 의하면 미
국인 중 59%가 종교가 자신의 삶에서 매우 중요한 역할을 한다고 응
답하였다. 이는 30%의 캐나다, 33%의 영국, 27%의 이탈리아, 21%

의 독일, 11%의 프랑스, 25%의 한국, 12%의 일본 등 다른 선진국들에 비하여 월등히 높은 수치였다.[27] 그리고 2007년의 갤럽조사에 의하면 창조론에 대하여 "확실히 그렇다(definitely true)"고 대답한 사람이 39%였던 반면에, 진화론에 대하여 "확실히 그렇다"고 대답한 사람은 18%에 불과하였다.

그리고 2009년 갤럽조사에 의하면 매주 교회에 나간다고 답한 사람은 42%나 되었다. 미국인들이 기독교에 대한 믿음이 강한데 특히 중남부지역의 사람들이 더 강하다. 미국 중부에 있는 미시시피주는 매주 교회에 나간다고 답한 사람은 63%로서 평균보다 21%나 더 높았다.[28] 또 2000년 조사에 의하면 미국 남부지역 사람들은 65%가 개신교도이고, 10명중 6명은 진화론보다는 창조론을 믿는 것으로 조사되었다.

미국의 대도시에는 외지에서 들어오는 유입민들이 많고 외부적인 교류가 많아 인종적으로도 다양하고 종교적으로도 다양하다. 그러나 미국의 거대한 대륙의 내지에 있는 시골과 소도시에서 살아가는 사람들은 외부세계와 고립되어 있는 편이다. 이들 지역에서는 개신교가 절대적인 비중을 차지하고 있는 가운데 사람들은 교회를 중심으로 하는 그들만의 공동체를 형성한다. 시간이 감에 따라 백인들의 기독교 문화가 공고해지면서 다양성이 줄어들어 보수적인 정통 개신교가 절대적인 위치를 점하고 있는 것이다.

미국사회는 기독교 사회이고, 기독교의 교리에 따라 보수적인 이념을 가진 사람들이 많다. 미국인들에게는 자신들이 이미 확고한 이

---

27 Pew Research Center, 2002
28 Newport, 2010

넘을 갖고 있기 때문에 다른 이념이 허용될 수 있는 여지가 작다. 그래서 미국은 이념적인 적이 많다. 사회주의가 세계 어느 나라에서보다 미국에서 심하게 박대를 받은 것은 미국의 개신교와 무관하지 않다. 과거에는 미국의 적이 소련을 중심으로 하는 사회주의였지만 사회주의의 위협이 거의 소멸한 지금 미국의 적은 이슬람 근본주의로 바뀌었다. 이슬람에 대한 미국의 적대적인 행동은 기독교와 함께 생각해야 이해가 수월하다.

조지 부시 대통령은 2001년 9월, 911 테러에 대한 의회연설에서 "이 전쟁의 과정은 알 수 없고 결과 또한 확실하지 않다. 하지만 자유와 공포, 정의와 잔혹행위는 전쟁에서 항상 있어 왔지만 우리가 알기로 신은 그들 사이에 중립적이지 않다"고 하였다. 이 말에서 다분히 신의 뜻을 의식하는 그의 심중을 엿볼 수 있다. 그리고 2002년 1월 30일, 연두교서에서 이란, 이라크, 북한을 악의 축(Axis of Evil)으로 지목하였다. 세계를 선과 악으로 구분 지어 미국에 대항하는 세력을 악으로 표현한 것이다. 부시 대통령은 기독교도로서 공공연히 기도하고 신에 대한 믿음과 운명을 말하였다. 백악관에서 일했던 사람들은 그가 마루바닥에서 고개 숙이고 기도하는 장면을 자주 목격하였다고 한다. 또한 그는 이라크 전쟁을 하는 동안 단 것을 먹지 않고 종종 금식을 한 것으로 알려져 있다. 라이벤(Anatol Lieven)은 부시가 세계의 테러를 자행하는 악을 제거하는데 자신이 신으로부터 선택받았다는 믿음을 갖고 있었다고 말한다.[29]

사담 후세인 제거에 앞장선 부시는 미국 기독교인들의 절대적인 지지를 받았다. 미국을 두고 종교국가라고 할 수는 없지만 종교적인 요

---

29 Lieven, 2012, pp.131~3

소가 상당히 강한 국가임에는 틀림없다. 이슬람 근본주의가 강한 파괴력을 갖고 있듯이 미국 또한 종교에서 나오는 강한 힘을 갖고 있다. 그래서 미국 국인주의 또한 종교적인 요소가 강하다. 종교를 바탕으로 둔 국인주의는 선과 악으로 구분하여 자신들은 선이고 남은 악이라는 이분법으로 접근하므로 더 강하고 과격하다. 종교에 바탕을 둔 국인주의는 더 쉽게 자기 세계 속에 도취하고, 비타협적이고, 그리고 비현실적인 목적을 추구할 수도 있는 것이다.

제 5 장

미국을 위한 이념들

1. 미국 예외주의

2. 미국 구세주의

3. 미국 패권주의

4. 미국 우선주의

제5장 미국을 위한 이념들

나는 미국 예외주의를 뼈속까지 깊게 믿는다

– 버락 오바마(Barack Obama) –

1 미국 예외주의

미국 예외주의

2009년 프랑스 스트라스부르 나토 정상회의에서 파이낸셜타임즈 기자가 미국의 예외주의에 대한 질문을 하였다. 이에 버락 오바마(Barack Obama) 대통령은 "영국인이 영국 예외주의를 믿고, 그리스 사람들이 그리스 예외주의를 믿듯이, 나는 미국 예외주의를 믿는다" 라고 대답했다.

이 발언이 알려지자 미국의 많은 사람들이 오바마를 비난하고 나섰다. 미국의 예외주의가 다른 나라의 그것과 같은 부류의 예외주의라면 그것은 이미 예외주의가 아니라는 것이다. 바비 진달(Bobby Jindal) 주지사는 "오바마는 미국 예외주의를 진심으로 믿지 않는 첫 대통령인 것 같다" 라고 말하였으며,[1] 전 아칸소 주지사 마이크 허카비

---

1 Farley, 2015

(Mike Huckabee)는 "미국 예외주의를 부정하는 것은 미국의 마음과 영혼을 부정하는 것"이라고 말하였다.[2] 그리고 2012년 대통령선거를 앞두고 공화당후보 미트 롬니(Mitt Romney)는 "현재 우리 대통령은 미국 예외주의에 대해서 우리가 갖는 느낌을 갖고 있지 않다. 이 나라를 세계 역사상 가장 위대한 나라로 만드는 그 원칙을 회복할 수 있도록 투표권을 행사해야 한다"고 하면서 자신에 대한 지지를 호소했다.[3] 이러한 정치가들의 말에서 표현된 미국 예외주의에 대한 인식은 미국의 대다수 엘리트들의 인식과 크게 다르지 않다.

미국 예외주의 발언으로 미국 대통령으로서의 자질에서 의심을 받던 오바마는 예외주의에 대한 그의 태도를 완전히 바꾸게 된다. 이후 그는 미국 예외주의를 자주 언급하였으며, 2014년 5월 육군사관학교 졸업식에서 "나는 미국 예외주의를 뼈속까지 깊게 믿는다"라고 말하였다. 2013년 9월, 오바마 대통령이 시리아 사태와 관련하여 미국 예외주의를 언급하였을 때, 러시아의 블라디미르 푸틴(Vladimir Putin) 대통령은 뉴욕타임스(New York Times) 기고를 통하여 "사람들로 하여금 그들이 예외적이라고 부추기는 것은 매우 위험한 일이다. 우리는 모두가 다 다르며 우리가 신의 가호를 빌 때 신은 우리를 평등하게 창조했다는 사실을 잊어서는 안 된다"라고 하였다.[4] 또 그해 10월, 에콰도르의 라파엘 꼬레아(Rafael Correa) 대통령은 알티(RT)방송과의 인터뷰에서 독일의 나치도 자신들이 선택된 우수한 민족이라고 했다는 점을 상기시키면서 "미국의 예외주의는 매우 위험한 생각"

---

2 Tumulty, 2010
3 Mehta, 2012
4 Putin, 2013

이라고 말하기도 하였다.[5]

한국에 단군신화가 있는 것과 마찬가지로 세계 대부분의 국가가 자국과 자국민에 대한 이야기가 있다. 한국인이 단군의 자손으로서 특별한 사람들이듯이 모든 나라사람들이 모두 특별한 사람들인 것이다. 미국도 미국이라는 나라를 장식하는 이념과 정신이 있다. 다른 나라가 갖지 못한 훌륭한 것들을 갖고 있다는 것이다. 마찬가지로 다른 나라는 다른 나라대로 국인주의가 있고 그 나름의 특별함이 있다. 이것이면 충분하다. 그런데 문제는 오바마의 예에서 보듯이 미국에 있어서는 그렇지 않다는 것이다. 미국의 특별함은 다른 나라도 갖는 그런 특별함이 아니라는 것이다.

미국 예외주의의 역사

미국사람들은 미국 예외주의(American Exceptionalism)라는 말을 자주 사용하지만 상당히 애매모호하게 사용한다. Exception-alism이란 "독특함", "다름"에 근접한 뉘앙스를 갖고 있는 가운데 단지 다른 나라와 같지 않다는 것을 의미하는 것만이 아니라 더 낫다는 것을 의미한다.[6] 보통국가들과 같은 부류가 아닌 특별한 위치에 있다라는 의미에서 열외주의, 혹은 예외주의라고 할 수 있다.

2016년 8월, 신시내티(Cincinnati) 선거유세에서 민주당 대선후보 힐러리 클린턴(Hillary Clinton)이 미국의 예외주의에 대한 정의를 내놓았다. 그녀는 예외주의를 "평화와 진보를 위한 힘으로서, 그라

---

5 Chasmar, 2013
6 Rourke, 1998

고 자유와 기회의 수호자로서 미국만이 갖고 있는 독특하고 비길 데 없는 능력을 인식하는 것"이라고 말하였다.[7] 대다수 미국인들은 미국이 자유롭고, 민주적이고, 개방되고, 기회가 많다고 생각하고 있고, 이러한 면에서 다른 나라와 확연히 구분될 정도로 특별함이 있다고 생각한다. 그래서인지 미국정치인들의 연설에 미국은 특별하다(special)라는 말이 빠지게 되면 이는 정말 특별한 경우이다.

미국에 대하여 그 예외적이라는 표현을 처음 사용한 사람은 프랑스 사회학자 알렉시스 토크빌(Alexis de Tocqueville)이다. 그는 미국을 여행하고 와서 1840년『미국의 민주주의』(Democracy in America)라는 책을 출간하였다. 여기서 토크빌은 미국은 대서양 바다 건너에 있지만 유럽의 나라들과 분리해서 생각하기는 어렵다고 하고, 그렇지만 미국은 정치제도, 종교, 역사, 국민의 신조, 국가의 기원 등에서 유럽국가들에 비하여 아주 예외적(exceptional)이라고 하였다.[8] 특히 정치체제에 있어서 미국은 세습적인 권력에 의한 지배가 아니라 주권을 갖고 있는 일반 국민들의 투표에 의하여 선출된 대표에 의하여 통치가 이루어지는 공화주의 국가였다. 당시 유럽국가들은 모두 왕정이었던 현실에 비추어 이들 국가와 달리 민주주의 체제를 가졌다는 점에서 미국은 독특하고 예외적이었던 것이다.

사실 토크빌은 예외적(exceptional)이라는 말은 했지만 예외주의(exceptionalism)라고 하지는 않았다. 예외주의(exceptionalism)라는 용어를 가장 먼저 사용한 사람은 아이러니하게도 조셉 스탈린(Joseph Stalin)으로 알려져 있다. 자본주의가 성숙하면 사회주의로

---

7 Lucey, 2016
8 Tocqueville, 1840/2004, p. 36

가게 된다는 마르크스의 이론에 따라 1920년대 사회주의자들이 미국에 사회주의 혁명이 일어나기를 기다렸지만 혁명이 일어날 조짐이 보이지 않았다. 이에 미국의 사회주의자 제이 러브스톤(Jay Lovestone)이 미국은 자연자원이 풍부하고, 막강한 산업생산능력을 가졌으며, 사회 계급적인 차이가 적어서 마르크스 이론과 달리 미국에 사회주의 혁명이 일어날 수 없다고 하였다. 이러한 주장을 두고 스탈린이 "미국 예외주의 이단[9]"이라고 한 것이다. 이 말이 영어로 번역되어 미국 예외주의(American exceptionalism)라는 용어가 출현하게 되었는데, 스탈린의 말은 탁월하다라는 의미가 아니라 정도를 벗어났다고 하여 미국에 대한 조롱에 가까운 의미로 이 표현을 사용한 것이었다.[10] 어쨌든 이때에는 이 말이 널리 사용되지는 않았다.

미국 예외주의가 많은 사람들에게 알려지고 논의의 대상이 되기 시작한 것은 20세기 후반이다. 레이건 대통령은 월남전 패배와 워터게이트 사건 등을 겪으면서 상처입은 미국인의 자존심을 회복하고 사기를 진작시키는 방안으로서 미국 예외주의를 들고 나왔다. 이때를 즈음하여 미국 식민지 정착 초기의 윈스롭 이야기 또한 자주 등장하게 된다.

미국 예외주의 이야기는 미국 초창기까지 거슬러 올라간다. 미국인의 조상은 17세기 북아메리카 대륙동부에 처음 정착한 뉴잉글랜드의 청교도들이다. 청교도들은 자신들이 정착하게 된 땅을 하느님이 준 선물이라고 생각하였다. 전해오는 이야기에 의하면 1630년 이주민들을 싣고 영국에서 메사추세츠 베이 식민지로 가는 배 아르벨라

---

9 the heresy of American exceptionalism
10 McCoy, 2012

존 윈스롭(John Winthrop)의 설교

(ArVbella) 선상에서 청교도 존 윈스롭(John Winthrop)[11]이 설교
를 하였다고 한다. 이 설교에서 자신들은 신으로부터 선택받은 사람
들이며 자신들의 이 공동체가 세계 사람들이 바라볼 "언덕 위의 도시
(A city upon hill)[12]"가 될 것이라고 하였다는 것이다.

물론 이 언덕 위의 도시는 성경 구절에서의 나온 말이다. 마태복음
5장 14절-15절은 "너희는 세상의 빛이라 언덕 위에 있는 도시(a city
on a hill)가 숨기지 못할 것이요, 사람이 등불을 켜서 됫박으로 덮어
두지 아니하고, 등경 위에 두나니 이러므로 집안 모든 사람에게 비춰
느니라" 라고 하고 있다.

---

11 존 윈스롭(John Winthrop)은 영국의 청교도 법률가로서 미국에 가서 메사추
세츠 지역 개척민들을 이끈 사람으로 오랫동안 이 지역의 지사를 역임하였다.
12 윈스롭이 말한 곳은 메사추세츠 베이 식민정착지로 지금의 보스톤 지역이다.

당시 미국에 건너온 사람들은 대부분 신실한 청교도들이었으므로 예수님의 가르침대로 우리들이 모범적인 마을을 만들어 보자고 윈스롭과 함께 다짐했던 것이다. 이후에도 많은 미국인들은 자신들의 상황을 성경의 내용에 비추어 해석하고자 하였다. 그들은 자신들이 성경 속의 이스라엘 사람들이고, 지금 정착한 곳이 하느님이 이스라엘 백성에게 주겠다고 한 약속의 땅 가나안(canaan)이라고 생각하였다. 성경에서의 젖과 꿀이 흐르는 땅이 자신들이 정착한 풍요로운 땅이며, 자신들은 하느님에 의하여 선택된 사람이라고 생각한 것이다. 그리고 원주민 인디언들은 성경 속의 가나안 사람들(canaanite)로 생각하였고, 가나안 사람들이 이스라엘에 복속되었듯이 인디언들도 그들에 의하여 복속되어야 할 사람들로 생각하였던 것이다.[13]

이 이야기는 미국인들에게 있어서 하나의 건국신화처럼 내려오고 있다. 신대륙 식민지에 정착하게 된 정착민들에게는 다른 곳에서도 칭송할 만한 모범적인 좋은 사회 공동체를 만들어 나가야겠다는 의식이 있었을 것이다. 그리고 이러한 의식이 국가차원으로 확대되어 세계의 모범이 되는 국가가 되어야 한다는 것으로 발전하게 되었다. 공화제 국가로서 건국한 미국은 자유와 민주주의의 모범국가로서의 미국을 생각하게 된 것이다. 제퍼슨은 1809년 대통령을 물러나면서 "자치정부와 자유의 신성한 불꽃의 유일한 저장소인 미국이 지구상의 다른 지역을 환하게 밝힐 것" 이라고 하였다.

이러한 다짐은 자기암시 속에서 기정사실화되어 당연히 그렇다는 하나의 예언이 되었다. 그래서 많은 미국인들에게 있어서 미국은 언덕 위에 있는 도시와 같이 하느님으로부터 점지된 땅에 선택된 사람들로

---

13 Rourke et al., 1996, p. 91

이루어진 나라이고, 그래서 다른 나라와 같지 않다는 것이다.

미국 예외주의의 현실적 의미

미국 예외주의는 구체적인 내용이 없는 가운데 하나의 추상적이고 막연한 개념이다. 그러다 보니 이에 대한 해석은 다양하고 의견은 분분하다. 실제 보통국가와 다른 국가로서의 미국이 갖는 예외성은 두 가지로 나누어 생각해 볼 수 있다. 하나는 정신적인 면에서 다른 나라와 다르다고 할 수 있다. 토크빌이 지적한 대로 미국은 정치체제 면에서 보통의 국가들과는 완전히 달랐다. 당시 유럽의 국가들은 왕들이 지배하는 전제주의 체제였는데 반해, 미국은 민주주의 국가였다. 미국은 독립혁명으로 태어났고, 자유주의, 평등주의, 개인주의, 공화주의, 민주주의를 내세우는 미국은 종전의 국가형태와 다른 새로운 형태의 국가였다. 그리고 체스터톤(Gilbert K. Chesterton)은 미국은 세계에서 유일하게 신조에 기초하여 설립된 나라라고 하였다. 민주주의 이념이 무엇보다 중요한 역할을 하고 있는 것이다. 이러한 면을 생각하면 다른 나라와 다른 미국 고유의 예외성을 이 이념적인 측면에서 찾을 수 있다.[14]

다른 하나는 물리적인 측면에서 미국은 다른 나라와 다르다고 할 수 있다. 미국은 거대한 땅덩어리에 풍부한 자연 자원을 갖고 있고,[15] 엄청난 자본력과, 최고의 지식과 기술력을 갖고 있으며, 다른 나라보다 월등한 군사력을 가진 나라이다. 미국의 예외성은 앞에서 본대로

---

14 Bohm, 2013
15 특히 유럽 사람들의 시각에서 볼 때 유럽 국가에 비해서 미국의 규모는 매우 크다.

원래 이념적인 측면에 대한 것이었지만 미국이 가진 풍요나 강대국으로서의 물리적 측면에서 보통의 국가와 워낙 다른 특성을 갖고 있기 때문에 이 측면에서의 예외성을 간과할 수가 없다.

이러한 사실은 여론 조사에서도 잘 나타나고 있다. 2016년 발표한 AP통신과 시카고 대학 국가여론연구소의 공동조사 결과에 따르면 미국 사람들이 미국에 대하여 가장 자랑스러워 하는 분야는 군사력이다. 미국의 군사력이 매우 자랑스럽다고 생각하는 사람이 78%였다. 반면에 민주주의의 작동방식이 매우 자랑스럽다고 한 사람은 42%에 불과하였다.[16]

미국 예외주의는 초기에는 청교도 국인에 의한 종교적으로 경건함을 잃지 않는 국가로서의 독특함이었다. 또 자유를 찾는 사람들이 건설한 민주주의 국가로서의 독특함이었고, 이런 나라로서 그 가치를 지키기 위하여 어떠한 어려움이 있더라도 나라를 지켜나가야 한다는 수준이었다. 그러다가 미국이 국토를 확대하면서 대국이 되었다. 그리고 양차대전에서의 승리와 전후에 미국의 역량을 세계에 과시하게 되었고, 세계 곳곳의 크고 작은 전쟁에서 미국 군사력의 압도적인 우위를 과시하고, 미국의 자본주의와 소련의 사회주의와의 대결에서 승리함으로써 미국의 자존심은 올라갔고, 이에 따라 미국의 예외주의 의식 또한 상승하게 되었다.[17] 미국의 물리적인 측면에서의 예외성이 없다면 정신적인 측면에서의 예외성도 큰 의미를 갖지 못하게 되었을 것이다.

미국 예외주의는 미국은 보통의 나라와 다르다는 것이다. 보통의

---

16 Lennihan, 2016
17 Rourke et al., 1996, pp. 91~92

나라와 다르니 가야 할 길이 보통국가와 다르고, 취해야 할 행동이 보통국가와 다르며, 그래서 미국은 보통의 국가에 적용되는 원칙과 규범으로부터 예외라는 의미로 해석될 수 있다

보통의 국가는 핵무기를 보유할 수 없다. 그러나 미국은 수천 기의 핵무기를 보유하고 있을 뿐만 아니라 핵무기 외에도 무기라는 무기는 다 갖고 있다. 세계 수많은 지역에 걸쳐 다른 나라 영토 위에 미국의 군사기지를 두고 있다. 국제규범은 침략전쟁을 허용하지 않지만 미국은 미국을 공격하지 않는 국가에 대해서도 공격을 감행하고, 국제규범에서는 모든 국가는 주권을 갖지만 미국은 다른 나라의 주권사항에 대한 간섭을 서슴지 않는다. 좀 더 과하게 표현하면 국제적인 법, 규칙, 원칙, 도덕, 규범, 윤리 모두 보통 나라 이야기이고 예외적인 미국과는 상관없는 이야기인 것이다.

1989년 12월, 미국은 2만 6천명의 병력으로 파나마를 침공하여 당시 파나마의 실권자 마누엘 노리에가(Manuel Noriega)를 미국으로 잡아온다. 노리에가는 오랫동안 미국 CIA의 정보제공 협력자로 있었다. 그런데 그가 정보를 쿠바에 제공하고 파나마운하 조차지대 반환과 관련하여 미국의 이해에 걸림돌이 되자 제거대상이 된 것이다. 그는 파나마에서 재판 받기를 요구하였으나 거부당하고, 마약거래, 돈세탁, 갈취 등 10개의 혐의로 기소되어 미국법정에서 40년 형을 언도 받고 수감되었다.[18] 이러한 미국의 행위에 대해서 UN총회에서는 찬성 75, 반대20, 기권40으로 명백하게 국제법을 위반한 침략행위로 규탄했지만 아무 일 없이 지나갔다.

---

18 노리에가는 마이애미 연방교도소에서 2010년까지 복역한 이후, 다시 돈세탁 혐의로 프랑스에서 복역하였다. 2011년 파나마로 추방되어 파나마 법원에 의해 징역 60년을 선고 받고 가택연금상태에 있다가 2017년 5월에 죽었다.

미국의 예외주의에 대하여 다양한 비판이 있다. 캐나다 정치 지도자 마이클 이그나티에프(Michael Ignatieff)는 미국 예외주의는 법적으로 적어도 세 가지 요인을 갖고 있다고 비판한다. 첫째는 공통의 법과 규칙에서 미국만 준수하지 않으려는 면제주의, 둘째는 미국 또는 미국우방에게는 관대하고 미국의 적성국가에게는 가혹한 이중기준, 셋째는 국내법을 이유로 국제법을 무시하는 국내법 우선주의이다.[19] 또 일부 학자들은 미국의 예외성 자체를 부정한다. 미국은 역사적으로 유럽과 연관되어 있고 유럽국가와 함께 행동하기 때문에 별도의 대열에 있다고 할 수 없다는 것이다. 그리고 사회 계층이나 인종 등에 기초한 불평등성이 클 뿐만 아니라 제국주의와 호전적인 국가로서 언덕의 도시와 같은 좋은 본보기로서 예외의 위치에 있다고 말할 자격이 안 된다고 주장한다. 그리고 어떤 학자들은 윈스롭(John Winthrop)의 언덕 위의 도시 이야기 등은 근거 없는 신화 만들기이며, 이러한 자기만족을 위한 국인주의에서 나온 미국 예외주의는 미국의 외교 정책을 망치고 미국을 국제사회에서 고립시키는 역할을 할 뿐이라고 비판한다.[20] 또 어떤 사람들은 다른 나라 사람을 생각해서가 아니라 미국인 자신을 위해서 미국 예외주의와 같은 이런 자화자찬을 경계해야 한다고 말한다. 미국의 국력은 약화되는 추세에 있는데 미래의 현실이 미국인의 기대에 크게 못 미치게 될 때 생길 수 있는 미국인의 정신적인 충격과 혼란을 생각한다면 지금부터 미국 예외주의 생각 같은 것은 버려야 한다는 것이다.

미국 예외주의는 미국국민의 입장에서는 긍지와 자존감을 높이고

19 Ignatieff, 2005, pp. 3~11
20 Hodgson, 2009, pp. 1~29

국력을 응집시키는 긍정적인 역할을 하겠지만 다른 나라 사람들에게까지 그대로 받아들여지는 것은 아니다. 다른 나라 사람들은 미국 예외주의를 미국의 국인주의로 생각한다. 이에 대하여 미국인들은 미국 예외주의는 국인주의가 아니라는 주장을 펴기도 한다. 미국 예외주의는 다른 나라와 같이 자기 민족, 국가 집단만을 감싸고 돌거나 우월하다고 하는 의식이 아니므로 국인주의와 다르다는 것이다. 또 미국 예외주의는 미국사람이 다른 나라 사람들보다 정직하다거나, 열심히 일한다거나, 머리가 좋다거나, 또는 미국이 우월하다는 의미가 아니라 객관적인 사실에 근거하여 미국인으로서의 긍지를 갖는 것일 뿐이라 말한다.

그러나 이러한 미국이 갖는 긍지와 미국이 우월하다는 의식 간에 경계를 짓는 것이 사실상 불가능하다. 자연히 미국인들이 갖는 긍지로서의 가장 자유롭고, 가장 민주적이고, 가장 풍요롭고, 가장 문명적이고, 가장 강하다고 하는 이 모든 것이 자신들이 우월하다는 의식을 내포하고 있는 것이다.

미국 예외주의는 미국을 만드는 신화이고 미국 국인주의의 한 단면이다. 다른 모든 국가들이 국인주의 속에서 신화를 창조하듯이 미국 또한 이와 다르지 않다. 국인주의는 국가의 상황에 따라 그 모습도 달라지게 된다. 미국의 국인주의가 다른 나라보다 좀 더 많이 나간 것은 국가역량이 더 크기 때문이다. 2009년 오바마 대통령이 말했듯이 다른 나라들도 저마다 미국의 예외주의와 같은 국인주의가 있다. 단지 미국과 같은 강한 힘이 없다는 점에서 차이가 날 뿐이다.

미국 예외주의란 미국은 숭고한 이상을 가진 자유주의 민주주의 국가이며, 막대한 물리적 능력을 갖고 있고, 또한 신의 축복을 받았기 때문에 다른 나라와는 다른 특별한 나라라고 하는 미국인들의 생각이다. 이것이 진실이든 허구이든 상관없이 미국인들이 이러한 생각을 함으로서 국가에 도움이 되고 이에 대한 결과로 결국 개인에게도 좋은 것이기 때문에 이 생각을 서로 부추기는 가운데 계속 이어지게 되는 것이다.

여기에서 더 나아가 미국은 전 세계가 보고 따라가야 할 횃불이고, 미국인은 민주주의를 향해 세계를 이끌어가야 할 운명을 지닌 특별한 사람들이라고 생각하기도 한다. 이렇게 되면 예외주의는 구세주의(messianism)와 결합하게 된다.

2 미국 구세주의

미국은 다른 나라와는 다를 정도로 위대한 가치와 제도를 가진 국가라고 생각하는 것이 예외주의라면 구세주의는 여기에서 한 걸음 더 나아가 미국이 누리는 훌륭한 가치와 미국의 좋은 제도를 다른 나라도 갖게 해 주어야 한다고 생각하는 것이다. 왜냐하면 미국이 가진 가치와 제도가 너무 좋기 때문에 자신들만 누린다는 것은 이를 누리게 해준 하느님의 은총에 보답하지 못하는 것이 될 수 있기 때문이다. 그래서 다른 사람들도 이를 누리도록 하는 것이 자신들에게 주어진 사명이라고 생각하는 것이다.

실제 1780년 토마스 제퍼슨(Thomas Jefferson)은 미국은 자유의 제국(Empire of Liberty)으로서 전 세계에 자유를 퍼뜨리는 것이 미국의 사명이라고 하였다. 그리고 1892년 미스전쟁(American-Spanish War) 이후 미국이 필리핀을 병합하면서 미국 대통령 윌리엄 맥킨리(William McKinley)는 "필리핀군도는 신이 미국에 준 선물이며, 우리가 필리핀인들을 교육시키고, 개화시켜 기독교인으로 만드는 것은 신의 은총으로서 이 일에 우리는 최선을 다할 것"이라고 하였다. 1900년 1월, 앨버트 비버리지(Albert J. Beveridge)상원의원은 "미국인은 세계의 부흥을 이끌어 나갈 선택받은 국인"이라고 하고 "세계의 진보를 맡은 수탁자이며, 세계의 바른 평화의 수호자"라고 하였다. 제1차 세계대전이 끝난 1919년 우드로우 윌슨(Woodrow Wilson) 대통령은 오리건주 포틀랜드(Portland)시에서의 연설에서 "드디어 세계는 미국이 세계의 구원자임을 알게 되었다"라고 하였다.

이 미국 구세주의(American Messianism)는 소극적 구세주의와 적극적 구세주의로 나누어진다. 소극적 구세주의는 미국이 다른 나라에 대하여 모범을 보여서 그들이 미국을 모방하도록 하는 것이다. "언덕 위의 도시"는 여기에 해당한다. 멀리서 불빛을 바라보고 찾아오도록 해야 한다는 것이다. 이에 반해서 적극적 구세주의는 모범을 보이기만 해서는 목적을 효과적으로 달성할 수 없기 때문에 필요에 따라서는 완력을 사용해서라도 다른 나라사람들을 구원해야 한다는 것이다.[21]

초기에는 미국인들은 자신들이 선택받은 존재로서 경건하고 참된 삶을 살아야 한다는 정도로 내적인 차원에서 머물렀다. 그러다가 외적으로 다른 사람들에게도 혜택을 주어야 한다는 구세주의로 들어서게 되고, 점차 더 적극성을 띠게 된다. 이러한 적극적 구세주

21 Rourke et al., 1996, p. 103

에 있어서 선도적 역할을 한 사람 중의 하나가 19세기 중반 신문기자 존 오슬리반(John O' Sullivan)이다. 그는 1845년 미국의 역할과 영역을 확대해 나갈 것을 주장하고, 이것이 명백한 사명(manifest destiny)이라고 하였다. 오설리반은 당시 미국의 세력을 확대해 나가기를 원하는 사람들의 생각을 대변하였다. 이러한 주장은 당시 서부로 진출하면서 인디언의 제거와 침략전쟁을 수행하는데 정신적으로 망설임이 없지 않았고, 육체적으로 힘들고 피곤한 미국 사람들에게 새로운 기운을 북돋아 주었다. 이러한 분위기 속에서 미국은 인디언 원주민들을 제거하고, 미국-멕시코 전쟁(Mexican-American War: 1846~1848) 등을 통하여 서남부의 영토를 확장하였고. 서부로 더 나아가 태평양연안까지 국토를 확장하게 된다. 미대륙의 서쪽 끝에 다다르자 북미의 대륙 내에서 영토확장을 뒷받침한 대륙 구세주의(continental messianism)는 다시 세계 구세주의(global messianism)로 변하여 미국의 세계 진출을 뒷받침하게 된다.

미국은 유럽 제국주의 국가들과 함께 제국주의 대열에 동참하여 태평양을 가로질러 필리핀까지 그 지배권을 확대해 나간다. 미국은 제2차 세계대전 이후에도 사회주의 체제의 확산을 저지하는 한편, 세계 각지에 미국식 자본주의 자유주의 정치체제를 지원하였다. 그리고 사회주의 종식 이후에 러시아 및 동구권에 자본주의 체제가 이식되도록 경제 원조를 제공하는 등 근래에도 미국의 구세주의 정신은 계속 이어오고 있다.

미국의 구세주의는 소극적 구세주의일 때에는 문제가 없으나 적극적 구세주의일 때 문제가 발생한다. 적극적 구세주의로 된다는 것은 그만큼 미국의 것이 좋은 것이라는 확신을 더 갖게 된다는 것이고, 이와 동시에 미국의 힘 또한 강해졌다는 것을 의미한다. 그래서 적극적인 구세주의가 될 때 미국은 엄한 부모처럼 된다. 엄한 부모는 자녀가 원하든 원치 않든 지켜보고 살펴주는 것이 당연하다고 생각한다. 엄한 부모는 진심으로 자녀를 위하는 마음에서 무엇이 옳고 무엇이 그른가를 가르치려고 하며, 이것은 하게 하고 저것은 하지 못하게 하려 한다. 구세주의의 숭고한 사명은 다른 나라에 대한 미국의 개입과 간섭이 집요하게 계속되도록 에너지를 제공하게 된다. 단순히 권해서 되지 않을 때 그만하고 포기할 수도 있겠지만 구세주의의 신념이 있기 때문에 사명감을 갖고 더 열의를 갖고 지속하게 되는 것이다.

그런데 이것을 가능하게 하는 것이 미국이 다른 나라에 비하여 더 발전해 있고, 강한 힘을 가진 나라이기 때문이다. 미국이 이러한 위치에 있기 때문에 다른 나라들은 미국의 가르침을 받아들이는 시늉이라도 하게 된다. 하지만 다른 나라로부터 삶의 방식을 강요당하게 될 때 거부감이 작동하는 것은 어느 나라나 마찬가지이다. 이러한 강요가 클수록 거부감 또한 더 강해지기 마련이다. 타국의 가치와 제도를 미국화하려는 제국주의라는 반발을 사게 된다.

구세주의에 힘이 더해지고 자국의 이해관계가 더해지면 이는 바로 제국주의가 된다. 과거 미국은 유럽국가들과 함께 제국주의로 나아갔다. 미국사람들은 제국주의 시대에 다른 선진국들은 지배영역 확대나 경제적 이득을 취하려는 이기적인 목적을 가진 것이었지만, 미국 예외주의와 구세주의에 기초한 미국은 자유에 대한 열정으로 오로지 인류를 위해 이타적으로 희생하는 것이라고 설명하곤 한다. 사실 미국의 이러한 설명은 영국이나 프랑스가 자국이 행한 일에 대한 설명과 별 차이가 없다. 프랑스는 개화사명(mission civilisatrice)이라 하여 미개

1899년 1월 25일자 잡지 퍽(Puck Magazine)에 실린 루이스 달림플(Louis Dalrymple)의 개학(School begins)이라는 그림이다. 그림에서 미국의 상징 엉클 샘은 아이들을 가르치고 있다. 오른쪽 백인아이들은 미국의 각 주이고, 앞쪽에 특별히 불러 앉힌 아이들은 필리핀, 하와이, 푸에토리코, 쿠바이다. 문 입구에 앉은 아이는 미국 원주민이고, 흑인은 창문청소를 하고 있다. 문 앞에 중국이 기웃거리고 서있다. 만화 속의 칠판에는 이렇게 쓰여 있다. "피치자의 동의가 있다면 이론적으로는 좋은 일이다. 하지만 현실에서 그런 경우는 극히 드물다. 영국은 식민지들이 동의하든 동의하지 않든 식민지를 통치해왔다. 동의를 기다리지 않음으로써 영국은 세계문명을 크게 진보시켰다. 미국도 피치자의 동의에 상관없이 새로운 영토를 통치해야 한다. 그들이 스스로 통치할 수 있을 때까지."

사회를 개화시키는 것이 프랑스인들의 위대한 사명이라고 하면서 세계 각지에 식민지를 확대하는 제국주의를 합리화하였고, 영국은 백인의 책무(white man's burden)라 하여 식민지확보를 위한 침략을 정당화하였다.

1899년 1월 25일, 잡지 퍽(Puck)에 실린 만화 속 그림과 글귀는 미국의 제국주의와 만행을 풍자하는 내용으로 미국인들의 잘못된 사고를 지적하고 있다. 만화 속에서 선진국들이 식민지를 통치함으로써 세계문명을 진보시켰다고 하고 있는데, 지금도 서양에는 적지 않은 사람들이 이와 같은 생각을 갖고 있다.

미국 예외주의는 정신적인 사명감이 더해지면 이처럼 미국 구세주의가 되고, 또 현실적인 힘이 더해지면 미국 패권주의와 결합하게 된다.

3 미국 패권주의

패권(Hegemony) 이란 "어느 한 나라가 다른 나라들을 정치적, 경제적, 군사적으로 지배하는 것, 혹은 이러한 영향력"을 말한다. 동양에서 패권이라는 말은 "무력으로 천하를 다스리는 자의 권력"을 뜻한다. 서양에서 말하는 이 헤게모니(hegemony)라는 용어는 고대 그리스에서 아테네나 스파르타와 같은 특정 강국이 주변에 있는 약소도시국가들을 지배하거나 이들에게 영향력을 행사하는 것에서 유래되었다. 투키디데스(Thucydides)의 펠로포네소스 전쟁사(History of Peloponnesian War)에 의하면 기원전 5세기 중엽까지 아테네가 그리스 전역에 패권을 쥐고 있다가, 펠로폰네소스 전쟁에서 스파르타가 승리함으로써 패권은 스파르타에게 넘어가게 된다.[22]

미국은 제2차 세계대전 이후 다른 국가들에 비교될 수 없는 월등한 국력을 갖게 된다. 미국의 경쟁국으로 소련이 있었지만 소련의 국내총생산은 항상 미국의 절반에도 미치지 못하였으며, 우주개발, 핵무기 등의 몇몇 영역을 제외하고는 미국을 앞서지 못했다. 그리고 1991

---

22 펠로폰네소스 전쟁은 기원전 431년에서 404년 사이에 아테네 주도의 델로스 동맹과 스파르타 주도의 펠로폰네소스 동맹 사이에 일어났다.

년 소련이 해체되었을 때 이러한 경쟁자 마저 없어져 미국은 세계 유일의 초강대국이 된다. 세계의 바다, 하늘, 사이버, 기술, 지식, 매스컴 등은 사실상 미국이 지배하고 있다. 그리고 미국은 소위 파이브아이즈(Five Eyes: FVEY)국가와 피를 나눈 혈맹을 갖고 있다. 미국, 영국, 캐나다, 호주, 뉴질랜드로 구성된 파이브아이즈는 정보 협력동맹이지만, 이들 국가는 형제국이다. 이들 국가는 역사적으로 모두 영국에서 분화된 나라들로서 영어권 국가이자 항상 동맹국으로 행동하는 국가집단이다.

1982년 4월 대서양 남단의 섬 포클랜드에 대한 영유권 다툼으로 영국과 아르헨티나가 전쟁을 하게 되었을 때 당시 영국 사람들은 미국이 도와주지 않는다고 불만이 많았다. 이후 긴 세월 동안 사람들은 실제 그런 줄로만 알고 있었다. 그런데 미국 중앙정보국 문서들이 기밀유지기간 경과로 비밀이 해제되면서 사람들이 알고 있었던 사실과 실제의 현실이 크게 달랐다는 것이 드러나게 되었다. 알고 보니 당시에 미국이 매우 적극적으로 영국을 도왔던 것이다. 전쟁이 나자 당시 미국 대통령 레이건(Ronald Reagan)은 미국은 두 나라 모두의 동맹이므로 중립을 지킨다는 것을 대외적으로 선언하였다. 그런데 겉으로의 발표와 달리 전쟁이 나자마자 바로 레이건은 영국 마가레트 대처(Margaret Thatcher) 수상에게 쪽지를 보냈다. 그 내용은 다음과 같았다.

"세계각지에서 우리가 직면하는 도전에서 영국의 도움을 받아왔다는 것을 말하고 싶네요. 우리는 영국을 돕기 위하여 우리가 할 수 있는 것을 할 것입니다."

일주일 후 레이건은 분쟁해결중재를 위하여 알 헤이그(Al Haig) 국무장관을 런던에 보냈다. 중재를 하면서도 그를 통해 이번에도 비밀리에 대처수상에게 메시지를 전달하였다. 그 내용은 다음과 같았다.

"우리는 중립이 아닙니다,[23] 영국과 우리는 공동의 문제에 직면하고 있습니다. 우리는 영국과 영국 정부를 강하게 하기 위하여 우리가 할 수 있는 모든 것을 다해야지요.[24]"

미국은 나토(NATO)를 비롯하여 전 세계에 걸쳐 많은 국가들과 군사동맹을 맺고 있다. 여기서는 피를 함께 흘린 혈맹을 맺고 있다. 방위 조약으로 미국의 군사력으로 보호를 받고 있는 나라는 60개국이 넘고, 인구로는 세계 인구의 1/4, 경제적으로는 세계 생산의 3/4에 해당하는 영역이 미국의 보호 하에 있는 것이다.[25] 2015년 현재 미국은 세계전역에 걸쳐 군대를 배치하고 있는 가운데, 해외만 42개국에 587개의 미군 기지를 두고 있고,[26] 120여개국에서 미국의 군사요원이 활동하고 있다.[27] 오늘날 세계 대부분의 국가는 미국에서 제공하는 무기로 무장하고 있다. 미국의 무기로 무장하고 있는 나라들이 어떻게 미국과 싸울 생각을 하겠는가? 그 나라가 위치한 곳에서 지역 강국이라도 되기 위해서는 가장 먼저 해야 할 일이 미국에 충성을 맹세하고 좋은 신무기에 대한 구매 티켓을 얻는 일이다.

미국이 세계를 정복하지는 않았지만 러시아, 중국, 북한, 이란과 같은 소수의 국가를 제외한 세계 대부분의 국가들이 미국의 세계주도

---

23 We are not impartial 이라는 말인데 국어로의 의미 전달이 좀 어렵다.
24 Fox, 2012
25 Beckley, 2015, pp. 4~7
26 US Department of Defense, 2015, p. 6
27 Turse, 2011

[표 5-1]	세계 주요국의 군비 지출

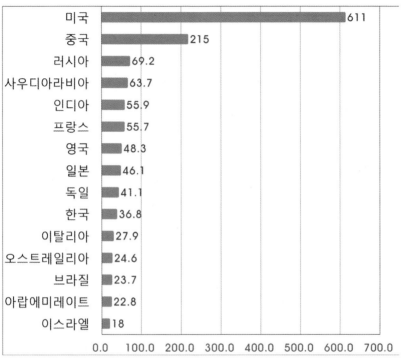

단위: 10억불

출처: *SIPRI Military Expenditure Database*, 2018, Stockholm Internationsl Peace Research Institute. Retrieved from https://www.sipri.org/databases/milex

를 당연한 것으로 생각한다. 지구에 살고 있는 사람 개개인한테도 미국은 중요하다. 북한의 김정은이나 중국의 기업가만 미국을 의식하고 있는 것이 아니라, 볼리비아의 대마초 재배농부도, 한국의 주식투자자도 미국을 의식하면서 살아간다. 이렇게 미국은 막강한 힘을 갖고 있기 때문에 미국 예외주의에서 말하는 정신적 이념적 측면보다는 현실적인 측면에서 국제사회에서 미국이 누리는 특권으로서의 예외적인 사항이 더 많다.

우선 미국은 스스로 세계의 경찰로서 행세한다. 1990년대 이후만 보더라도 1990년에서 2014년 사이에 미국이 행한 다른 국가에 대한 군사적 개입은 걸프전, 소말리아, 아이티, 보스니아, 코소보, 이라크, 아프가니스탄, 콜롬비아, 리비아내전 등을 비롯하여 모두 34회나 된다. 미국은 세계의 경찰일 뿐만 아니라 세계의 법을 제정하는 자이다. 그리고 미국은 세계의 법을 제정하기도 하고 이렇게 제정된 법을 무시하기도 한다.

미국은 강대국이라 국제사회에서 우방도 많고 다른 나라의 협력과 지지를 구하기가 쉽다. 미국은 군사, 외교, 정보 등에서 막강한 힘을 갖고 있다. 미국은 큰 국내시장과 함께 거대 자본과 앞선 기술력도 갖고 있다. 우호적인 국가에게는 자국 시장에 대한 접근 기회를 주고 자본과 기술을 제공함으로써 평화 속에서 얼마든지 세력을 확보할 수 있는 것이다.

미국은 국제통화기금(IMF)이나 세계은행(World Bank)과 같은 국제금융기구에 가장 큰 지분을 갖고 있어 이러한 기구를 통하여 세계경제와 국제금융을 장악하고 있다. 유엔(UN)총회나 세계무역기구(WTO)와 같이 다수결로 의사결정을 하는 기구에서는 미국이 원조하는 국가나 우호국을 동원하여 미국에게 유리하게 이끌어 갈 수 있다. 미국은 아무리 적자가 나도 국내 통화만 발행하면 언제든지 외국의 물품을 사올 수 있는 달러의 국제통화발행특권(seigniorage)이 있다. 미국이 주도하여 유엔을 만들어서 운영하고 있지만 유엔에서 모든 것을 결정하도록 내버려두지 않는다. 2003년에 이라크를 침공할 때도 원칙대로 한다면 유엔에 맡겨야 하였지만 유엔에 맡기지 않고 미국의 완력으로 해결한 것이다. 세계무역기구에서도 미국이 원치 않는 무역규범 같은 것은 실제 협정으로 맺어지는 경우가 거의 없다. 미국은 국제형사재판소(International Criminal Court)와 같은 국제조약 같은 것에 가입하지 않는다. 자국이 강한 힘을 갖고 있어 자국의 힘을 활용하면 자국민을 더 잘 보호할 수 있는데 뭣 하러 국제법정을 이용하는가? 환경조약도 마찬가지이다. 환경조약에 가입하게 되면 세계는 좋아지겠지만 개발도상국에 비하여 미국이 손해를 보니 미국은 이러한 손해를 보기 싫다는 것이다. 그래서 2001년 미국은 자국의 산업보호를 위해 교토의정서(1997)에서 탈퇴하였다. 2012년 말 기준으로 1990년에 비하여 우선의무감축 국가들의 온실가스배출이 22.6% 감축된 것에 비하여 미국은 오히려 11%나 늘어났다. 문제는 국제조약들에서 미국이 가입하지 않으면 그 실효성이 크게 줄기 때문에 미국이 원하지 않는 국제조약들은 거의 시도조차 하지 않게 된다는 것이다.

미국은 종종 인권, 자유, 무역, 환경 등 국제적인 문제뿐만 아니라 국내적인 문제에 있어서까지 다른 나라에 대해서는 엄격하게 비판을 가하면서 자국에 대해서는 거의 문제 삼지 않는다. 미국 흑인에 대한 인권 문제는 오래고도 심각한 문제이지만 미국은 문제 삼지 않는다. 미국 국내의 일에 대해서 문제 삼을 나라는 없다. 이러한 미국의 이중성은 다른 나라 사람들도 다 알고 있지만 그냥 이를 현실로 받아들인다.

미국 예외주의에서는 미국이 나서는 명분이 세계 사람들의 자유신장과 민주주의 발전이다. 하지만 제2차 세계대전 이후 미국이 이끌어 온 세계를 보면 미국은 세계 각지 수많은 독재정권들의 우방국이었다. 미국은 자유의 불빛을 비추는 언덕이 아니라 독재자들이 기댄 언덕이었던 것이다. 소련과 이념적 대척점에 서서 자기 세력의 확보에만 치중한 나머지 미국은 사회주의 성향의 정권에 대해서는 미국식의 자유주의가 아니라는 이유로 전복시키고 친미정권을 수립하거나, 반공을 기치로 내건 친미독재정권은 우방이라는 이름 하에 독재의 만행에 눈감거나 지원하는 것도 서슴지 않았다. 이것은 미국이 세계를 위한다는 명분으로 나서지만 현실적으로는 자국의 이익을 앞세우는 경우가 많다는 것을 의미한다.

이상과 같은 면을 볼 때 미국이 추구하는 고상한 가치에 있어서 다른 나라와 차별되는 예외주의라기 보다는 미국이 다른 나라보다 월등한 국력에 있어서 차별되는 예외주의의 성격이 더욱 두드러진다. 그래서 미국 예외주의는 미국의 힘을 앞세운 패권주의와 결합하게 된다. 미국의 찰스 킨들버거(Charles P. Kindleberger)는 세계가 안정되기 위해서는 어느 하나의 패권 국가가 있어야 한다는 주장을 하였다.[28] 국제사회의 주체인 국가의 이기적인 성격으로 인해서 자유상태에서는 높은 효용을 달성하는 길로 갈 수 없기 때문에 좋은 세계를 이루기 위해서는 어느 한 강대국이 주도해야 한다는 것이다. 이후 이 패권 안정이론은 많은 학자들이 동참하여 국제정치경제에서 중요한 한 이론이 되었다. 이는 결국 미국의 패권국으로서의 존재가치와 그 행위의 타당성을 뒷받침하는 것이다.

또 미국은 종종 옛날 로마제국에 비유된다. 미국의 헤게모니를 지지하는 학자들은 옛날 유럽사람들이 로마제국 지배 하에 들어감으로

---

28 Kindleberger, 1986

써 나누어진 국가에서 살 때보다 더 자유로운 가운데 더 잘살게 되었다는 것을 강조한다. 물론 유대민족과 같은 불행한 운명을 맞게 된 사람들도 있었지만 이들도 순순히 로마의 지배를 받아들이고 협력했더라면 불행을 피할 수 있었을지도 모른다. 이렇게 패권에 대한 미국의 논리는 미국인들로 하여금 자신들의 세계를 위한 행위가 미국을 위한 것이 아니라 세계를 위한 것으로서 생각하기 쉽도록 하고 있는 것이다.

과거에 미국이 패권국가로 부상한 것은 여러모로 조건들이 잘 들어 맞았기 때문이다. 이러한 패권을 갖는데 있어서도 미국의 예외성이 있다. 어떤 패권국가라도 그 위치에 영원히 머무를 수는 없다. 패권은 한 나라에서 다른 나라로 이전하기도 하며 자체적으로 소멸하기도 한다. 한 나라가 패권의 힘을 빨리 잃는 경우는 패권의 지위를 다른 나라에 넘겨줄 때이다. 그렇다면 다른 나라에 패권을 넘겨주는 상황이 된다면 미국의 패권 또한 빨리 소멸하게 될 것이다. 그렇다면 그럴 가능성이 있는가?

21세기에 들어서면서 아랍 테러세력의 등장으로 미국의 안전이 위협되고, 중국이 부상하면서 미국에 대한 도전이 만만찮아졌다. 중국이 곧 경제규모에서 미국을 능가하게 되고, 중국이 미국을 밀어내고 패권국가가 될 것이라는 주장을 하는 사람들도 늘어나고 있다. 하지만 많은 학자들은 그러기는 쉽지 않을 것으로 예상한다. 그 중요한 이유로는 먼저 지정학적으로 중국은 미국에 비하여 불리하다. 미국은 서쪽으로는 태평양, 동쪽으로는 대서양으로 온 세계와 연결되어 있다. 그래서 세계의 모든 대양을 자국의 바다와 같이 사용하고 있다. 반면에 중국은 북쪽으로는 러시아, 동쪽으로는 한국과 일본, 남쪽으로는 동남아 국가, 서쪽으로는 인도, 파키스탄, 중앙아시아 국가들에 의하여 둘러싸여 있다. 그리고 티벳이나 신장과 같이 국가 내에 분리운동 지역이 많으며, 노년 인구비율이 높고, 빈곤층이 두터워 계속적으로 높은 경제성장을 유지하기 어렵고, 사회의 안정성을 유지하는 것도 쉽지 않은 문제다. 지금까지 중국은 국제적인 의사결정에서 주변국에 불과하였다. 이러한 중국의 위치가 갑자기 바뀌기를 기대하기는 어렵다. 더더구나 미국이 이미 초강대국으로서 힘을 행사할 수 있는 고지들을 선점하고 있어서 이를 빼앗아 오기가 쉽지 않다. 또한 미국은 파이브아이즈(Five Eyes)국가가 있고, 또 중국과 미국의 대결에서 유럽이 중국의 편이 되기는 어렵다. 어떻게 보면 중국이 지금까지 누려오고 가져오던 것도 더 잃지 않으면 다행일지도 모른다.

또한 패권국가가 되기 위해서는 군사적인 힘만으로는 될 수 없다. 헤게모니는 약자의 강자에 대한 인정을 필요로 한다. 무력 외에도 다른 나라들이 인정해주고 따라줄 수 있도록 정치, 사회, 경제, 문화 그리고 도덕성과 윤리적인 측면에서도 리더가 될 수 있어야 한다. 이렇게 볼 때 패권국가가 되기 위해서는 자국 내에서만 발휘될 수 있는 힘만으로는 부족하다. 자국을 방위하기에 충분한 군사력이라든지 자국 내에서 안정적으로 작동되는 정치체계, 자국 사람들만 통용되는 도덕성과 윤리만으로는 패권국가가 될 수 없는 것이다. 이러한 것들이 다른 나라에서도 힘으로서 작동될 수 있어야 하는 것이다. 세계의 지도적인 위치에 서기 위해서는 민주주의, 인권, 자유, 평등과 같은 도덕적, 윤리적인 면에서도 모범을 보이면서 다른 나라들이 따라올 수 있도록 해야 하는데 중국이 과연 무엇으로 따라오게 만들 수 있을지 의문이 생기게 된다. 현재의 중국은 국가체제가 개개인이 자유롭지 못하고 인권이 보장받지 못하는 국가에 머물러 있고, 이러한 것이 곧바로 바뀔 것이라고 예상하기란 쉽지 않다. 그렇다면 이런 중국에 대하여 자유와 인권보장이 이루어지고 있는 선진국들을 포함한 세계의 많은 나라들이 중국을 따르게 될 것인가? 이런 면으로 볼 때 비록 미·중 간에 경제력이나 군사력에서 위상의 변화가 생긴다고 하더라도 중국이 패권을 잡기는 어렵다는 것이다.

이렇게 볼 때 미국은 패권 국가가 되는 데 있어서 다른 국가가 갖지 못하고 또 갖기 어려운 요소들을 많이 갖추고 있는 것은 틀림없는 사실이다. 당분간 어느 다른 곳에서 미국과 같은 국가가 또다시 형성되리라고 기대하기는 어렵다. 이런 면에서 분명 미국은 예외적이라고 하지 않을 수 없을 것이다.

4 미국 우선주의

"오늘부터 이 땅에 새로운 비전이 열릴 것입니다. 오늘부터 미국우선, 오로지 미국우선(only America first, America first)이 될 것입니다." 2017년 1월 20일, 미국 대통령취임식에서 도널드 트럼프(Donald Trump) 미국 대통령은 이같이 말하였다.

미국우선(America first)이라는 말은 2016년 미국 대선 선거운동에서 도널드 트럼프가 줄곧 사용한 말이다. 트럼프가 대통령에 출마하면서 미국우선이라고 했을 때 사람들은 그가 말하는 미국우선이 무엇인지 알 수 없어서 트럼프에게 직접 물어보기도 하였다. 이에 트럼프는 미국우선은 미국 자체의 손익을 우선하여 판단하겠다는 것이라고 답하였다. 그렇다면 이제 미국은 고립주의로 가게 되는 것인가라는 물음에 트럼프는 자신은 고립주의자가 아니라고 하였다.[29] 사람들은 이 말의 의미에 대하여 알고 싶은 점이 많았지만 그는 구체적으로 말하지 않았다. 세상에 자국을 우선으로 생각하지 않는 국가는 없다는 점을 생각하면 미국우선이 의도하는 구체적인 의미에 대하여 의문이 생길 수밖에 없었다.

미국 우선주의 용어 사용의 역사

정책적인 구호로서 미국우선이라는 말을 최초로 사용한 사람은 우드로우 윌슨(Woodrow Wilson) 대통령이었다. 그는 1916년 그의 재선을 위한 선거운동에서 "윌슨은 전쟁으로부터 우리를 지킨다. 미국 우선(America first)"이라는 구호를 사용하였다. 당시 유럽은 제1차 세계대전 중에 있었다. 미국이 연합국을 도와 참전해야 한다는 여론도 있었고, 참전해서는 안 된다는 여론도 있었는데, 윌슨은 참전하지 않겠다는 공약을 한 것이다. 미국 우선이란 유럽의 다른 나라 생각할 것 없이 미국을 우선으로 생각한다는 것이고, 미국의 국제주의와 고립주의의 두 전통에 비추어 보면 이는 미국의 고립주의를 표명한 것이라고 할 수 있다. 그런데 윌슨이 재선에 성공하고 나서 자신의 선거 공약과 다르게 1917년 4월 참전하게 된다. 그리고 윌슨은 민족자결원칙을 제시하고 국제연맹의 창설을 기초하는 등 국제주의로 나갔으나 이러한 문제를 담고 있는 제1차 세계대전 종전조약인 베르사이유 조약에 대하여 미국 의회가 비준하지 않았다. 의회가 미국의 고립주의를

---

29 McManus, 2016

고수한 것이다. 이후 윌슨의 뒤를 이은 워런 하딩(Warren G. Harding) 대통령이나, 또 그 뒤를 이은 캘빈 쿨리지(Calvin Coolidge) 대통령도 무역이나 이민유입의 통제를 강화하는 등 미국의 고립주의 노선을 계속 이어갔다.

그리고 다시 미국 우선이라는 말이 등장한 것이 제2차 세계대전 때이다. 미국이 제2차 세계대전에 참전하기 전 1940년 9월, 미국우선위원회(America First Committee)라는 단체가 결성되었다. 이 단체는 예일대학교 학생들에 의하여 시작되어 전국에 빠르게 확산되면서 회원이 8만 여명에 이르렀다. 이 단체는 당시 유럽에서 전쟁이 일어난 상황에서 미국이 이 국제전쟁에 개입되지 않도록 하기 위해서 광범위한 활동을 하였다. 이들은 세계가 어떻게 돌아가든지 간에 미국은 상관하지 말고 전쟁에 개입하지 말 것을 주장하였다. 이들 중 상당수의 사람은 이 전쟁에서 영국이 독일에 질 것이고, 지금 미국이 개입하여 영국을 돕는다고 해도 이길 수 없고, 미국의 자원만 낭비할 것이라고 주장하였다. 그리고 독일이 영국을 이긴 이후에 미국에 침입하지는 않을 것이기 때문에 미국은 유럽에서의 전쟁에 개입할 필요가 없고 미래를 대비하여 국력과 군사력을 강화하여 아메리카 대륙에서 충분한 방어력을 갖추는 것이 중요하다고 보았다. 그러므로 독일에서 유대인에 대한 박해가 이루어지고 있고 영국이 독일에 의하여 공격을 당하고 있다고 하여 유대인이나 영국을 생각하여 미국이 참전해서는 안 된다는 것이다. 즉, 영국의 문제나 유대인의 문제 이전에 미국의 문제를 먼저 생각해야 한다는 것이었다.

이 같은 반전여론이 있었지만 소수에 불과했고, 시간이 갈수록 여론은 점점 참전 쪽으로 기울어지게 된다. 파시즘을 막기 위해서 필요하다면 미국이 참전하여야 한다는 것이었다. 그러다가 1941년 12월 7일, 일본이 진주만을 공격하자 미국우선위원회(America First Committee) 위원장 로버트 우드(Robert E. Wood)는 회원들에게 지금까지의 지지를 국가의 전쟁수행 노력에 대한 지지로 전환해줄 것을 촉구하고 곧바로 해체하였다. 이 미국우선위원회의 미국 우선주의는 미국의 불개입주의 혹은 고립주의로 규정할 수 있었다.

그리고 한참 후 1992년과 1996년 미국 공화당 대선 예비후보였던 팻 부캐넌(Pat Buchanan)이 미국의 이익을 우선하겠다는 공약을 하면서 미국우선이란 말을 사용하였다. 그는 1996년 선거유세에서 "내가 백악관에 들어가게 된다면 먼저 미국부터 챙길 것이다"라고 말하였다.

트럼프 대통령과 미국 우선주의

■ 트럼프의 주요 정책

미국의 트럼프 대통령이 말하는 미국우선을 알기 위해서는 미국우선의 구호 하에 트럼프가 내놓은 정책의 내용을 살펴보는 것이 가장 좋은 방법일 것이다. 대통령 선거에서 트럼프가 제시한 정책은 대개 다음과 같은 것들이었다.

첫째, 무역관계를 변경하여 미국의 만성적인 무역적자를 줄이겠다는 것이다. 중국, 일본, 한국과 같은 대미 무역흑자국에 대하여 인위적인 환율조작을 하지 못하게 하거나 무역장벽을 부과하여 이들 국가로부터의 수입을 줄여서 국제수지를 개선하고 국내생산을 증가시키고 국내고용을 늘리겠다는 것이다.

둘째, 이민 정책 및 출입국 정책을 철저히 하여 거주자격을 갖추지 못한 사람들이 미국에 들어오거나 살지 못하게 하겠다는 것이다. 미국에 거주하고 있는 1천 1백만 불법 체류자를 모두 본국으로 송환시키고, 미국과 멕시코 사이에 장벽을 설치하여 중남미 사람들이 불법으로 미국에 들어오지 못하게 하며, 무슬림의 입국을 제한하거나 추방하여 미국을 테러의 위험으로부터 보호하겠다는 것이다.

셋째, 미국에 부담이 될 수 있는 조약들을 개정, 폐기, 또는 탈퇴한다는 것이다. 지구환경을 위한 파리기후협약(Paris Agreement), 이란 핵협상, 북아메리카자유무역지역협정(North-America Free Trade Agreement: NAFTA), 그리고 준비 중이던 환태평양경제동반자협정(Trans-Pacific Trade Agreement: TPP), 범대서양무역투자동반자협정(Transatlantic Trade and Investment Partnership: TTIP) 등을 재협상하거나 폐기한다는 것이다.

넷째, 해외주둔 미군병력에 대한 방위비부담을 줄인다는 것이다. 한국, 일본, 필리핀, 독일과 같이 대규모의 미군이 주둔하는 국가에 대하여 현지국의 방위비부담을 늘리든지 미군을 감축한다는 것이다.

다섯째, 이슬람국(Islam State: ISIS)에 대하여 보다 강한 군사적인 대응을 하고, 포로취급 변경을 포함한 제반 수단을 강화하여 적에 대한 미국의 대응력을 증가시키겠다는 것이다.

위의 정책들은 미국이 고립주의, 보호주의를 택했던 제1차 세계대전 이후의 정책들과 많은 점에서 유사하다. 제2차 세계대전 이후 줄곧 미국이 세계를 이끌어 온 방향은 국제주의, 자유무역주의, 개방주의였다. 그렇다면 기존의 정책 방향과 반대로 가는 것을 포함하여 지금까지 미국이 취해오던 정책기조를 완전히 바꾸겠다는 것이다.

■ 미국 우선주의의 배경

대선 공약에서 트럼프는 다른 대선 후보들과 많이 달랐다. 지금까지 미국이 해왔던 정책 방향에서 전혀 다른 방향이거나 반대의 방향으로 가는 정책이 많았고 다소 무모하고 과격해 보이기도 하였다. 또한 그의 험한 말과 점잖지 못한 행동 등이 구설에 오르며 미국의 대통령이 되기에는 적합하지 못한 인물로 평가되기도 하였다. 그럼에도 불구하고 미국 사람들이 트럼프를 선택한 것은 트럼프의 정책이 그만큼 미국사람들의 마음에 와 닿았다는 것을 의미한다. 그리고, 그 이유는 미국이 처한 현재 상황에서 찾을 수 있다.

2016년 미국의 국제무역 적자는 5,023억불이었고, 미국의 순국제투자포지션(net international investment position) 상의 적자는 8조 4천억불로 미국 국내총생산의 45%를 차지하였다. 역사상 이렇게 많은 순외채를 가진 나라는 없었다. 미국의 경제분석청(Bureau of Economic Analysis)의 발표에 의하면 순국제투자포지션 적자는 2021년에 가면 미국 국내총생산의 53%에 이를 것으로 예상하고 있다.[30] 외채는 언제고 국가가 갚아야 할 부채라는 점에서 부담이 될 수밖에 없다. 이것의 규모가 국내총생산의 절반에 이르고, 더구나 이것이 계속 증가하고 있다면 심각하게 부담되는 일이 아닐 수 없다. 가계로 치면 연봉의 절반만큼 빚을 지고 있고, 이 빚이 계속 늘어나고 있는 셈이다.

미국은 1971년부터 무역수지에서 적자를 보이기 시작하여 1973년을 제외하고 한번도 적자에서 벗어난 적이 없고, 시간이 갈수록 그 규모가 확대되어 왔다. 그 동안 미국은 누적되고 있는 무역수지 적자 문제를 해소하기 위하여 다각적으로 노력해 왔다. 1980년대 말 우루

---

30 Gagnon, 2017

과이라운드 협상에서 미국이 경쟁력을 가진 서비스와 농산품에서 무역자유화를 추진하기도 하고, 끊임없이 대미 흑자국에 개방압력으로 가하기도 하였다. 그럼에도 불구하고 미국의 무역수지 적자는 시정되지 않았다.

여기서 2001년 중국의 세계무역기구 가입은 우는 놈 뺨 맞는 격이 되었다. 최근 미국의 무역수지 적자의 절반은 중국에 대한 것이다. 중국은 무역수지 흑자로 막대한 외화를 비축해 두고, 이 자금으로 개발도상국들에게는 원조를 제공하고, 선진국들에게는 투자를 저울질하면서 국제무대에서 그 영향력을 확대해 나가고 있다. 그러면서 미국의 영향력을 약화시키고 지금까지 미국이 누려왔던 자리를 넘보고 있다. 또 중국이 갖고 있는 달러자산은 유사시에 미국을 압박할 수 있는 수단으로까지 사용할 수 있다. 중국은 거의 무한한 노동력의 싼 임금을 바탕으로 세계의 공장이 되어 전세계의 재화들을 중국산으로 바꿔놓았다. 전통 제조업이 거의 공동화되어 일용품 대부분을 중국산으로 쓰게 된 미국인들은 이제 중국 없이는 못살게 되었다고 자조 섞인 농담을 하고 있다.

미국이 이 문제를 해결하기 위해서는 무역수지 흑자로 외채의 규모를 점차 줄여 나가야 한다. 그런데 문제는 현재의 무역환경 하에서는 무역수지 적자 추세를 바꾸기 어렵다는 점이다. 미국은 지금까지 무역수지 적자를 보게 된 이유는 다른 나라들의 공정하지 못한 무역 때문이라고 생각한다. 미국으로부터 과도한 흑자를 가져가는 나라들은 대개 적정하지 못한 환율, 외국수입상품에 대한 차별, 덤핑, 보조금지급 등의 방법으로 균형이 되어야 할 무역수지가 흑자만 되도록 해왔다는 것이다. 미국이 다른 나라에 개방한 것만큼 다른 나라는 개방하지 않음으로써 균형 속에서 상호호혜적으로 되어야 할 무역이 그렇게 되어오지 못했다는 것이다. 그래서 미국은 세계의 무역질서를 손보고자 한다. 그 동안 미국은 개방적 자유무역주의 체제를 유지해왔고 이 체제에서 미국은 손실만 본다는 것을 확인하였다. 그래서 미국이 무역에 보다 적극적으로 개입함으로써 지금까지의 체제에서 벗어나 손실을 보지 않는 체제로 만들어 가겠다는 것이다.

다음으로 사람의 이동문제이다. 세계화가 진행되면서 국가 간에 사람의 이동이 급격하게 늘었다. 특히 외국에 가서 취업을 하는 이주 노동자가 크게 늘면서 개발도상국의 노동자들이 일자리를 찾아 선진국에 몰려드는 현상이 일어나게 되었다. 미국의 경우는 중남미의 사람들이 특히 많이 유입되었다. 이와 함께 불법이민자 또한 대거 늘어나서 2014년 미국의 불법이민자수는 약 1,110만 명으로 미국 인구의 약 3%를 차지하게 되었다. 자연히 외국 노동자의 유입으로 이들과 경쟁해야 하는 미국 노동자들의 불만이 커지고, 외지인 유입으로 인한 제반 사회적 문제가 생기면서 일반 주민들도 불만이 누적되어갔다. 그런데다가 911사태가 발생하면서 미국인들의 테러에 대한 불안감은 높아지고 외부인에 대한 경계심도 커지게 되었다. 테러에 대한 통제를 위해서도 인구의 국제적인 이동을 줄이고 외국인의 불법적 국내체류를 규제하는 것이 필요하다고 생각하게 된 것이다.

제2차 세계대전이 끝난 후 미국 산업의 국제경쟁력은 다른 나라를 압도하였고, 그 때에는 자유무역주의가 미국에 좋은 정책이었다. 하지만 1970년대 이후 미국의 산업들이 국제경쟁력을 잃으면서 자유무역이 더 이상 좋은 정책이 될 수 없었다. 그럼에도 불구하고 개방적 자유무역주의 정책을 계속해 나간 것은 미국 기업가나 자본가의 입장에서 세계 각지에서 현지경영이나 투자를 통하여 해외에서 높은 수익을 올릴 수 있었기 때문이다. 미국이 무역수지에서 적자를 본다고 하더라도 이러한 측면에서의 수익이 많으면 미국사람이 갖는 부에 있어서는 흑자가 될 수 있다. 또 정책결정에서 대기업이나 자본가의 영향력이 크므로 당연히 이들에게 유리한 정책으로서의 자유무역이 채택될 수밖에 없었다. 하지만 이러한 자유무역 기간 동안에 점차 미국 내 빈부의 격차가 커지고 가난한 사람의 수가 늘어나게 되었다. 수입으로 인하여 재래산업은 공동화되고 실업은 증가하고 노동자 임금상승은 지체되면서 노동자들은 손해를 보아왔다. 이러한 시간이 누적되면서 자유무역으로 손해 보는 사람들의 피해의식이 커지면서 이들의 요구가 강해지기 시작하였다. 미국은 다수결을 따르는 민주주의 국가이고 노동자나 서민이 기업가나 자본가 보다 다수이기 때문에 이들을 위한 정책으로 갈 수밖에 없는 것이다.

또한 미국은 제2차 세계대전 이후 형성된 냉전관계에서 소련을 중심으로 하는 사회주의 세력과 대결을 펼쳐야 했다. 미국은 자유세계의 주도국으로서 사회주의의 확산을 막고 자유세계 진영의 발전을 위해서는 자유무역 속에 상호간에 협력하고 의존하는 관계를 형성할 필요가 있었다. 미국은 세계의 국가들을 자기편으로 끌어와야만 했고, 그래서 다소 부담이 되더라도 자국의 큰 시장을 열어 우방국가들에 혜택을 부여하지 않으면 안 되었다. 그런데 1991년 사회주의 와해와 함께 소련이 분해되고, 세계는 더 이상 양극체제가 아니라 미국 중심의 단극체제로 되었다. 이제는 미국이 희생하면서까지 다른 국가들의 환심을 살 필요가 없어지고, 오히려 다른 국가들에게 요구해서 미국의 이익을 챙길 수 있는 상황이 된 것이다.

그리고 전 세계적인 상황변화로서 세계화의 역풍이 있었다. 1990년대 이후 세계화의 바람이 거세게 일었었다. 그런데 세계화가 진행되면서 그 부작용과 과도한 변화의 고통을 겪으면서 세계화에 대하여 반발하는 기류가 생기게 된 것이다. 이러한 기류는 2000년 이후 서서히 나타나기 시작하여, 2010년 중반 이후 세계 도처에서 이전에 볼 수 없던 변화가 일어났다. 세계무역 자유화의 정체, 유럽에서의 영국의 유럽연합 탈퇴, 선진국들의 해외유입노동자에 대한 규제강화, 선진국에서 다문화정책의 포기 등 이전과 다른 변화의 기류가 나타나게 되었다. 미국 우선주의도 이러한 세계의 기류에 편승하고 있는 것이다.

■ 국제주의 고립주의 국인주의

트럼프 대통령은 취임사에서 "미국인의 손과 미국인의 노동에 의한 우리 국가"를 재건할 것임을 천명하였다. 그리고 이를 위해 적용되는 두 가지의 단순한 원칙으로 "미국물품 구매와 미국인 고용"을 제시하였다.[31] 이는 전형적인 보호무역주의이다. 그리고 미국은 2017년 6월 지구환경개선을 위한 파리기후협약(UNFCCC)에서 탈퇴하고, 2017년 12월 유네스코(UNESCO)를 탈퇴하였다. 트럼프의 미국우선은 국가 간의 화합과 협력관계를 약화시키고, 인류공통의 문제에 더 등한시하게 되더라도 미국에 이익이 된다면 그 길로 가겠다는 것이다. 그렇다면 미국을 우선하는 가운데 외국과의 관계는 소원해져도 좋다는 것이 되므로 이는 결국 국제주의는 멀어지고 고립주의는 가까워지

---

31 Trump, 2017

게 됨을 의미한다. 그렇다고 하더라도 미국이 세계의 문제에 관여하지 않겠다고 하는 것은 아니므로 완전한 고립주의로 들어 간 것이라고 할 수는 없다. 현대에는 19세기와 같은 고립주의는 가능하지 않다. 국가들은 상호의존하고 있고, 미국은 이미 그 행동반경이 국제적으로 펼쳐져 있다. 이 같은 현재의 상황 위에서 미국은 자국의 힘을 활용하여 미국의 국익을 더 확대해 나가겠다는 것이다. 이러한 국익추구에 있어서 다른 나라에 대한 배려나 도덕적, 윤리적 측면과 같은 명분은 뒷전으로 밀쳐두게 되는 것이다. 그래서 트럼프의 미국 우선주의는 매우 솔직하고 노골적이다.

하지만 미국 우선주의로 인하여 미국이 제2차 세계대전 이후부터 오랜 기간 동안 보여온 국제주의로부터 후퇴하는 것은 틀림없다. 미국은 국제주의 속에서 패권국가로서의 위치를 추구해왔다. 패권국가가 되기 위해서는 다른 나라를 이끌 수 있는 힘이 있어야 한다. 이 힘은 물리적인 측면만을 의미하는 것이 아니라 정신적인 측면도 포함된다. 군사력이나 경제력만으로 다른 나라를 끌고 갈 수 없다. 다른 나라들이 패권적 위치를 인정할 수 있을 만큼 도덕적, 윤리적으로도 지도적인 위치에 있어야 한다. 그러기 위해서 패권국가는 다른 나라를 억압하고 착취하기 보다는 관용을 보이고 베풀 수 있어야 한다. 그렇다면 패권국가는 힘도 있어야 하고 베풀기도 해야 하는데, 힘을 키우자니 베풀기가 어렵고 베풀자니 힘이 약화되는 딜레마에 봉착하게 되는 것이다.

미국이 패권국가를 추구하는 과정에서 힘이 많이 소진되었다. 미국에 의한 세계질서를 유지하기 위하여 세계 곳곳에 출병하고 군대를 배치하면서 군사비 부담이 적지 않았고, 개방적인 세계 경제체제를 추구하면서 미국은 세계의 시장이 되었고 국내생산은 줄어 들었다. 그러는 동안 미국의 경제력은 줄곧 약화되어 왔다. 이렇게 계속 경제력이 약화된다면 군사력도 지탱하지 못하게 된다. 경제력에서 날로 성장하고 있는 중국에게 얼마 안 가서 패권국가의 지위를 넘겨주게 될 지도 모르는 위협적인 상황을 맞게된 것이다. 미국의 입장에서 볼 때 더이상 지금까지와 같은 식으로 계속 갈 수는 없게 되었다. 자국이익을 추구하면서 정신적인 측면에서 다소 힘을 잃게 되더라도 패권국가로 남아 있기 위해서는 베풀기 보다는 힘의 축적이 더 급하게 된 것이다.

지금까지 미국이 국익을 외면한 적은 없다. 단지 도덕적, 윤리적인 측면에서도 세계의 지도적 국가로 인정받기 위하여, 혹은 장기적인 관점에서 미국의 이익을 추구하기 위하여 단기적인 이익을 뒤로 미루었을 수는 있지만 미국의 이익이 차선이었던 적은 없었다. 이렇게 보면 오늘날 미국우선이라는 용어를 두고 특별히 이상해 할 것이 없다. 굳이 미국우선을 내걸고 지금까지와 다르게 하겠다는 것은 지금까지의 미국우선으로는 부족하니 좀 더 적극적으로 미국우선을 하겠다는 것이고, 이는 곧 더 솔직하고 노골적으로 미국의 이익확보에 더 많이 집착하겠다는 것이다. 그래서 미국의 이익을 위하여 더 일방적으로 하고, 더 힘을 많이 사용하겠다는 것이다.

미국의 국익추구에 있어서 예외주의가 명분적인 측면이 강했다면, 미국 우선주의는 실리적인 측면이 강하다. 그러나 하나 공통된 것은 이 모두가 미국 국인주의라는 사실이다.

제 6 장

결 론

제6장 결 론

한때는 그렇게도 빛났건만

이제 눈앞에 사라져가는

초원의 빛이여

꽃의 영광이여

이젠 다시 찾을 길 없을지라도

우리는 슬퍼하기보다는

차라리 뒤에 남은 것에서 힘을 얻으리니

. . . . .

초원의 빛

― 윌리엄 워즈워드(William Wordsworth) ―

미국의 국인주의(nationalism)는 세상에 잘 알려져 있지 않다. 종종 미국에는 국인주의가 없는 것으로 간주하기도 한다. 그 이유는 복합적이다. 미국은 다민족국가이어서 국인주의가 없다고 생각하기도 하고, 미국은 부러울 것이 없는 나라이어서 질시의 마음인 국인주의가 없다고 생각하기도 하고, 강국인 미국이 스스로 국인주의 같은 나쁜 것이 없다고 하므로 없는 것으로 하기도 한다.

그렇다면 정말로 미국에는 국인주의가 없을까? 미국에 국인주의가 없다고 하는 것은 참으로 어이없는 일이다. 세계 곳곳에 군사기지를 두어 온 세계에서 군사적인 대치를 하고 있고, 지금도 세계 어디에선가 전쟁을 하고 있는 미국인들에 국인주의가 없다는 것이 말이 되는가? 사실은 미국은 세계 어느 나라보다 국인주의가 강한 국가이지만 이를 드러내지 않을 뿐이다. 미국에서 국인주의는 부정적 의미를 담고 있는 용어이다. 그래서 미국사람들은 자신들의 미국에 대한 마음을 내셔널리즘(국인주의)라고 하지 않고 패트리엇티즘(애국심)이라고 부른다.

학문적으로 국인주의와 애국심을 명확히 구분하기는 쉽지 않다. 국인주의와 애국심 모두 나라와 관련하여 사람의 마음속 거의 같은 곳에 자리잡은 감정으로 많은 부분 겹쳐지는 가운데 국인주의가 더 넓은 것으로 볼 수 있다. 강국인 미국이 국인주의라는 말을 금기시하고 잘 사용하지 않으니 세계에서도 국인주의라는 말을 잘 사용하지 않고 논의 또한 활발하지 못한 편이다.

사람들이 지닌 국인주의의 의미와 인식이 제각각이다. 그래서 국인주의를 논의할 때에는 먼저 그 정의를 명확하게 하고 시작해야 한다. 정의를 명확하게 하지 않으면 아무리 열심히 논의를 하더라도 각자가 말하는 대상이 달라 무의미한 논쟁이 될 뿐이다. 본서에서는 국인주의(nationalism)는 "자국이 타국보다 낫고 중요하다는 믿음으로 자국의 이익을 우선시하고 자국을 자랑스러워하거나, 자신들의 독립적 자주적 국가를 가지려는 사람들의 열망" 이라고 정의하고, 이 정의를 바탕으로 논의를 시작하였다. 미국의 경우에는 이 정의에서 후반부 독립 국인주의는 해당되지 않으니 전반부만을 의미하게 된다. 즉, 본서에서는 미국이 타국보다 낫고 중요하다는 믿음으로 미국의 이익을 우선시하고 미국을 자랑스러워하는 미국인의 마음과 행동을 살펴보았다.

미국은 국인주의가 강할 수밖에 없는 요인을 갖고 있다. 정신적으로는 자유와 평등의 나라이자 민주주의의 본산이고, 물리적으로는 부유한 초강대국으로서 특별한 나라이다. 미국은 크고, 강하고, 잘사는 나라이다. 미국은 기회의 나라라고도 한다. 그래서 세계에서 많은 사람들이 자국을 버리고 미국으로 가서 미국인이 되었다. 지금도 세계의 많은 사람들이 미국에 가서 살고 싶어한다. 심지어 미국에 살고 싶어 목숨을 걸고 미국으로 향하는 사람들도 수없이 많다. 국인주의가 자국을 자랑스러워하는 마음이라면 이러한 곳에 사는 미국인들이 전쟁과 기아에서 허덕이는 나라나 독재에 시달리고 있는 나라에 사는 사람들보다 국인주의가 강한 것은 너무도 당연하지 않은가?

미국은 민주주의 국가이다. 미국은 많은 사람들이 참여하여 민주적으로 건립되었다. 어느 한 통치자나 가문에 의해서 다스려지는 나라가 아니고 이론적으로는 구성원 누구라도 최고의 권력자가 될 수 있는 구조로 되어있다. 유럽에서 일반적이었던 왕정의 폐해를 인식하고 이를 극복하는 방식으로 국가를 수립하였기 때문에 이러한 민주주의적인 측면이 더 부각되었다. 미국인들은 건국과정에서의 국가이념을 높게 평가하고 있었고, 그래서 그들의 국가에 대한 신뢰는 컸고 국가에 대한 가치관이 뚜렷하였다. 이후에 수많은 이민들이 유입되면서 각양각색의 사람들이 나라사람으로 추가되었지만 건국 당시의 이념과 가치가 유지되고 미국인의 정체성이 지금까지 변함없이 이어져 내려오고 있는 것이다. 이것이 가능했던 것은 정체성을 지키기 위한 기존 주민들의 의지가 있었기 때문이었다.

미국은 건국 당시의 기존 주민보다 이민자가 훨씬 더 많은 이민자의 나라였다. 이민자들이 원래의 주민들과 융화되지 못한다면 그 국가는 분열과 혼란을 겪을 가능성이 크고 자칫 잘못하면 국가가 와해

될 수도 있다. 이민자가 많았기 때문에 그만큼 미국인이 되는 것이 더 강조되었다. 그래서 세상에 미국만큼 미국인이 될 것을 강요하는 나라도 없다. 미국은 공민 국인주의이다. 미국은 인종, 민족, 종교, 문화, 언어 등 외부 조건에 상관없이 누구에게나 문호를 개방하고 있지만 정치적인 신념이나 가치에서는 미국의 것을 따를 것을 요구한다. 미국은 미국인들이 가치와 이념으로 하나됨으로써 단합된 사회를 만들고자 하며, 이를 통하여 미국의 이상, 미국의 힘, 그리고 미국의 안녕과 번영을 유지 발전시켜 나가고자 한다. 이러한 목적의 달성여부는 개개인이 미국을 얼마나 좋아하느냐에 달려 있다. 그래서 미국인들이 항상 하는 말이 있다. "미국을 사랑하든지, 아니면 미국을 떠나라.[1]"

미국은 공민 국인주의라고 하고 인종, 민족에 있어서 차별 없는 나라라고 한다. 하지만 이것이 전부일 수는 없다. 사람들은 인종이나 민족적인 차이를 의식하게 되어 있고 그에 따라 당연히 차별도 존재한다. 미국은 건국이래 인종 간 민족 간에 갈등과 마찰의 과정을 겪으면서 발전해 왔다. 백인들 간에는 서로가 허용할 수 있는 범위에서 타협하면서 하나의 미국인으로 동화되었다. 백인들 간에는 누가 누구인지 구분하기 어렵기 때문에 동화가 쉬웠지만 외관으로 구분되는 사람들 간에는 동화가 쉽지 않았다. 지금도 인종적, 민족적인 경계가 없는 것이 아니다. 이러한 가운데 미국 사회의 중심은 다수이면서 건국이래 정통성을 갖고 있는 백인들이다. 2003년 조사에 의하면 미국인 중 자신이 매우 애국적이라고 생각하고 있는 사람은 백인은 65%였고, 흑인은 38%였다.[2] 백인들이 훨씬 더 미국이라는 나라에 자신을

---

1 America: Love it or leave it.
2 Lieven, 2012, p. 6

더 밀착시키고 있는 것이다. 미국의 주류세력은 백인들이다. 주류세력은 그 집단에 애착을 많이 갖는 반면 소외된 세력은 그 집단에 애착이 작을 수밖에 없다. 백인들은 그들의 심리 내면에 강한 주인의식을 갖고 있다. 미국의 백인들은 자신들이 미국을 이끌어 간다는 생각을 갖고 있고, 이에 더 나아가 미국이 최고의 국가라는 자부심을 갖고 있다. 지금도 미국에서 백인 경찰들이 흑인들을 난폭하게 대하고 총을 쏘아대는 사건이 자주 일어나고 있다. 이러한 일들이 일어나는 배경에는 흑인들은 자신이 이 사회의 주인이라는 의식이 부족한 반면에 백인은 이 사회의 주인이라는 의식이 넘치기 때문이다. 흑인들에 대해서 피부는 백인처럼 희게 할 수 없을지라도 행동은 백인들이 하는 것처럼 하라는 것이다. 미국의 규율과 문화를 따르라는 것이다.

백인 중에서도 미국문화의 중심에 있는 사람들은 나라를 세웠던 앵글로 색슨족이다. 지난 역사를 보면 같은 백인이라도 유럽에서 영국에 멸시당하던 아일랜드인은 미국에 와서도 멸시당하였고, 독일에서 온 이민자들은 양차에 걸친 미국과 독일 간의 전쟁과정에서 어려움을 겪을 수밖에 없었다.

국인주의는 복합적인 정서이다. 국가를 중심으로 하지만 국가내의 민족, 문화, 종교 등 다양한 요소가 작용한다. 미국이 독립을 위해서 프랑스와 한편이 되어 영국과 싸웠고, 또 미국이 프랑스와 교역을 하다가 영미전쟁까지 치렀지만 미국에 있어서 프랑스가 영국보다 더 가깝지는 않다. 피는 물보다 진하다는 것은 서양사람의 경우에도 마찬가지다. 영국과 러시아가 다투고 있는 데 미국이 러시아를 편들 것이라고 생각하는 사람은 없을 것이다. 미국, 영국, 캐나다, 호주, 뉴질랜드의 파이브아이즈(Five Eyes) 국가들은 다른 나라들과는 질적으로 다른 유대관계를 갖고 있다. 그리고 미국은 기독교 국가이고, 서구 어느 나라보다도 독실한 기독교 국가이다. 과거에는 무신론의 사회주의 국가에 정면으로 맞서다가 지금은 중동의 이슬람국가와 정면으로 맞서는 미국의 행동을 종교적으로 이해하면 가장 빠르고 쉽다.

미국인의 자부심은 국가의 이념을 근간으로 하고 있고, 이는 미국인이라는 국인이 잉태하고 탄생하는 시기까지 거슬러 올라간다. 이러한 이념체계는 미국의 국력증대와 함께 점차 다듬어지고 발전되어 왔다. 미국은 자유를 찾아서 온 청교도라는 독특한 정신세계를 가진 사람들의 공동체로부터 시작하여 민주주의 국가로 건립되었다. 건국당시 미국은 당시의 일반적인 국가들보다 훨씬 더 이상적이고 진보된 형태의 국가였다. 따라서 미국인들은 자신의 나라가 세계 어느 나라보다 우월한 정치체제를 갖춘 나라로 인식하기에 무리가 없었고, 이러한 생각은 후대로 계속 이어져 내려왔다. 이어지는 국가 발전의 과정에서 자유주의, 민주주의 국가로서의 자신감과 자부심은 미국 고유의 자산이 되었고, 이러한 자산은 국가의 목적을 추구하고 이룩하는데 큰 힘으로 작용하여 왔다.

그리고 미국인들이 자부심을 가질 수 있는 점은 또 있다. 미국은 다른 나라와 다르다. 미국은 일반 국가와 비교가 되지 않는 초강대국이다. 건국 이후 줄곧 미국은 더 크고 더 강한 국가를 추구해왔다. 북아메리카 대륙 동부연안 13개 식민지의 독립으로 출발하여, 서쪽으로 북아메리카 대륙의 살기 좋은 영역 대부분을 자국 영토로 만들고, 더 서쪽으로 진출하여 태평양상의 섬들과 필리핀까지 자국에 편입시키면서 태평양을 자국의 바다처럼 만들었다. 그리고 제2차 세계대전 이후에는 자유세계를 이끄는 패권국가로서의 역할을 하게 되었다.

이 같은 자신감과 자부심 속에 나타난 것이 미국 예외주의다. 앞에서 언급된 오바마 대통령의 미국 예외주의에 대한 발언으로 되돌아가서 생각해 보자.

2008년 공화당 부통령 후보였던 사라 팰린(Sarah Palin)은 오바마의 발언에 대하여 자신의 책『마음속의 미국』(America by Heart)에서 다음과 같이 적고 있다.

놀랍게도 오바마 대통령은 영국 사람들이 영국 예외주의를 믿고, 그리스 사람들이 그리스 예외주의를 믿듯이 나도 미국 예외주의를 믿는다고 말하기까지 하였다. 이는 한마디로, 그는 미국 예외주의를 전혀 믿지 않는다는 뜻이다. 오바마는 미국 예외주의를 자신의 것을 내세우는 하나의 비합리적인 편견에 불과하다고 생각하고 있는 것 같은데, 이것은 정말 소름끼치는 일이다.[3]

미국 예외주의에다 특별한 의미를 부여하는데 소극적이었던 오바마 대통령의 발언에 대한 미국인의 반발은 격하다. 미국의 예외주의는 영국에도 있고 그리스에도 있는 그런 예외주의가 아니라는 것이다. 그와 같은 예외주의라면 이미 미국 예외주의가 될 수 없다는 것이고, 미국은 보통의 나라들과 차원이 다른 특별한 나라라는 것이다.

이는 다른 나라 사람들의 입장에서 보면 우스운 이야기이다. 다른 나라 사람들에게 미국의 특별성을 찾으라고 한다면 자국은 이런 저런 특성이 있고 미국은 이런 저런 특성이 있다고 하면서 상대적인 특성을 생각할 뿐 미국이 가진 절대적인 우월성을 인정하지 않는다. 오바마 대통령이 한 발언도 이 같은 상대주의적인 사고에 의한 발언이었다. 오바마 대통령이 이 발언으로 많은 미국인들로부터 비난을 받

---

3 Palin, 2010, p. 57

고나서 자신의 태도를 크게 바꿀 수밖에 없었던 것은 대부분의 미국인들은 그렇게 생각하지 않기 때문이다. 그렇다면 미국인들이 생각하는 그 예외적인 특별성은 무엇인가? 한마디로 말하자면 미국사람들은 선택받은 사람들이라는 것이다. 선택을 받는다는 것은 예삿일이 아니다. 구원은 모두가 받는 것이 아니며 선택된 사람들만 받는 것이다. 세상사람 누구나 구원을 받는다면 더 이상 구원의 가치가 없다.

이 예외주의를 어떻게 이해하여야 할까? 개인에 비유해 보자. 부모가 자식에게 너는 보통아이로서 그냥 다른 사람처럼 되는 대로 살아라고 하는 경우는 드물다. 부모는 자식에게 착하게 살아라든가, 열심히 살아라든가, 건강하게 살아라든가… 하면서 무엇이든 자식이 잘해주기를 바란다. 여기서 잘하라는 것은 모두 보통이상으로 하라는 것으로서 남보다 더 잘하라는 것이고, 결국 남과 다른 특별성을 기대하는 것이다. 자신에 있어서도 마찬가지이다. 모든 생물은 경쟁적 구도 속에서 살아가기 때문에 자신의 존재에 대한 가치부여는 생존을 위한 필수요건이다. 자신의 존재와 자기가 하는 일에 더 큰 의미를 부여할수록 그가 성공할 가능성은 더 커진다.

개인에 있어서 자신에 대한 특별한 의미부여가 긍정적인 작용을 하는 것은 집단에 있어서도 마찬가지이다. 미국 사람들은 자신들을 특별하다고 내세우고 이를 통하여 긍정적인 힘을 이끌어내고자 하는 것이다. 개인이 자신의 특별성을 기초로 마음 속에 다짐하는 것이 문제될 수 없듯이 국가 또한 예외성을 내세우는 것이 문제가 될 수 없다. 단지 이러한 의식이 다른 나라 사람들과의 평화로운 관계설정을 저해하는 방향으로 작용할 수 있는 부작용이 없는 것은 아니다. 이러한 인식이 자신들 속에 머물러 있을 때는 문제가 되지 않지만, 다른 사람들에게 드러내면서 문제가 되기 시작하여, 이것을 다른 나라사람들도 인정하기를 원할 때 문제는 커지게 된다. 스스로를 높게 평가하고 자국이 우월한 국가라는 생각을 갖게 되면 상대국의 의견을 따르거나 동의를 구하고 싶은 생각이 줄어든다. 그렇게 되면 일방주의로 나가게 되는 것이다. 사실 모든 나라는 예외를 꿈꾼다. 하지만 현실이 뒷받침해주지 않을 뿐이다. 미국 예외주의가 전혀 이상하게만 들리지 않는 것은 미국이 예외적으로 크고 강한 나라이기 때문이다.

자신이 선택받은 사람이라고 생각하는 것이 예외주의라면 구세주의는 이 같은 자신들이 다른 나라 사람들을 구원받도록 해주어야겠다고 생각하는 것이다. 예외주의에서와 마찬가지로 소극적 구세주의일 때에는 문제가 없다. 하지만 적극적 구세주의로 되면 문제가 발생한다. 구세주의에서는 미국이 자유, 평등, 민주주의, 법치주의, 공민국인주의 등과 같은 훌륭한 가치를 실현하고 있는데 이것을 다른 사람들에게도 누리게 해주어야 한다는 것이다. 여기서 미국이 가진 가치가 전 세계의 사람들이 추구해야 할 보편적인 가치로 생각하는 자기중심주의가 작동한다. 구세주의는 미국의 가치와 세계 보편적 가치를 일치시킴으로써 미국의 것을 다른 나라에 강요하는 것을 합리화하고 미국이 세상 사람들에게 선을 베푸는 것으로 미화시킨다.

그래서 구세주의는 외국에 대한 간섭과 침략을 정신적으로 뒷받침하는 도구가 된다. 구세주의에서는 다른 사람들을 구원하는 것이 좋은 일을 하는 것으로서의 동기를 부여하고, 이를 즐거이 하도록 에너지를 부여하며, 이에 더 나아가 구원하지 않으면 안 된다는 의무감까지 갖게 한다. 그가 하는 일에 지치고 내키지 않더라도 그것이 의무라면 하지 않으면 안 되는 것이다. 그래서 과거 구세주의는 제국주의와 결합하여 큰 힘을 발휘하였다. 구세주의의 논리는 다른 나라사람들을 설득하는 데에 사용될 수 있을 뿐만 아니라, 미국이 다른 나라로 진출해 나갈 때 국가가 국민들로 하여금 기꺼이 이에 나설 수 있도록 하는데 유용한 수단이 될 수 있었다.

서양 문명이 세계를 개화시키고 발전시킨 것은 부정할 수 없다. 특히 물질의 세계에서는 그렇다. 하지만 정신적인 측면에서는 그런 면이 약하다. 미국의 구세주의는 미국이 자유의 나라로서의 도덕적인 우월성을 느끼고 이것이 세계 전체로 뻗어 나가야 한다고 생각한다. 그런데 자유에 대한 가치와 제도 자체가 미국적인 것일 뿐만 아니라 구세주의 자체가 기독교적인 것이다. 미국의 자유는 미국이 다른 국가에 강요하는 순간 그 의미가 변질된다. 자유의 요체인 자율성은 타율성의 굴레에 씌어져 자유는 억압이 되고 마는 것이다.

미국이 필리핀을 편입시키면서 많은 미국인들은 미국이 세상을 진보시키고 평화로운 세상을 만드는 사명을 수행하고 있다고 생각하였다. 하지만 이 같은 생각이 옳지 않음은 역사의 과정에서 드러나게 되었다. 필리핀인은 미국의 지배 이후 독재, 부패, 빈곤, 범죄, 마약 등 온갖 국가적, 사회적 병마에 시달리면서 살아왔고 지금도 어려움을 겪고 있다. 미국의 구원을 받아들일 수밖에 없었던 현지의 사회와 문화는 유럽사람들을 처음 만난 아메리카 원주민처럼 혼돈과 갈등 속에서 병들고 쇠락해 갔던 것이다. 이같이 미국이 자랑하는 미국의 정신은 이를 그대로 받아들여 번영을 이룩한 나라는 세계 어느 곳에서도 없었다. 미국의 것이 미국 바깥을 나갔을 때 환영받는 경우는 그리 많지 않았다. 미국의 문화는 프랑스나 러시아에서만 배척받는 것이 아니라 유럽의 많은 사람들에 의하여 저급한 것으로 취급당하였으며, 심지어 아메리카 대륙에서 조차 환영받지 못하였다. 그럼에도 불구하고 미국인들은 미국의 것을 왜 그리 자랑스러워하고 자랑스러워하다 못해 다른 나라까지 미국식으로 되어야 한다고 생각하는 것일까? 이것은 국경을 경계로 이쪽의 사람과 저쪽의 사람의 생각이 이처럼 다르기 때문이다.

게다가 이러한 미국 구세주의는 순수한 이타주의가 아니라 미국사람들의 국인주의이므로 구세주의가 가는 곳에는 미국을 위하는 마음으로서의 미국의 이익추구 또한 열렬히 전개될 수밖에 없었다. 그렇기 때문에 미국의 구원 대상이 되는 민족이나 나라는 더더욱 어려움에 처할 수밖에 없었다. 미국의 거룩한 사명에 의해서 상대국은 가혹한 운명을 맞게 되는 것이다.

이러한 구세주의 의식은 여기에 힘이 뒷받침되면 바로 제국주의, 패권주의로 나아가게 되는 것이다. 패권주의가 제국주의처럼 자국의 지배하에 두겠다는 것은 아니다. 하지만 세계를 자국의 힘 아래 두어야 한다고 인식하는 점에서 패권주의에서도 자국인의 사명감은 요긴하다. 미국사람들은 자신들이 패권을 추구할지라도 그것이 무력에 의한 것이기 보다는 이념에 의한 것임을 강조한다. 또, 미국은 독재와 억압에 의한 것이라기 보다는 자유적이고 민주적이며, 자유와 민주주의는 모든 인류가 향유해야 할 보편적인 가치임을 주장한다. 그런데 자유와 민주주의 등이 보편적 가치이긴 하지만 모든 나라 모든 지역에서 똑같이 평가될 수 있는 것은 아니다. 보편적 가치라고 할지라도 개별 문화와 상황에 따라 그 의미가 변형되기도 하고 그 중요성이 달라지기도 하는 것이다.

그래서 미국인이 생각하는 자신들의 이미지와 다른 나라 사람들이 생각하는 미국인의 이미지에는 차이가 크다. 미국인이 상대방이 고마워할 것이라고 생각하는 행위가 상대방은 고마워하지 않는 경우가 많은 것이다. 심지어 미국은 상대국에 대하여 시혜를 베풀고 있다고 생각하지만 그 상대국은 착취당하고 있다고 생각하기도 한다. 이렇듯 국가의 입장에 따라 국인들의 인식은 크게 달라진다.

가까운 예로 미국인과 한국인 간의 인식차이를 한번 생각해 보자. 트럼프 대통령은 미국의 우방들에게 미국이 제공하고 있는 방위서비스에 대하여 비용부담을 더 많이 해야 한다고 주장하고 있고, 이러한 주장은 많은 미국인들의 생각을 대변하고 있는 것이기도 하다. 이 우방들 중의 하나가 한국이다. 미국인들은 자유 민주주의나 자본주의와 같은 미국이 앞세우는 이념이 대단히 중요한 가치를 갖는다고 생각하지만 한국인들의 생각은 다르다. 한국사람들에게는 그들 나름대로 중요한 또 다른 것들이 있다. 2005년 조선일보의 신세대 의식조사에서 미국과 북한 간에 전쟁이 일어난다면 어느 편에 서야 하느냐라는 물음에서 북한 편에 서야 한다 65.9%, 미국 편에 서야 한다 28.1%였다. 한국사람들에게는 미국이 아끼는 자유나 민주주의 같은 이념 보다는 북한에 있는 혈육이 더 소중한 것이다.

그런데 미국인들은 한국이 미국의 도움으로 자유 민주주의 국가로서 발전과 번영을 누리게 된 것으로만 알고 있고, 그런 부분만 생각하고 있다. 미국인들은 한국에 대하여 북한을 보라. 우리 미국이 아니었으면 너희도 북한처럼 살고 있을 것이 아닌가라고 생각한다. 그래서 미국인들은 당연히 한국인들이 자신들에게 감사해 하는 것으로 생각한다. 그런데 한국에서 반미데모를 한다니 이는 정말 어이없는 일이다. 그래서 미국인들은 이런 뉴스를 보고 분개하기도 한다.

그런데 미국인 중에서 한국의 분단에 미국이 결정적인 역할을 하였다는 것을 아는 사람은 드물다. 미국이 전 세계적으로 전략을 수행하지만 대부분의 미국인들은 세계 전역의 세부적인 사항에 있어서는 알지 못한다. 베트남 전쟁에서 미국이 수렁에 빠졌을 때 젊은이들의 반전시위로 온 나라가 뒤숭숭하게 되자, 그 때야 미국의 많은 사람들은 도대체 베트남이 어디에 있는 거야? 캄보디아는 또 뭐야? 하면서 세계지도를 꺼내어 여태까지 들어보지도 못했고 관심도 없었던 지명과 국명을 찾아보곤 하였다고 한다.[4] 아무리 미국이 세계의 문제를 다루는 나라라고 할지라도 미국인 모두가 세계의 문제를 아는 외교관이나 세계 역사를 아는 역사가가 될 수도 없는 일이다. 사람들은 그저 자국 내 일상의 테두리 안에서 자신의 경험을 토대로 자기중심적으로 생각하기 마련이다. 그렇다고 해서 미국인들이 미국밖에 모르고 다른 나라 사람들을 적대시하거나 세계의 사람들에 대한 배려가 없는 사람들이라는 것은 아니다. 오히려 세계 각지의 사람들과 연관되어 있는 사람들이기에 세계의 다른 나라 사람들에 대한 배려와 인도적인 측면에 더 풍부한 감수성을 갖고 있다. 하지만 미국인이 설사 세계와 인류를 위하는 마음이 있다고 할지라도 그의 몸이 미국 내에 있고, 그의 생각이 미국 내에서 보고 듣고 배운 바탕 위에서 움직이기 때문에 미국인의 국인주의를 벗어날 수는 없는 것이다.

최근 트럼프가 미국의 대통령이 된 이후 미국 예외주의라는 말은 뜸해지고 미국 우선주의가 미국을 휩쓸고 있다. 제2차 세계대전 이후 미국은 세계 산업생산의 절반 이상을 차지하는 가운데 미국 산업의 국제경쟁력은 다른 나라를 압도하였다. 이러한 상황에서 미국은 국

---

4 Lieven, 2012, p. 156

가간 협력 증대와 자유무역으로 세계를 이끌어 나갔다. 양극체제에서 미국이 자유세계를 주도하면서 소련의 사회주의 확산을 막으려면 자유세계 국가들이 함께 번영하는 길을 찾아야 했고, 세계의 국가들을 자기편으로 끌어올 필요가 있었다. 미국은 패권국가답게 자국의 큰 시장을 열어 우방국가들에 혜택을 부여하였다. 그런데 미국은 자국 산업의 국제경쟁력이 점차 약화되면서 1970년대 이후 줄곧 무역수지 적자를 시현하게 된다. 이러한 가운데서도 자유무역은 미국에 세계의 물품을 값싸게 수입하여 높은 소비자효용을 누릴 수 있게 해주었고, 대기업과 자본가들이 해외에서 많은 수익을 올릴 수 있도록 해주었지만, 미국 내 많은 산업은 무너지고, 노동자들은 일자리를 잃게 되었다. 무역수지 적자는 누적되고 그 규모도 갈수록 커져 외채는 눈덩이처럼 불어나 거의 감당할 수 없을 수준에 이르게 되었다. 또한 중국이 국제무역에 적극 참여하면서 미국은 한층 더 곤란을 겪게 된다. 중국은 무역을 통하여 급속한 경제성장을 이루고 막대한 무역수지 흑자를 쌓아 왔다. 중국은 무역수지 흑자로 미국의 무역수지 적자 규모를 더욱 확대시키는 한편, 무역흑자로 축적한 외화자산을 활용하여 세계에 영향력을 늘리고 더 나아가 지금까지 미국이 누리던 지위를 넘보게 되었다. 미국이 그동안 자비로운 강자로서 패권국가의 지위를 누리는 동안에 초강대국으로서의 존속자체를 위협하는 문제들에 직면하게 된 것이다.

이제 대국으로서 자비와 위엄을 과시하기에는 현실적으로 눈앞에 닥친 문제들이 너무 심각하고 이 문제들의 해결이 다급해졌다. 미국은 미국에 대한 무역흑자국들이 불공정한 무역을 한다고 생각하고 있다. 게임이 불공정하면 게임을 바꿔야 한다. 미국은 세계경제 게임을 만들고 이끌어 가는 주도자이다. 게임 주도자가 스스로 지는 게임을 계속하고 있을 이유가 없다. 자유무역이 미국의 이익을 해한다면 자신이 만든 자유무역의 틀 속에 스스로 갇혀 있을 이유는 없는 것이다. 강국으로 남아있으려면 미국이 유리한 게임을 만들어 내야 한다.

그런데 미국이 자신에 유리한 게임으로 바꾸면 당연히 다른 나라들은 반발하게 된다. 미국의 보호주의는 상대국의 대응조치를 가져오고 이에 따라 미국 내 각 산업이나 지역에 손해를 보게 되는 사람이 생기게 된다. 그리고 국제기업가, 소비자, 국가간의 갈등을 싫어하는 국제주의자들이나 온건파 등도 자신들이 원하지 않는 현실을 맞게 된다. 많은 미국인들이 지엽적으로 손해를 보거나 희생과 인내를 요구받을 수밖에 없는 상황에 와 있는 것이다. 이러한 상황을 잘 헤쳐나가기 위해서는 개개인의 유불리보다는 국가적인 차원에서 서로 이해하고 협력하는 가운데 국가 내에서 고통을 잘 소화해 내지 않으면 안 된다. 그런데 이러한 것은 앞으로 미국이 맞게 될 도전의 역정에서 작은 시작에 불과할 것이다.

이제 상대적인 면에서 미국의 힘은 점차 약화되고 있고, 앞으로도 이런 추세는 계속될 것이다. 세상은 고루 발전하고 있고, 세상이 고루 발전하게 될 때 미국의 상대적 비중은 줄어들 수밖에 없기 때문이다. 미국은 지금 빈부의 격차가 확대되고 있고, 사회안전에 대한 위협은 증가하고 있으며, 인종문제는 지속되고 있는 등 내부적으로도 문제가 많다. 그런데다 러시아, 중동 무슬림을 비롯한 미국의 적들은 그대로 있고, 중국과 같은 비우호적인 경쟁자들은 늘어나고 있다.

지난 세월 미국은 강대국으로 부상하는데 워낙 좋은 환경에 있었고, 이러한 환경을 활용하여 오늘날의 미국으로 잘 발전시켜 왔다. 세상에 영원한 강자는 없다. 미국은 그동안 가졌던 것이 워낙 많았기에 앞으로 도전받을 것 또한 그 만큼 많을 수밖에 없다. 후퇴하고 수축하는 국가일 때에 국가에 대한 국인들의 마음도 성장하고 팽창하는 국가일 때와는 달라지게 될 것이다. 그렇다고 하더라도 국가가 의지할 수 있는 보루는 국인주의라는 점에는 변함이 없다. 미국이 직면하는 도전이 클 수록 국인주의는 더 강하게 요청될 것이다. 위축되어가고 수세에 몰린 나라일 수록 국인주의는 더 쉽게 드러나게 된다. 지금의 미국 우선주의도 이러한 국인주의의 한 모습이며, 앞으로 우리는 미국에게서 더 자주 이러한 모습을 보게 것이다.

지금까지 미국인으로서의 자부심의 가장 큰 기초는 자유와 민주주의였다. 미국이라는 국가가 끊임없이 확대 발전하는 동안에 그 이념은 빛을 발하였고, 이에 따라 미국인의 자부심 또한 굳건해질 수 있었다. 이제는 변화된 환경 속에서 미국은 힘을 지켜야 할 뿐만 아니라 이러한 이념적인 측면에서도 유지 발전시켜 나가야 한다.

미국인들의 역량에 따라 앞으로 미국은 그 위상을 장기간 유지해 나갈 수도 있고, 반대로 급속히 잃을 수도 있다. 이것은 미국이 지금까지와 다른 환경에서 맞게 되는 새로운 도전이다. 여기서 미국의 국인주의는 또다시 시험대에 오르게 될 것이다. 미국이 직면하는 도전에서 그 승패여부는 결국 미국인들이 미국을 얼마나 사랑하느냐에 달려있기 때문이다.

참고문헌

I. 국문문헌

강동국. (2006). 근대 한국의 국민·인종·민족 개념: Gukmin, injong, minjok.『한국동양정치사상사학회』, 5(1), 19~20.

강상중. (2004).『내셔널리즘』(임성모 역). 서울: 도서출 이산.

국민. (미상).『다음한국어사전』. http://dic.daum.net/search.do?q=%EA%B5%AD%EB%AF%BC(2015/12/15).

문재인 대통령 "영흥도 낚싯배 전복, 이유 여하 막론하고 국가 책임". (2017. 12. 4).『동아일보』.

미국총기사고. (미상).『다음백과』. http://100.daum.net/encyclopedia/view/47XXXXXXXX78(2017/12/11).

민족. (미상).『다음 한국어사전』. http://dic.daum.net/search.do?q=%EB%AF%BC%EC%A1%B1(2015/12/15).

민족주의. (미상).『다음 한국어사전』. http://dic.daum.net/search.do?q=%EB%AF%BC%EC%A1%B1%EC%A3%BC%EC%9D%98(2015/12/15).

민족주의. (미상).『표준국어대사전』. http://stdweb2.korean.go.kr/search/List_dic.jsp(2015/12/15).

박양신. (2008). 근대일본에서의 '국민' '민족' 개념의 형성과 전개: nation 개념수용사.『동양사학연구』, 104, 238.

박찬승. (2011).『민족, 민족주의』. 서울: 소화.

신용하. (1994).『한국민족주의의 형성과 전개』. 서울: 서울대학교출판부.

예루살렘 선언 반대 국가에 트럼프 "지원금 삭감" 엄포. (2017. 12. 21).『헤럴드 경제』.

오사와 마사치. (2010).『내셔널리즘론의 명저 50』(김영작, 이이범 역). 서울: 일조각.

오타 타카코. (2003). 한국 내셔널리즘에 대한 고찰.『한일민족문제연구』,

5, 3~35.

유종하. (1999).『민족주의 이론연구 근대주의적 민족주의 비판을 중심으로』. 명지대학교 석사학위논문.

이선민. (2008).『민족주의 이제는 버려야 하나』. 서울: 삼성경제연구소.

임지현. (1999).『민족주의는 반역이다』. 서울: 소나무.

장문석. (2011).『민족주의』. 서울: 책세상.

장문석. (2011).『민족주의』. 책세상.

조민. (1994).『한국민족주의연구』. 서울: 민족통일연구원.

『조선왕조실록, 성종실록』. (성종 1년, 7월 8일).

『조선왕조실록, 태조실록』. (태조 1년, 11월 29일).

조영정. (2016).『국인주의 이론』. 서울 박영사.

주명건. (1987).『미국경제사』. 서울: 박영사.

트럼프 교사무장론에 찬성 44% vs 반대 50%. (2018. 2. 24).『연합뉴스』.

차기벽. (1984).『민족주의』. 서울: 종로서적.

차기벽. (1991).『민족주의원론』. 서울: 한길사.

II. 영문문헌

Anderson, B. (2006). *Imagined communities: Reflections on the origin and spread of nationalism* (2nd ed.). London: Verso.

Armstrong, J. (1982). *Nations before nationalism*. Chapel Hill, NC: University of North Carolina Press.

Armstrong, J. (1992). The autonomy of ethnic identity: Historic cleavages and nationality relations in the USSR. In A. Motyl (Ed.), *Thinking theoretically about Soviet nationalities* (pp. 23~44). New York: Columbia University Press.

Armstrong, J. (1995). Towards a theory of nationalism: Consensus and dissensus. In S. Periwal (Ed.), *Notions of nationalism* (pp. 34~43). Budapest: Central European University Press.

Armstrong, J. (1997). Religious nationalism and collective violence. *Nations and Nationalism*, 3(4), 597~606.

Armstrong, J. A. (2001). Myth and symbolism theory of nationalism. In A. S. Leoussi (Ed.), *Encyclopedia of nationalism* (pp. 197~202). New Brunswick and London: Transaction Publishers.

Arnason, J. P. (1990). Nationalism, globalization and modernity. In M. Featherstone (Eds.), *Global culture* (pp. 207~250). London: SAGE Publications.

America tops national pride survey finds. (2006, June 27). *NBC News*. Retrieved from http://www.nbcnews.com/id/13577802/ns/us_news-life/t/america-tops-national-pride-survey-finds/#.Wt67dca6wh4.

AP-NORC poll: Divided Americans fret country losing identity. (2017, March 5). *AP*. Retrieved from https://es.scribd.com/article/340981606/Ap-Norc-Poll-Divided-Americans-Fret-Country-Losing-Identity

Avineri, S. (1991). Marxism and nationalism. *Journal of Contemporary History*, 26(3/4), 637~57.

Balakrishnan, G. (Ed.). (1996). *Mapping the nation*. London: Verso.

Bar-Tal, D., & Staub, E. (1997). *Patriotism in the lives of individuals and nations*. Chicago: Nelson-Hall Publishers.

Bartiromo, M. (2017, June 14). Flag Day facts: 10 things you didn't know about the American flag, *Fox News*.

Beckley, M. (2015, Spring). The myth of entangling alliances. *International Security*, Vol. 39, No.4.

Beiner, R. (Ed.). (1999). *Theorizing nationalism*. New York: State University of New York Press.

Berkin, C. (2017). *A sovereign people: The crises of the 1790s and the birth of American nationalism*. New York: Basic Books.

Billig, M. (1995). *Banal nationalism*. London: SAGE Publications

Ltd.

Breuilly, J. (1982/1993). *Nationalism and the state* (2nd ed.). Manchester: Manchester University Press.

Breuilly, J. (1993). Nationalism and the state. In R. Michener (Ed.), *Nationality, patriotism and nationalism in liberal democratic societies* (pp. 19~48). Minnesota: Professors World Peace Academy.

Breuilly, J. (2001). The State and nationalism. In M. Guibernau & J. Hutchinson (Eds.), *Understanding nationalism* (pp. 32~52). Cambridge: Polity.

Brewer, S. (2009). *Why America fight?: Patriotism and war propaganda from the Philippines to Iraq.* Oxford, UK: Oxford University Press.

Brown, D. (1999). Are there good and bad nationalisms? *Nations and Nationalism,* 5(2), 281~302.

Brown, D. (2000). *Contemporary nationalism.* New York: Routledge.

Brubaker, R. (1992). *Citizenship and nationhood in France and Germany.* Cambridge, MA: Harvard University Press.

Calhoun, C. (2008). Cosmopolitanism and nationalism. *Nations and Nationalism,* 14(3), 427~448.

Carr, E. (1945). *Nationalism and after.* London: Macmillan.

Chasmar, J. (2013, October 8). Ecuador's socialist president: American exceptionalism sounds like Nazi rhetoric. *The Washington Tiimes.* Retrieved from https://www.washingtontimes.com/news/2013/oct/8/ecuadors-socialist-president-compares-us-nazi-germ/

Citizenship. (n.d.). In *Wikipedi*a. Retrieved December 17, 2015, from https://en.wikipedia.org/?title=Citizenship.

Citizenship. (n.d.). *Enciclopedia britanica.* Retrieved January 3, 2017, from https://www.britannica.com/topic/citizenship.

Connor, W. (1990). When is a nation? *Ethnic and Racial Studies,* 13(1), 92~103.

Connor, W. (1994). *Ethnonationalism: The quest for understanding.* Princeton: Princeton University Press.

Connor, W. (2005). The dawning of nations. In A. Ichijo & G. Uzelac (Eds.), *When is the nation?* (pp. 40~46). London and New York: Routledge.

Croly, H. (1989). *The promise of American life.* Boston: Northeastern University Press. (Original Work Published 1909).

Dorf, L., Fay, E., Gilbert, M. E., Loftus, A., Maguire, C., Petlinski,J., ... Walters, T. (2004). *World history.* Parsippany: Peason Learning Group.

Eley, G., & Suny, R. (Eds.). (1996). *Becoming national.* London: Oxford University Press.

Gagnon, J. (2017, March 29). *The unsustainable trajectory of US international debt.* Peterson Institute for international Economics. Retrieved from https://piie.com/blogs/realtime-economic-issues-watch/unsustainable-trajectory-us-international-debt

Gallagher, N. (2016, June 16). Trump's appeal to the radical middle is a wake-up call to conservatives. *National Review.* Retrieved from https://www.nationalreview.com/2016/06/donald-trump-jacksonian-voters-andrew-jackson-nationalist-politics-are-back/

Gellner, E. (1964). *Thought and change.* London: Weidenfeld & Nicolson.

Gellner, E. (1983/2006). *Nations and nationalism* (2nd ed.). Oxford: Blackwell.

Gellner, E. (1987). *Culture, identity and politics.* Cambridge: Cambridge University Press.

Gellner, E. (1994). *Encounters with nationalism.* Oxford: Blackwell.

Gellner, E. (1996a). The coming of nationalism and its interpretation: The myths of nation and class. In G. Balakrishnan (Ed.), *Mapping the nation* (pp. 98~145). London: Verso.

Gellner, E. (1996b). Reply: Do nations have navels? *Nations and National-*

ism, 2(3), 366~71.

Gellner, E. (1997). *Nationalism*. London: Weidenfeld & Nicolson.

Gellner, E., & Smith, A. D. (1996). The nation: real or imagined?: The warwick debates on nationalism. *Nations and Nationalism,* 2(3), 357~370.

Giddens, A. (1991). *The Consequences of modernity*. Cambridge: Polity Press.

Global Policy Forum. (2011). *US military expansion and intervention*. Retrieved from https://www. globalpolicy. org/us-military-ex-pansion-and-intervention/general-analysis-on-us-military-expan-sion-and-intervention/50608-us-secret-military-active-in-120-coun-tries. html?itemid=595//

Greenfeld, L. (1992). *Nationalism: Five roads to modernity*. Cambridge, MA: Harvard University Press.

Greenfeld, L. (1993). Transcending the nation's worth. *Daedalus*, 122(3), 47~62.

Greenfeld, L. (2003). *The spirit of capitalism: Nationalism and economic growth*. Cambridge, MA: Harvard University Press.

Greenfeld, L. (2005). Nationalism and the mind. *Nations and Nationalism*, 11(3), 325~41.

Greenfeld, L. (2006). Modernity and nationalism. In G. Delanty & K. Kumar (Eds.), *The sage handbook of nations and nationalism* (pp. 157~168). London: Sage.

Grosby, S. (1994). The verdict of history: the inexpungeable tie of primordi-ality-A reply to Eller, and Coughlan. *Ethnic and Racial Studies*, 17(1), 164~71.

Grosby, S. (1995). Territoriality: The transcendental, primordial feature of modern societies. *Nations and Nationalism*, 1(2), 143~62.

Grosby, S. (2001). Primordiality. In A. S. Leoussi (Ed.), *Encyclopedia of nationalism* (pp. 252~255). New Brunswick: Transaction Publish-ers.

Grosby, S. (2005a). *Nationalism*: A very short introduction. Oxford: Oxford University Press.

Grosby, S. (2005b). The primordial, kinship and nationality. In A. Ichijo and G. Uzelac (Eds.), *When is the nation?* (pp. 56~78). New York: Routledge.

Grossman, R., & Leroux, C. (1998, July 3). Americans have surprisingly deep patriotic roots, survey finds. *Chicago Tribune.*

Guibernau, M., & Hutchinson, J. (Eds.). (2001). *Understanding nationalism.* Cambridge: Polity.

Haines, M. (2002). The population of europe: The demographic transition and ater. *Encyclopedia of european social history.* Retrieved from https://www.encyclopedia.com/international/encyclopedias-almanacs-transcripts-and-maps/population-europe-demographic-transition-and-after

Hechter, M. (1975). *Internal colonialism: The celtic fringe in british national development, 1536~1966.* London: Routledge & Kegan Paul.

Hechter, M. (2000b). *Containing nationalism.* Oxford: Oxford University Press.

Helleiner, E., & Pickel, A. (2005). *Economic nationalism in a globalizing world.* London: Conell Universy Press.

Heywood, A. (2012). *Political ideologies* (5th Ed.). NewYork: Palgrave Macmillan.

Hobsbawm, E. J. (1990). *Nations and nationalism since 1780: Programme, myth, reality.* Cambridge: Cambridge University Press.

Hollinger, D. (2006). *Cosmopolitanism and solidarity.* Madison: University of Wisconsin Press.

Hroch, M. (1985). *Social preconditions of national revival in Europe: A comparative analysis of the social composition of patriotic groups among the smaller European nations.* Cambridge: Cambridge University Press.

Hroch, M. (1996). Nationalism and national movements: Comparing the past and the present of Central and Eastern Europe. *Nations and Nationalism*, 2(1), 35~44.

Hroch, M. (2006). Modernization and communication as factors of nation formation. In G. Delanty & K. Kumar (Eds.), *The Sage Handbook of nations and nationalism* (pp. 21~32). London: Sage.

Hutchinson, J., & Smith, A. D. (Eds.). (1994). *Nationalism*. Oxford: Oxford University Press.

Ichijo, A., & Uzelac, G. (Eds.). (2005). *When is the nation?: Towards an understanding of theories of nationalism*. London: Routledge.

Jones, J. (2010, December 22). Americans see U.S. as exceptional; 37% doubt Obama does. *Gallup*. Retrieved from http://news.gallup.com/poll/145358/americans-exceptional-doubt-obama.aspx

Kedoulie, E. (1961). *Nationalism* (Rev. ed.). Hutchinson & Co. LTD.

Kindleberger, C. (1986).*The world in depression: 1929-1939*. Berkeley: University of California Press

Kohn, H. (1950). Romanticism and the rise of German nationalism. *The Review of Politic*s, 12(4), 443~72.

Kohn, H. (1955). *Nationalism, its meaning and history*. New York: Van Nostrand.

Lennihan, M. (2016). *The American identity: Points of pride, conflicting views, and a distinct culture*. NORC, University of Chicago. Retrieved from http://apnorc.org/projects/Pages/HTML%20Reports/points-of-pride-conflicting-views-and-a-distinct-culture.aspx

Lieven, A. (2012). *America right or wrong: An anatomy of American nationalism* [Kindle Version]. Retrieved from Amazon.com

Lucey, C. (2016, August 31). Patriotic act, Hillary Clinton made a vigorous appeal to republican voters. *AP*. Retrieved from https://www.apnews.com/3ab48c30cb40446382e702ce4eefd7fa

McCoy, T. (2012, Mar 15). How Joseph Stalin invented 'American Exceptionalism'. *The Atlantic*. Retrieved from https://www.theatlantic.com/ politics/archive/2012/03/how-joseph-stalin-invented-american-exceptionalism/254534/

McManus, D. (2016. April, 27). Trump says he stands for 'America First.' What does that mean? *Los Angeles Times*.

Mead, W. (2009). *Special providence*. New York: Routledge.

Nation. (n. d.). In *Merriam-Webster Online*. Retrieved December 16, 2015 from http://www.merriam-webster.com/dictionary/nation.

Nation. (n. d.). In *Online Etymology Dictionary*. Retrieved December 16, 2015 from http://www.etymonline.com/index.

Nation. [Def. 1]. In *Dictionary. com Unabridged*. Random House, Inc. Retrieved December 16, 2015 from http://dictionary.reference. com/ browse/nation.

Nationalism. (n. d.). In *Dictionary. com. Unabridged*. Retrieved December 20, 2015 from Dictionary.com website http://dictionary.reference.com/ browse/ nationalism.

Newport, F. (2010, February 17). Mississippians go to church the most; Vermonters, least. *Gallup*. Retrieved January 13, 2014 from http:// news.gallup.com/poll/125999/mississippians-go-church-most-vermonters-least.aspx

Özkırımlı, U. (2005). *Contemporary debates on nationalism: A critical engagement*. New York: Palgrave Macmillan.

Ozkirimli, U. (2010). *Theories of nationalism* (2nd ed.). New York: Palgrave Macmillan.

Palin, S. (2010). *America by heart: Reflections on family, faith and flag*. London: Harper Collins e-books.

Pew Research Center. (2002, December 19). Among wealthy nations U.S. stands alone in its embrace of religion. Retrieved from http://www. pewglobal.org/2002/12/19/among-wealthy-nations

Pew Research Center. (2011, March 11). The elusive 90% solution. Retrieved from http://www.pewresearch.org/2011/03/11/the-elusive-90-

solution/

Reidenbach, C. (1918). *A Critical analysis of patriotism as an ethical concept.* Ph. D. Dissertation of Yale University. San Bernadino: Leopold Classic Library.

Renan, E. (1990). What is a nation? In H. Bhabha (Ed.), *Nation and narration* (pp. 8~22). London: Routledge. (Original work published 1861)

Robert Fox, R. (2012, April 4). CIA files reveal how US helped Britain retake the Falklands. *Evening Standard.* https://www.standard.co.uk/news/world/cia-files-reveal-how-us-helped-britain-retake-the-falklands-7618420.html

Robert Prager, (n.d.). In *Wikipedia.* Retrieved from https://en.wikipedia.org/wiki/Robert_Prager

Rocker, R. (2015). *Nationalism and culture* (R. Chase Trans.). ChristieBooks. Retrieved from Amazon.com.

Rourke, J., Carter, R.,& Boyer, M. (1996). *Making American foreign policy* (Second Ed.). Chicago: Brown & Benchmark.

Saideman, S., & Ayres, W. (2015). For kin or country. New York: Columbia University press.

Seton-Watson, H. (1965). *Nationalism, old and new.* Sydney: Sydney University Press.

Seton-Watson, H. (1977). *Nations and states.* London: Methuen.

Shaw, P., & Wong, Y. (1989). *Genetic seeds of warfare.* Boston: Unwin Hyman, Inc.

Shin, G. (2006). *Ethnic nationalism in Korea.* Stanford: Stanford University Press.

Simpson, B. (2014, July 14). Will confederate heritage advocates take Robert E. Lee's advice? *Crossroads.* Retrieved from https://cwcrossroads.wordpress.com/2014/07/17/will-confederate-heritage-advocates-take-robert-e-lees-advice/

Smith, A.D. (1995). *Nations and nationalism in a global era.* Cambridge:

Polity Press.

Smith, A. D. (1991). *National identity.* London: Penguin.

Smith, A. D. (1998). *Nationalism and modernism: A critical survey of recent theories of nations and nationalism.* London and New York: Routledge.

Smith, A. D. (1999). *Myths and memories of the nation.* Oxford: Oxford University Press.

Smith, A. D. (2001a). N*ationalism: Theory, ideology, history.* Cambridge: Polity.

Smith, A. D. (2001c). Ethno-Symbolism. In A. S. Leoussi (Ed.), *Encyclopedia of nationalism* (pp. 84~87). London: Transaction Publishers.

Smith, A. D. (2002). When is a nation? *Geopolitics,* 7(2), 5~32.

Smith, A. D. (2009). *Ethno-Symbolism and nationalism.* London: Routledge.

Smith, A. D. (2010). *Nationalism* (2nd ed.). Cambridge UK: Polity Press.

Smith, T., & Kim, S. (Spring 2006). National pride in cross-national and temporal perspective. *International Journal of Public Opinion Research, 18. 127-136.*

Spencer, P., & Wollman, H. (2002). *Nationalism: A critical introduction.* London: Sage.

Spencer, P., & Wollman, H. (2005). *Nations and nationalism: A reader.* Edinburgh: Edinburgh University Press.

Stalin, J. (2015). *Marxism and the national question,* CreateSpace Independent Publishing Platform. (Original work published 1913)

Stockholm Internationsl Peace Research Institute. (2018). *SIPRI Military Expenditure Database.* Retrieved from https://www.sipri.org/databases/milex

Stone, O., & Kuznick, P. (2012). *The untold history of the United States.* New York: Gallery Books.

Talbott, S. (2009). *The great experiment: The story of ancient empires, modern states and the quest for a global nation.* New York: Simon and Schuster.

Teachout, W. (2009). *Capture the flag.* New York: Basic Books.

Tocqueville, A. (2004). *Democracy in America.* New York: The Libray of America. (Original Work Publised 1840)

Trump, D. (2017, January 20). *The inaugural address.* Retrieved from https://www.whitehouse.gov/briefings-statements/the-inaugural-address/

Turse, N. (2011). US secret military active in 120 countries. *Global Policy Forum.* Retrieved from https://www.globalpolicy.org/us-military-expansion-and-intervention/general-analysis-on-us-military-expansion-and-intervention/50608-us-secret-military-active-in-120-countries.html?itemid=595

United States Census Bureau. (2004). *Colonial and pre-federal statistics.*

United States Department of Defense. (2015). *Base structure report-fisical year 2015 Baseline.*

United States foreign aid, In *Wikipedia.* Retrieved from https://en.wikipedia.org/wiki/United_States_foreign_aid

United States presidential election, 2000. (n. d.) In *Wikipedia.* Retrieved from https://en.wikipedia.org/wiki/United_States_presidential_election,_2000

United States. (2012). *United States Code, Supplement 3, Title 8, Section 1408 nationals but not citizens of the United States at birth.*

van den Berghe, P. (1978). Race and ethnicity: A sociobiological perspective. *Ethnic and Racial Studies,* 1(4), 401~11.

van den Berghe, P. (1979). The ethnic phenomenon. New York: Elsevier.

Vavreck, L. (2014, July 4). Younger Americans are less patriotic. At least, in some ways. *The New York Times.* Retrieved from https://www.nytimes.com/2014/07/05/upshot/younger-americans-are-less-patriotic-at-least-in-some-ways.html

Vincent, A. (2002). *Nationalism and particularity*. U.K. Cambridge: Cambridge University Press.

Young, M., Zuelow, E., & Sturm, A. (Eds.). (2007). *Nationalism in a gobal era*. New York: Routlege.

Zelinsky, W. (2011). *Nation into state: The shifting symbolic foundations of American nationalism*. London: The University of North Carolina Press.

색 인

한국어

ㄱ

ㄴ

로마자

A

Abu Ghraib 151
A city upon hill 196
Adam Smith 23
Albert J. Beveridge 204
Alexander 19
Alexander Hamilton 131, 179
Alexis de Tocqueville 194
Alien and Sedition Acts 134
Alien Enemy Act 134
Alien Friends Act 134
al-Qaeda 75
Amendment XIV 39
America by Heart 237
America Exceptionalism 193
America first 217
America First Committee 219
American 110, 111
American Canaan 108
American Jerusalem 108
American' s Creed 122
American-Spanish War 203
Andrew Jackson 142, 144, 180
Anglo-Saxon 101, 157, 161
Anthony A. Cooper 41
Anthony D. Smith 26, 31
Anthony Kennedy 117
anti-federalist 130
Arbella 196
Articles of Confederation 111

Axis of Evil 186

B

bad nationalism 17
Barack Obama 191
Benedict Anderson 36
Benjamin Franklin 131, 160
Bill Clinton 78
Bobby Jindal 191
Boston 108
British American 110
Bureau of Economic Analysis 222

C

Calvin Coolidge 219
Cambridge 108
canaanite 197
Carol Berkin 132
Charles P. Kindleberger 214
Chinese 48
Chinese nationalism 28
Chinese patriotism 28
citizenship 37
civic nationalism 52, 125
Commission on Wartime Relocation and Internment of Civilians 173
Common Sense 109
confederalism 111
constitution 39
Continental Colors 112

미국의 내셔널리즘

인쇄: 2018년 6월 25일
발행: 2018년 6월 30일

지은이: 조영정
펴낸이: 조영정

펴낸곳: 사회사상연구원
서울시 서초구 사평대로 154
출판등록: 제2018-000060호(2018. 3. 14)
전화: 070-4300-7997
팩스: 02-6020-9779
홈페이지: www.sir.re.kr
E-mail: zjoyz@naver.com

ISBN 979-11-963520-1-1 03300
copyright©조영정
Printed in Korea

정가 13,000원